D1729730

DR. GERT R. POLLI

DEUTSCHLAND
zwischen den
FR⊕NTEN

Wie Europa zum Spielball von
Politik und Geheimdiensten wird

Bibliografische Information der Deutschen Nationalbibliothek
Die Deutsche Nationalbibliothek verzeichnet diese Publikation in der Deutschen Nationalbibliografie;
detaillierte bibliografische Daten sind im Internet über **http://d-nb.de** abrufbar.

Für Fragen und Anregungen:
info@finanzbuchverlag.de

1. Auflage 2017

© 2017 by FinanzBuch Verlag,
ein Imprint der Münchner Verlagsgruppe GmbH
Nymphenburger Straße 86
D-80636 München
Tel.: 089 651285-0
Fax: 089 652096

Redaktion: Werner Wahls
Korrektorat: Sonja Rose
Umschlaggestaltung: Maria Wittek, München
Umschlagabbildung: picture alliance / Zach - Kiesli
Satz: mediaService, Siegen
Druck: GGP Media GmbH, Pößneck
Printed in Germany

ISBN Print: 978-3-95972-012-0
ISBN E-Book (PDF): 978-3-86248-997-8
ISBN E-Book (EPUB, Mobi): 978-3-86248-998-5

Weitere Informationen zum Verlag finden Sie unter

www.finanzbuchverlag.de

Beachten Sie auch unsere weiteren Verlage unter www.m-vg.de

Inhalt

I dedicate this book
to my children
Claudia & Alexander

Vienna, March 2017

Vorwort von Michael Maier

Bei Geheimdiensten denken viele zuerst an James Bond: Ian Flemings 007 hat mehrere Generationen auf unterhaltsame Weise davon überzeugt, dass niemand so unermüdlich für die Rettung der Welt kämpft wie die Spione ihrer Majestät. Mithilfe der meist etwas dämlich dargestellten Amerikaner verhindern sie, dass die Russen oder andere Bösewichte die Welt zerstören. Ian Fleming wusste, worüber er schrieb: Er war selbst britischer Geheimdienstoffizier und reiste 1941 mitten im Krieg mit seinem Chef John Godfrey zu US-Präsident Franklin Roosevelt nach Washington. Er überbrachte dem US-Präsidenten den dringenden Rat von Winston Churchill, einen modernen Geheimdienst aufzubauen. Der erste Chef der CIA, Allen Dulles, sagte später in seinen Erinnerungen, dass Fleming ein guter Freund geworden sei und immer wieder mit Vergnügen echte CIA-Leute sowie Geschichten verdeckt in seine Bond-Stories eingebaut habe. Der Geheimdienst-Historiker Christopher Moran schreibt, Dulles sei ein überzeugter Bond-Fan gewesen, weil die Figur die Möglichkeit eröffnete, »schamlos die Geheimdienst-Branche abzufeiern«.

Es gibt auch andere, schillernde Figuren, wie den zwischenzeitlichen Journalisten Udo Ulfkotte: Dieser behauptete, dass ihm bei seiner Arbeit für die *Frankfurter Allgemeine Zeitung* die Geheimdienste die Artikel in die Feder diktiert hätten. »Ulfkotte« war eine nicht zu fassende Figur. Im Januar 2017, kurz vor der Inauguration von Donald Trump, meldete sein Verleger seinen Tod. Was von »Ulfkotte« bleibt: Tausende seiner Leser sind überzeugt, dass hinter jedem Artikel in einem westlichen Medium ein CIA-Mann stehe. Die Welt sei eine große, konspirative Veranstaltung. Ich habe mich immer gewundert, dass die FAZ gegen all die schweren Anschuldigungen nicht umfassend geklagt hat. Jenen, die die Welt gerne als von dunklen Mächten gesteuert wissen wollen, lieferte Ulfkotte eine nachhaltige Blaupause.

Die Geheimdienste verbreiten von sich selbst ein ganz anderes Bild: Nachrichtendienstliche Aufklärung sei nichts weiter als das unbestechliche Sammeln von objektiven Informationen, um den jeweiligen Regierungen Grundlagen für die richtigen politischen Entscheidungen zu liefern. Alles, was darüber hinausgehe, sei nicht Aufgabe der Dienste. Die Dienste stellen sich gerne als eine Art wissenschaftliche Archivare dar, deren Tätigkeit sich auf die nüchterne und neutrale »Aufklärung« konzentriert. Vor diesem Hintergrund soll es auch völlig unproblematisch erscheinen, dass sich die Geheimdienste aller modernen Technologien bedienen. Wie wir seit Edward Snowdens NSA-Enthüllungen offiziell wissen: Agenten lesen unsere E-Mails, durchwühlen unsere Facebook-Profile, hören unsere Telefonate ab und schauen uns bei jedem Chat über die Schulter. Sie tun das angeblich im Dienst der guten Sache. Mithilfe der Technologie ist Spionage flächendeckend, zeitlich unbegrenzt und mit allen Daten-Volumina möglich. Jeder angeblich verhinderte Terror-Anschlag scheint die Überwachung zu legitimieren. Die Geheimdienste nutzen für ihre Tätigkeiten alle Möglichkeiten der Infiltration über die Technologie: Die Enthüllungen von Wikileaks im März 2017 über die umfassende Manipulation von Smartphones, TV-Geräten und Computer durch die CIA haben uns vor Augen geführt, dass vor allem die Wirtschaft in Deutschland zum bevorzugten Objekt von Angriffen aller Art geworden ist. Es ist schwer nachzuvollziehen, warum Politiker und Bürger in Deutschland so desinteressiert und lethargisch reagieren. Sie alle denken sich: »Ich habe nichts zu verbergen!« Sie übersehen dabei, dass jedes deutsche Unternehmen morgen schon wegen einer Spionage-Aktion in Schwierigkeiten geraten könnte – und unter Umständen viele Arbeitsplätze gefährdet sind.

Von 007 über Ulfkotte bis hin zur NSA reflektieren alle Bilder, die wir uns von Geheimdiensten machen, einen Teil der Wirklichkeit: Die Dienste sind politisch tätig, manchmal sogar in guter Absicht, sie sind Abschreckung bei Korruption, sie verhindern Konflikte, sie führen Operationen durch, sie schaffen Fakten und Fake News, sie erpressen, sie zerstören die Privatsphäre in der Informationsgesellschaft. Die Geheimdienste sind der Kontrolle durch die Öffentlichkeit entzogen. Sie laufen Gefahr, zum wichtigen Teil des berüchtigten »tiefen Staats« zu werden, also jener Parallel-Strukturen, in denen andere als die gewählten Regierungen die Entscheidungen treffen. Der Streit des neuen US-Präsidenten Donald Trump mit der »intelligence community« zeigt, wie explosiv die Lage ist. Die mediale Beschäftigung mit den Geheimdiensten changiert zwischen Erheiterung über ihre vermeintliche Tölpelhaftigkeit, Paranoia wegen ihrer angeblichen Macht und Ignoranz, weil man über sie im Grunde nichts Verlässliches schreiben kann.

Es gibt wenige Menschen, die in der Lage sind, über die Arbeit der Dienste offen und kritisch zu reden. Vielleicht muss man dazu aus einem neutralen Staat kommen: Gert R. Polli hat in Österreich das Bundesamt für Verfassungsschutz und Terrorismusbekämpfung aufgebaut. Er war in Wien im Einsatz, in jener Stadt, in der der »Dritte Mann« von Graham Greene in der Verfilmung von Carol Reed aus dem Jahr 1949 der Agentenzunft im Kalten Krieg ein Denkmal gesetzt hat. Polli hat mit allen Geheimdiensten der Welt zusammengearbeitet. Er kennt die Zusammenhänge zwischen Wirtschaft, Politik und den Diensten. Er schreibt darüber offen und klar, ohne »das System« zu desavouieren. Er ist Insider und Kritiker von Fehlentwicklungen. In diesem Buch befasst er sich mit der veränderten geopolitischen Lage in der Welt. Diese hat dazu geführt, dass Deutschland »zwischen die Fronten« geraten ist. Im Zeitalter von virtuellen Realitäten und Terror ist es meist nicht klar, wo die Frontlinien verlaufen. Polli versteht es in diesem Buch meisterhaft, die Realität hinter der Realität zu beleuchten ohne zu spekulieren. Er beschreibt die verschwimmenden Grenzen zwischen Aufklärung und Desinformation, zwischen Abwehr und verdecktem Angriff, zwischen politischem Handeln und Agitation. Er zieht keine Schlüsse, befähigt den Leser aber zu einem fundierten, eigenen Urteil.

Ich habe Polli einmal gefragt, wem er denn selbst in diesem konfusen Umfeld traue. Seine Antwort kam ohne Zögern: »Niemandem.« Diese Lehre sollte man auch aus der Lektüre dieses Buches ziehen. Es versteht sich als Beitrag zur Stärkung der Transparenz in der demokratisch-freiheitlichen Gesellschaft.

Dr. Michael Maier
Herausgeber Deutsche Wirtschafts Nachrichten
Berlin im März 2017

Vorwort

Die Europäische Union steht vor der größten Herausforderung seit ihrem Bestehen: nämlich das unerwartete Tempo der sich abzeichnenden Desintegration zumindest zu verlangsamen. Ausgerechnet die viel beschworenen gemeinsamen Werte konnten mit der sogenannten Realpolitik nicht schritthalten. Die unterschiedlichen Sichtweisen der EU-Staaten in der Flüchtlingskrise waren nur der Auslöser für die sich abzeichnende moralische, wirtschaftliche und politische Desintegration. So verliert die EU als politische und wirtschaftliche Union zunehmend an Dynamik.

Dass die EU in dieser Abwärtsspirale in der Falle sitzt, auf die sie seit Jahren – für alle erkennbar – zusteuerte, ist zu einem Großteil auf eigenes und institutionelles Versagen zurückzuführen. Unbestritten aber ist die Tatsache, dass dieses Europa an der historischen – jedoch kritiklosen – transatlantischen Bindung um jeden Preis festhält. Europa hat dafür, wie es scheint, Eigeninteressen hintangestellt und zahlt den Preis dafür. Es fällt den europäischen Eliten schwer sich einzugestehen, dass die USA in fast allen wesentlichen Bereichen Nutznießer dieser Entwicklung sind. Das prominenteste Beispiel dieser Dominanz ist die faktische Gleichschaltung und Kontrolle europäischer Nachrichtendienste unter dem Mantel der gemeinsamen Terrorismusbekämpfung, die es nur auf dem Papier gegeben hat. Die unkritische Übernahme außenpolitischer US-Zielsetzungen hat die EU heute nahe an eine politische und wirtschaftliche Konfrontation mit Russland geführt.

Geopolitisch hat sich die EU in eine außen- und wirtschaftspolitische Sackgasse treiben lassen, indem die USA Russland zu einem klaren Feindbild erklärt haben und die EU somit vor sich hertreiben. Europa gerät zunehmend unter Druck, ist Russland doch zu einem Partner und essenziellen Energielieferant geworden und hat sich jüngst auch noch als ein nicht mehr wegzudenkender Anker im Nahen Osten etabliert. Eine der langfristigen geopolitischen Zielsetzungen der USA ist die Verhinderung einer Allianz zwischen Europa und Russland.[1] Die Schwäche der EU wurde von den USA durch ein Bündel von Strategien und Maßnahmen – bewusst oder unbewusst – in Kauf genommen oder sogar herbeigeführt. Die derzeitige Flüchtlingskrise ist u.a. eine verzögerte Auswirkung jener Koalition unter der Führung der USA, die zur Destabilisierung einer gesamten Region führte. Die Auswirkungen auf Europa, seien sie politischer, wirtschaftlicher, oder sicherheitsmäßiger Natur, werden langsam sichtbar, und der nächste Konfliktherd nimmt bereits Konturen an, denn vor der Haustüre Europas zeichnet sich die nächste Flüchtlingswelle aus Afrika ab. Die destabilisierten Maghrebstaaten haben dieser Entwicklung nichts entgegenzusetzen und fallen auch noch als Ansprechpartner für Konfliktlösungsansätze aus. Doch die USA suchen skrupellos nach neuen Märkten und Einflussmöglichkeiten. Mit dem gekippten Freihandelsabkommen TTIP und der NATO-Ost-und Südosterweiterung soll ein erweitertes Europa ein noch stärkerer Absatzmarkt und eine Machtbasis sein.

Verschärft wird der globale Kampf um Ressourcen durch den internationalen Terrorismus, der den Krieg mitten ins Herz Europas trägt. Die Europäische Union ist in die schwerste Krise seit ihrem Bestehen geraten. Sie droht zu zerfallen. Mit dem Aufkommen neuer, EU-kritischer oder rechts- und linkspopulistischer Parteien sind auch in den demokratischen Strukturen in der EU Verschiebungen zu beobachten.

Für die Bürger ist kaum noch durchschaubar, wer hinter welchen Bewegungen steckt, die Geheimdienste sind die Speerspitze der globalen Veränderung geworden.

Gert R. Polli
Wien im März 2017

Über dieses Buch

Es war erst elf Tage her, dass ich im September 2001 vom militärischen Auslandsnachrichtendienst ins österreichische Innenministerium gewechselt bin und dort meinen Dienst angetreten hatte. Sichtlich nervös und hektisch wurde ich vom diensthabenden Beamten in den Lageraum gebeten. Eine kleine Personengruppe starrte ungläubig auf den übergroßen Monitor im Raum. Die Liveübertragung von CNN zeigte gespenstische und unwirkliche Bilder. Gerade nahm eine Passagiermaschine direkten Kurs auf einen der beiden Tower des World Trade Centers in New York. Ein Unfall, wie ich zuerst vermutete, bis mir klar wurde, dass dies nicht der erste Vorfall dieser Art war. Genau dieselbe Szene hatte sich einige Minuten zuvor mit einer anderen Maschine zugetragen. Zwei Passagiermaschinen, die jeweils in einen der beiden Türme einschlagen. Ich ahnte noch nicht, wie sehr das, was ich hier sah, mein berufliches und privates Leben verändern würde. Ich war gerade dabei, jene Organisation in Österreich zu reorganisieren und neu aufzustellen, die unter anderem für die Terrorismusbekämpfung federführend werden sollte: Das Bundesamt für Verfassungsschutz und Terrorismusbekämpfung BVT. Als ich drei Monate später mit der Leitung dieser Behörde betraut wurde, war nichts mehr so wie davor, und als ich im Jahre 2008 aus dieser Funktion ausschied, hatte sich die Welt grundlegend verändert – und ich mich mit ihr.

Das Erste, was ich wahrnahm, war ein unangenehmes Gefühl, das sich rational nicht festmachen ließ. Bis dahin hatte ich fast meine ganze berufliche Laufbahn als Analytiker für sicherheitspolitische Entwicklungen im Auslandsnachrichtendienst (HNaA) verbracht. Der Umgang mit ausländischen Geheim- und Nachrichtendiensten war für mich Routine. Ich fühlte mich sogar recht wohl in dieser Gesellschaft, und uns wurde suggeriert, es gäbe so etwas wie eine Intelligence Community, eine elitäre und freundschaftlich verbundene, grenzüberschreitende Gemeinschaft. Heute denke ich anders darüber. Die grenzüberschreitende, freundschaftlich verbundene Gemeinschaft der Geheim- und Nachrichtendienste ist eher so etwas wie ein »Deep State«, eine Art Weiterentwicklung einer Struktur und Ideologie, die ähnlich dem Gladio-Muster[2] organisiert ist und weite Teile, auch der Zivilgesellschaft und der Eliten mit einschließt. Und mir ist noch etwas aufgefallen: Heute, im Zeitalter der Social Media, stellt sich die Frage, wie es möglich ist, dass die Mainstream-Medien so einheitlich berichten? Und wie ist es möglich, dass dieses Europa nicht von der Stelle kommt und dass sich insbesondere Deutschland in einer Art und Weise an die USA gebunden hat, dass selbst das Hinterfragen solcher Positionen als lästig und aufmüpfig empfunden wird. Selbst die staatstragenden politischen Parteien selektieren ihren eigenen Nachwuchs und Kader entlang einer transatlantisch ausgerichteten Harmonieskala – und das nicht nur in Deutschland. Kritische sicherheitspolitische Denker sind rar geworden. Wir haben gar nicht bemerkt, dass die transatlantische Umarmung so stark ist, dass wir nicht mehr in der Lage sind, uns zu bewegen.

Die erste Lektion, die ich nach 09/11 lernen musste, war, dass diese sogenannte Intelligence Community eine sehr einseitige Sache war beziehungsweise schlicht und einfach nicht existierte. Wohl aber so etwas wie ein »Deep State«, der erstmals nach 09/11 für mich sichtbar wurde. Wesentlich später erkannte ich, dass Nachrichtendienste als angeblich unabhängige Organe für die jeweilige Regierung ebenso gleichgeschaltet agieren wie Mainstream-Medien, Konzerne und vor allem Banken. Das Argument, dass die Terrorismusbekämpfung eine solche gemeinsame Ausrichtung eben erfordert, hat nicht nur die politische Landschaft in Europa stark beeinflusst, sondern auch die Legislative und vor allem die Wirtschaft. Als Akteure dieser Gleichschaltung agieren – nicht nur – amerikanische Dienste in Europa, allen voran die NSA und die CIA.

Nachrichtendienste folgen subjektiv wahrgenommenen politischen Interessenlagen und die amerikanischen sowie die britischen Dienste in Europa haben vom bis dorthin gemütlichen Miteinander nach 09/11 auf Kriegsmodus umgestellt. Eine Allianz hat damit Konturen gezeigt und jenseits demokratischer Grundprinzipien ihren enormen Einfluss auf Politik, Wirtschaft und Gesellschaft unter Beweis gestellt. Die Dienste verstanden sich von nun an als Speerspitze für den »War on Terrorism«, den es so nie gegeben hat. Wie stark diese Umklammerung vor allem der europäischen Wirtschaft und Politik war und ist, wurde erst Jahre später durch die Enthüllungen Snowdens deutlich.

09/11 machte also ein gut vorbereitetes und organisiertes Netzwerk sichtbar, das in der Lage war, die politischen Eliten Europas unkritisch transatlantisch und neoliberal auszurichten. Noch viel bemerkenswerter aber war, wie gut die amerikanischen und britischen Nachrichtendienste ihre Hausaufgaben gemacht hatten: Es gab kaum einen Nachrichtendienst oder eine Polizeibehörde in Europa, die sich nicht bedingungslos dem »War on Terrorism« untergeordnet hätte. Es war völlig undenkbar und politischer Selbstmord, die bedingungslose Kooperation mit transatlantisch ausgerichteten Diensten kritisch zu hinterfragen. Es war die Zeit der Vorbereitung für die Irakinvasion, und US-Außenminister Collin Powell stand kurz davor, seine berühmt gewordene Rede vor der UNO-Generalversammlung zu halten. Eine Rede, von der er Jahre später sagte, sie wäre der größte Fehler seiner Karriere gewesen. Was folgte, war der Irakkrieg II und der Beginn einer Entwicklung, die den Irak in Bürgerkrieg und Chaos stürzte, den Bürgerkrieg in Syrien auslöste, den Aufstieg des IS förderte und den Terrorismus nach Europa brachte. 13 Jahre später wird der Präsidentschaftskandidat und spätere 45. Präsident der Vereinigten Staaten Donald Trump der neokonservativen Außen- und Wirtschaftspolitik seines Landes die Mitschuld für das Aufkommen des radikalen Islams und der ISIS geben. Der amerikanischen Nahostpolitik stellt er ein vernichtendes Zeugnis aus, indem er nüchtern feststellt, »unsere Handlungen im Irak, in Libyen und in Syrien haben dazu beigetragen, ISIS von der Leine zu lassen!«[3]. Heute kämpfen die europäischen Dienste und Sicherheitsbehörden damit, die Auswirkungen dieser unkritischen transatlantischen Ausrichtung abzufedern. Terrorismus und unkontrollierte Einwanderung sind heute die Auslöser für die Polarisierung, die wir in Europa überall wahrnehmen.

Es war aber auch die Zeit, in der die NSA und das britische GCHQ begannen, Europa flächendeckend zu überwachen: Nicht nur Regierungen, sondern auch EU-Bürger, die deutsche Politik und Wirtschaft und ganz gezielt die Industrie. Zu dieser Zeit stieg mein Argwohn und ich begann zu vermuten, dass all das, was passierte, nicht ohne Grund geschah. Ich konnte die dichte Abfolge von Gesprächsterminen mit britischen und amerikanischen Vertretern von Sicherheitsbehörden kaum mehr ertragen, die immer wieder vorstellig wurden und angebliche neue Beweise für die Existenz von Massenvernichtungswaffen im Irak präsentierten, um weitere Maßnahmen zu rechtfertigen oder zu fordern. Ich begann langsam zu verstehen, dass europäische Nachrichtendienste als Transmissionsriemen benutzt wurden, um die jeweiligen Regierungen mit den »richtigen« Informationen zu versorgen; genau das war die Rolle, die man kleineren Diensten zugedacht hatte. Deutschland spielte hier in einer anderen Liga.

Das Jahr 2017 wird für Europa zum sicherheitspolitischen Schicksalsjahr. Nicht nur deshalb, weil sich mit Donald Trump das transatlantische Verhältnis nach und nach verändern wird, sondern auch deshalb, weil die EU Zentrifugalkräften ausgesetzt ist, die ihren Bestand in der jetzigen Form herausfordern. Wir nähern uns einer Zeit, in der sozialer Friede in Europa nicht mehr als selbstverständlich angesehen werden kann.

Die Bewältigung der innen- und außenpolitischen Herausforderungen wird über den sozialen Frieden in Europa ebenso entscheiden wie über die Zukunft der EU. Dass wir heute an einem Scheideweg stehen, war seit Jahren vorhersehbar und wurde von der Politik viel zu spät wahrgenommen. Nirgends in Europa wird das deutlicher als in Deutschland. Deutschland ist ein Indikator für den Weiterbestand der EU in dieser Form, aber auch ein Indikator für die Bewältigung aufkommender sozialer, wirtschaftlicher und politischer Eruptionen. Eines habe ich gelernt: Nichts passiert abrupt, alles ist eine Folge langfristiger und schleichender Entwicklungen. Dass sich dahinter in der Regel handfeste politische Interessengemengelagen verbergen, liegt auf der Hand.

Dieses Buch geht der Frage nach, wer die Profiteure dieser Entwicklung sind und wie dieser Prozess am Laufen gehalten wird. Die Rolle der Nachrichtendienste im laufenden, transatlantischen Krieg der Interessen wird kritisch beleuchtet und hinterfragt. Ohne die Enthüllungen Edward Snowdens würden wir wohl noch immer der Auffassung sein, dass das transatlantische Korsett ein bequemes und sicheres Ruhekissen für Deutschland und Europa ist. Die Erkenntnis, dass dies nicht unbedingt zutrifft, ist für viele Bürger und Politiker ein Schock.

Dass der ehemalige Leiter eines Nachrichtendienstes ein Buch schreibt, ist nicht unbedingt zu erwarten. Eigentlich liegt es außerhalb des Selbstverständnisses dieser Personengruppe, die sich als Teil eines oft falsch verstandenen Systems versteht. Die Motivation, es doch zu tun, hängt auch damit zusammen, dass es mir darum geht, größere sicherheitspolitische Zusammenhänge für jedermann verständlich darzustellen und Tendenzen und Schlussfolgerungen offenzulegen, die sich ansonsten nicht so ohne Weiteres erschließen. Ich möchte mit diesem Buch aber auch die Aufbruchsstimmung in Europa unterstützen. Eine Aufbruchsstimmung hin zu einem Mehr an europäischer Identität in Schlüsselbereichen der Nationalen Sicherheit und eine Rückbesinnung auf die Werte, die dieses Europa verkörpert. Das muss kein Widerspruch sein, vielmehr ist es ein »Gordischer Knoten«, der zerschlagen werden muss, soll dieses Europa in der uns bekannten Form weiter Bestand haben.

Gert R. Polli

1. Einleitung

Die EU befindet sich Anfang 2017 in einer existenzgefährdenden Krise. Die Migrationsproblematik hat die Politik unerwartet und unvorbereitet getroffen, obwohl alle europäischen Nachrichtendienste rechtzeitig auf diese Herausforderung aufmerksam gemacht hatten. Europa hat es versäumt, sich darauf vorzubereiten und rechtzeitig darauf zu reagieren. Und nicht nur darauf. Seit Jahren schon registrieren die Sicherheitsbehörden die Zunahme salafistischer Tendenzen in Deutschland. Dieser salafistische Nährboden in Europa ist vielerorts die Basis und bietet auch die Logistik für die unkontrollierte Migration mit fundamentalistisch islamischem Hintergrund. Eine besorgniserregende Tendenz, die bereits vor 2015 zu beobachten war. Das ist jedoch nur der vorläufige Höhepunkt einer Entwicklung, die im ursächlichen Zusammenhang mit den Folgewirkungen von 09/11 steht. Unter der Führung der USA erfolgte 2003 der Einmarsch in den Irak und damit die Destabilisierung einer gesamten Region mit den bekannten Konsequenzen für Europa. Natürlich ist die Bewältigung der Flüchtlingsproblematik nicht die einzige Herausforderung der EU. Sie ist aber ein Indikator für den Werteverfall und den Aufstieg von Partikularinteressen im Euroraum. Eurokrise, Brexit, aufkommende rechts- und linkspopulistische Parteien, das angespannte Verhältnis zu Russland und die Instabilitäten vor der europäischen Haustür wären fundamentale Herausforderungen sogar für eine starke EU. Aber die EU ist nicht stark. Sie befindet sie sich in einer fundamentalen Führungskrise, und dies in einem Moment, in dem Entschlossenheit und Handlungsfähigkeit gefordert wären.

Wir werden Zeuge einer Entwicklung hin zur Re-Nationalisierung europäischer Politik. Ob es sich um die Wiedereinführung von Grenzkontrollen, die Erhöhung der nationalen Verteidigungsausgaben, die Aufrüstung der Nachrichtendienste oder um die Ausweitung der Befugnisse von Polizei,

Streitkräften und Geheimdiensten handelt, alle diese Maßnahmen verstärken den Eindruck, dass sich die europäischen Regierungen auf Szenarien vorbereiten, die auf das Ende des sozialen Friedens hindeuten. Auch ein letztes Aufbäumen, wie die Diskussion um eine Europäische Armee, die Aufwertung von Europol oder die Forderung nach dem Schutz der EU-Außengrenzen täuschen nicht darüber hinweg, dass die EU nach und nach erodiert.

Natürlich setzte diese Entwicklung nicht von heute auf morgen ein, sondern ist der vorläufige Abschluss einer bereits vor der Jahrtausendwende einsetzenden Entwicklung, die sehr eng mit der Rolle der Nachrichtendienste verknüpft ist.

Es ist eine Art Hegemonie, die das Selbstverständnis der amerikanischen Nachrichtendienste gegenüber Europa und der EU am besten beschreibt. Der Siegeszug des Internets und das amerikanische Bestreben jegliche Form der Kommunikation und die digitale Welt weltweit kontrollieren zu wollen, hatte bereits Anfang der 80er-Jahre eingesetzt. Heute mehr denn je bleibt es unwidersprochen, dass die U.S.A. und ihre Nachrichtendienste das Internet und die damit zusammenhängende IT-Landschaft geradezu in ihren Besitz genommen haben. Umso erstaunlicher sind die russischen Aufholversuche in der Welt der digitalen Spionage. So wurde es den russischen Diensten zugeschrieben, den Server des Democratic National Committee (DNC) gehackt zu haben und mit den generierten Informationen Einfluss auf den Wahlausgang der amerikanischen Präsidentschaftswahl 2016 genommen zu haben. Belastbare Spuren oder Beweise konnten jedoch nicht erbracht werden.

Fakt ist, dass wir uns seit Jahren in einer diffusen Welt des Cyberwars befinden. Wie intensiv diese digitale Auseinandersetzung der Geheimdienste bereits eskaliert ist und wie sehr sich die amerikanischen Dienste in der digitalen Welt der europäischen Wirtschaft und Politik verankert haben, das hat uns erst der amerikanische Whistleblower Edward Snowden so richtig bewusst gemacht. Vor allem die Verflechtung der NSA mit den europäischen Diensten, allen voran dem BND, wirft im Nachhinein die Frage auf, wie unabhängig europäische und deutsche Politik bisher sein konnten. Die Verflechtung und Kontrolle ist so eng, dass der deutschen

Regierung bis zu Kohl und Schröder zurück der Vorwurf nicht erspart werden kann, wissentlich deutsche und europäische Interessen den U.S.A. geopfert zu haben. Dem BND kommt in dieser Kooperation eine äußerst fragwürdige Rolle zu.

Erst 09/11 und seine Folgewirkungen für Europa haben das Projekt der EU erst richtig ins Wanken gebracht. Daraus aber eine geopolitische Strategie seitens der U.S.A. abzuleiten, das wäre zu weit gegriffen. Es ist eine unglückliche Konstellation, die Europa in diese Position gebracht hat. Es ist eine Mischung aus amerikanischer Dominanz, basierend auf wirtschaftlichen und nachrichtendienstlichen Ansätzen und der Unfähigkeit europäischer Staaten, diesen Ansatz als das zu erkennen, was er ist: Eine Mischung aus Neoliberalismus und Kolonialismus. Deutschland hat in dieser Konstellation eine zentrale Rolle. Bis heute gilt Deutschland als Angelpunkt amerikanischer Aufklärung und Wirtschaftsspionage. Alle diese Erkenntnisse sind grundsätzlich nicht neu. Sie erscheinen jedoch heute in einem anderen Licht. Einer der Gründe dafür sind die Veröffentlichungen der NSA und CIA Spionageaktivitäten gegen Deutschland, die auch von der Politik ab 2013 nicht mehr negiert werden konnten. Trotz des Versuches, mit der Einsetzung eines Untersuchungsausschusses, mit der Verabschiedung eines neuen BND-Gesetzes und mit der Veröffentlichung eines Weißbuches gegenzusteuern, ist die institutionelle und nachrichtendienstliche Klammer zwischen der deutschen und der amerikanischen Politik nicht so ohne weiteres zu lockern. Es ist aber ein Anfang, dass die deutsche Regierung das Verhältnis zu den U.S.A. nicht mehr ausschließlich durch eine rosarote Brille sieht. Auch das haben wir Edward Snowden zu verdanken, von dem beide Chefs der deutschen Nachrichtendienste, BND und BfV meinen, es handle sich um einen russischen Spion.

Das Buch beschäftigt sich in den ersten Kapiteln mit dem Thema Wirtschaftsspionage und dem dadurch entstandenen Schaden für Europa, vor allem für Deutschland. Es ist der Anteil der Nachrichtendienste, der dieses Thema so brisant macht. Längst geht es den amerikanischen Diensten nicht mehr darum, durch gezielte Spionage einen Technologievorsprung eigener Unternehmen zu fördern. Wirtschaftsspionage und die Rolle der amerikanischen Dienste haben seit den 80er-Jahren einen fundamentalen Strategiewandel vollzogen. Abgestützt auf eine fast weltweite technische Spionagestruktur können amerikanische Nachrichtendienste aus dem Vollen schöpfen, und das völlig legal. Die vertraglich vereinbarten technischen Kooperationen, wie das Netz des Echelon-Nachfolgeprojektes in Europa – und darüber hinaus – bilden das Grundgerüst um vor allem die europäischen Verbündeten abzuhören, abzuschöpfen und finanziell zur Ader zu lassen. Volkswagen, die Deutsche Bank und Siemens sind nur einige Beispiele, wie amerikanische Datenhoheit brutal gegen europäische Unternehmen eingesetzt wird. In diesem Teil des Buches wird aufgezeigt wie die eng verflochtenen deutsch-amerikanischen Mechanismen und Strukturen nachrichtendienstlicher Zusammenarbeit eine von den USA unabhängige deutsche Politik kaum mehr zulassen. Europa, vor allem aber Deutschland, hat diese Entwicklung verschlafen, um hier zeitgerecht gegenzusteuern. Die Kritik an Deutschland trifft vor allem jene deutschen Behörden, die eigentlich für die Spionageabwehr zuständig wären. Nach der Wahl von Donald Trump zum 45. amerikanischen Präsidenten ist die europäische Wirtschaft genauso geschockt wie die europäische und deutsche Politik. Diese Schockstarre gilt insbesondere für die deutschen Dienste, die über Jahre hindurch eine enge technische und operative Kooperation mit vermeintlich amerikanischen Partnern eingegangen sind. Diese Umklammerung ist nicht von heute auf morgen zu lockern und stellt eine der schwierigsten Herausforderungen künftiger deutsch-amerikanischer Beziehungen dar.

In den darauffolgenden Kapiteln werden die Instrumente beschrieben, mit denen Deutschland bis heute durch die Alliierten kontrolliert wird. Es ist paradoxerweise das Thema der Terrorismusbekämpfung und die salafistisch geprägte Radikalisierung, die in Deutschland dazu geführt hat, dass die seit der Nachkriegszeit durch die Alliierten eingeführte deutsche Sicherheitsarchitektur unter Druck geraten ist. Durch eine Vielzahl von Gegensteuerungsmaßnahmen, wie z.B. zentrale Datenbanken oder gemeinsame Lagezentren, oder das 2017 in Kraft getretene BND-Gesetz ebenso das Weißbuch, versucht die Bundesregierung die unzeitgemäße und starre deutsche Sicherheitsstruktur wieder flott zu machen. Angesichts der enormen externen Herausforderungen kommen diese Maßnahmen aber zu spät oder tragen schlichtweg das falsche Etikett. Betrachtet man die sogenannten Sicherheitspakte und die legistische Aufrüstung der Sicherheitsbehörden aus einer gewissen Distanz, so kann man sich des Verdachtes nicht erwehren, dass sich die Bundesregierung weniger auf terroristische Bedrohungslagen einstellt, als vielmehr zu erwartende soziale Unruhen.

Der dritte und letzte Teil des Buches beschäftigt sich mit dem sicherheits-politischen Umfeld, also mit der Frage, was auf Europa und insbesondere Deutschland zukommt. Das Flüchtlingsaufkommen vor dem Hintergrund bereits in Europa und Deutschland existierender salafistischer Strukturen wird als eine der zentralen gesellschaftspolitischen Herausforderungen charakterisiert. Die sich solcherart abzeichnenden sicherheitspolitischen Gefährdungen werden noch zusätzlich durch deutliche Erodierungstendenzen der EU verstärkt. Schon heute hat die Brexit-Abstimmung in Großbritannien die geopolitische Landkarte Europas nachhaltig beeinflusst. Auch die NATO als Anker europäischer Sicherheit steht vor Veränderungen. Sollte sich die NATO, nach Vorstellungen des amerikanischen Präsidenten verstärkt der Terrorismusbekämpfung widmen, so hat das politisch wie militärisch fundamentale Änderungen der NATO-Struktur zur Folge. Schon heute werden europäische Lösungen oder europäische bilaterale militärische Ansätze in einem neuen Licht diskutiert. Deutschland, ob es will oder nicht, wird in eine europäische Führungsrolle gedrängt und löst damit historisch bedingte Ressentiments bei den osteuropäischen Partnerstaaten aus. Noch nie war die EU so gespalten wie Anfang 2017. Diese Tendenz wird sich wohl fortsetzen und fordert den Weiterbestand der EU, so wie wir sie kenne, nachhaltig heraus. Diese Themen werden im letzten Teil des Buches beschrieben.

Wie eng dieses transatlantische Konzept nicht nur Deutschland einschnürt und wie sehr wir an einer neuen politischen Schwelle in Europa stehen, darüber handelt dieses Buch. Europa muss sich neu gestalten und auf Deutschland wird eine neue Rolle in einem veränderten Europa zukommen.

2. DEUTSCHLAND ALS ZENTRUM DER ALLIIERTEN WIRTSCHAFTSSPIONAGE

Deutschland ist zu einem prominenten Aufklärungsziel für alle Formen der Wirtschaftskriminalität aufgestiegen. Zugleich sind die deutschen Behörden technisch kaum in der Lage, Wirtschaftsspionage ausländischer Nachrichtendienste mit der dafür notwendigen Nachhaltigkeit und Expertise aufzuklären. Die Abwehr von Wirtschafts- und Industriespionage war primär auf Russland, China und Nordkorea ausgerichtet. Spionage der NATO-Partner in Deutschland war hier kein Thema. Spionage, vor allem Wirtschaftsspionage, durch die Alliierten, allen voran durch die USA, aber auch durch Großbritannien und Frankreich, wurde von den Sicherheitsbehörden und auch von der deutschen Politik kaum wahrgenommen. Seit Snowden hat jedoch ein Umdenken eingesetzt.

Die Sicherheitsbehörden in Deutschland sind ein fester Bestandteil des ehemals alliierten Aufklärungsverbundes im Bereich der Spionageabwehr, auch bei der Abwehr von Wirtschaftsspionage. Deutschland wurde, als Teil eines westlichen Systems, über Jahrzehnte hindurch gegen Russland und China ausgerichtet. Eine Vielzahl von Einrichtungen, die diesem Zweck dienen, werden heute noch von den Amerikanern mitbetrieben, beispielsweise in Bad Aibling. Langjährige Zusammenarbeit und Kooperationen mit den ehemaligen Alliierten haben das »Sicherheitssystem Deutschland« bereits in einem Maße unterwandert, dass in vielen Bereichen von einer Eigenständigkeit und Selbstständigkeit deutscher Behörden nicht mehr die Rede sein kann. Sowohl technisch als auch politisch befindet sich Deutschland in einer prekären Situation. »Weakness«, wie der chinesische Kriegsherr Sunzi richtig anmerkt, »is an invitation to invade«. Übersehen hat man, dass dieser Grundsatz nicht nur für den Feind, sondern offenbar auch für den alliierten Partner gilt.

Dies gilt insbesondere für die Wirtschaftsspionage gegen Deutschland, die erst seit den Erkenntnissen in der Snowden-Affäre politisch überhaupt ein Thema ist. Obwohl die Schätzungen über den angerichteten Schaden enorm sind, hatte die Abwehr von Wirtschaftsspionage durch die alliierten Partner seitens der Bundesregierung und der Sicherheitsbehörden bisher keine Priorität. Die davon betroffenen Unternehmen bleiben meist auf sich allein gestellt. Dazu tragen auch jene US-Gesetze bei, die im Zuge der Terrorismusbekämpfung verabschiedet wurden und der europäischen Wirtschaft und ihren Unternehmen bisher enormen Schaden zugefügt haben.

Die Regierung ist sich durchaus bewusst, dass der Wirtschaftsstandort Deutschland Gefahr läuft, seine Attraktivität zu verlieren. Die über Jahre hindurch betriebene Wirtschafts- und Industriespionage, aber auch die Konkurrenzspionage durch ausländische westliche Nachrichtendienste in Deutschland, allen voran durch die NSA und das britische GCHQ, wurden bisher schlichtweg unterschätzt.

Wirtschafts-, Industrie- und Konkurrenzspionage

Unter Wirtschaftsspionage versteht man die staatlich gelenkte oder gestützte, von Nachrichtendiensten fremder Staaten ausgehende Ausforschung von Volkswirtschaften, Wirtschaftsunternehmen und Betrieben. Diese Definition basiert auf einem einheitlichen Verständnis deutscher Sicherheitsbehörden. Ist ein ausländischer Nachrichtendienst involviert, fällt Wirtschaftsspionage in die Zuständigkeit des Verfassungsschutzes. Konkurrenzausspähung, also das Ausforschen konkurrierender Unternehmen, fällt nicht in die Kompetenz des Verfassungsschutzes.[4]

In der Praxis ist die Unterscheidung nicht ganz so einfach, wie die Definition vermuten lässt. Was in der Regel von der einschlägigen Literatur als Wirtschaftsspionage bezeichnet wird, ist in der Praxis eine Mischung aus Wirtschafts-, Industrie- und Konkurrenzspionage. Daher ist auch das verwendete Zahlenmaterial eine Mischung aus allen Phänomenen der gegen die Wirtschaft gerichteten Spionage und nur bedingt verlässlich. Tatsächlich ist eine eindeutige Zuordnung genauso schwierig, wie hierfür

belastbares Zahlenmaterial auszuweisen. Der Verein Deutscher Ingeni-
eure, VDI, geht aber von dramatischen Zahlen aus und spricht von einer
Größenordnung von 100 Milliarden Euro Schaden für die deutsche Wirtschaft jährlich. Die vom Verfassungsschutz präsentierten Schadenssum-
men wären, so der VDI-Vorsitzende, deutlich zu niedrig.[5]

Die Schwankungsbreite für Schätzungen des Schadens durch Wirtschaftsspionage haben unterschiedliche Ursachen:

➤ Die Aufklärungsrate für elektronisch vorgetragene Angriffe ist sehr
gering und der Ausgangspunkt dieser Angriffe nur unter großem
Aufwand nachzuweisen. Klein- und Mittelbetriebe verfügen kaum
über die dafür notwendigen Ressourcen.

➤ Wirtschaftsspionage, in der Nachrichtendienste als Verursacher vermutet werden, ist für die betroffenen Unternehmen, wenn überhaupt, erst viel später erkennbar und wird seitens der Behörden mangels Ressourcen und Technik nur selten erfolgreich untersucht. Die
Masse solcher Angriffe erfolgt unter Einbeziehung des Internets als
unbefugter Zugriff auf interne Netzwerke und sensible Daten.

➤ In den meisten Fällen werden erkannte Angriffe durch Nachrichtendienste von den betroffenen Firmen nicht öffentlich gemacht. Das
gilt ebenso für Konkurrenzspionage, bei der Mitbewerber oder kriminelle Strukturen als Urheber erkannt oder vermutet werden. Zu groß
ist die Furcht vor Reputationsverlust, insbesondere wenn das Unternehmen in einer sensiblen Branche tätig ist.

Der Schaden, den Nachrichtendienste der deutschen Wirtschaft zufü-
gen, wird sowohl von der Politik, als auch von der öffentlichen Wahrnehmung völlig unterschätzt oder ist schlichtweg unbekannt. Nach einer 2015
von Bitkom vorgestellten repräsentativen Umfrage wurden zwei von drei
deutschen Industriebetrieben bereits Opfer von Datendiebstahl, Spionage oder Sabotage.[6] Führungskräfte und Sicherheitsexperten von über 500
deutschen Unternehmen mit mehr als 10 Mitarbeitern wurden befragt.
Mehr als 50 Prozent gaben an, bereits von Datendiebstahl und Sabotage
betroffen gewesen zu sein. Der Schaden, so die Bitkom-Studie, ergibt sich

durch Patentverletzungen, den Verlust von Wettbewerbsvorteilen, Kosten für Rechtsstreitigkeiten und Verluste durch Plagiate.

Der Schaden, der durch Wirtschaftsspionage ausländischer Nachrichtendienste verursacht wird, wird eher selten angesprochen. Dies ist auffällig, da bekannt ist, dass die amerikanischen, britischen, französischen, chinesischen und russischen Dienste ein dezidiertes Mandat seitens ihrer Regierungen haben, Wirtschaftsspionage zu betreiben. In Deutschland ist dies nicht der Fall. Das neue BND-Gesetz schließt Wirtschaftsspionage sogar explizit aus. Fest steht jedoch, dass Deutschland eines der primären Spionageziele aus Ost und West ist.

Seit der NSA-Affäre ist allerdings Bewegung in die Diskussion gekommen. Es wird nicht mehr so selbstverständlich mit zweierlei Maß gemessen, wie dies in der Vergangenheit noch der Fall war: Vor der Snowden-Affäre war Wirtschaftsspionage durch alliierte Dienste in Deutschland kein Thema. Die deutschen Sicherheitsbehörden verfolgten mit ihrem Fokus auf Russland und China in dieser Sache ein anderes Feindbild. Über viele Jahre wurden die Abwehrstrukturen der Sicherheitsbehörden auf die Gefahr aus dem Osten hin ausgerichtet. Dies ändert sich nun allmählich. Zu deutlich sind die Hinweise in den Snowden-Papieren auf Wirtschafts- und Industriespionage der NSA, um sie weiterhin politisch ignorieren zu können.

Für den ehemaligen Geheimdienstkoordinator im Bundeskanzleramt (1991 bis 1998) Bernd Schmidbauer besteht über die Hintergründe der flächendeckenden NSA-Überwachung kein Zweifel. Für ihn ist klar: Es geht um »Wirtschaftsspionage im großen Stil«, wie er in N24 am 01.07.2013, unmittelbar nach Bekanntwerden der NSA-Affäre, zitiert wird.[7]

Schmidbauer bestätigt nur das, was von den meisten Leitern europäischer Nachrichtendienste unter vorgehaltener Hand oder im vertrauten Kreis preisgegeben wird: Die USA gelten als der aggressivste Faktor der nahezu global aufgestellten Abhörmaschinerie. Schwerpunkt des Interesses sind forschungsintensive Sektoren wie Computertechnik, Mikroelektronik und Kommunikationstechnologie. Das Interesse gilt nicht nur der Industrie und Großkonzernen, wie Opel, BASF, Volkswagen und Siemens, sondern auch staatlichen Forschungseinrichtungen, Universitäten und interessanten mittelständischen Unternehmen. Das globale Interessenprofil wurde in den Snowden-Dokumenten belegt, unter anderem durch den Fünfjahresplan der NSA für Wirtschaftsziele, den »Sigint Mission Plan FY 2008–2013«.

Wie aber gelangen jene Informationen, die für die amerikanische Wirtschaft von Interesse sind, dorthin? Im amerikanischen Handelsministerium ist das diskrete Office of Intelligence Liaison angesiedelt. Als im Jahre 1993 die Existenz dieses Büros durch einen britischen Sender bekannt wurde, hieß es ab 1996 Office for Executive Support. Die Ziele blieben dieselben, nämlich als Schnittstelle von NSA und CIA zu amerikanischen Unternehmen zu fungieren.

Von dort aus gehen die relevanten Informationen direkt zu den amerikanischen Firmen. Genannt werden in diesem Zusammenhang häufig General Electric, Lockheed Martin, Boeing, McDonnell-Douglas, aber auch Software-Entwickler und Chiphersteller wie Microsoft, Intel, Netscape etc. Seit der NSA-Affäre ist die Verbindung zwischen den in den USA ansässigen Providern und der NSA kein Geheimnis mehr.[8]

Noch deutlicher als der ehemalige Geheimdienstkoordinator Schmidbauer wird der Amerikaner Andrew Denison, Direktor des in Königswinter angesiedelten Forschungsverbundes Transatlantic Networks, ein Zentrum für politische Beratung. In einem Interview für das *Magazin Cicero* im April 2015 sagt er, für ihn sei Wirtschaftsspionage durch amerikanische Dienste, auch gegen Deutschland, keine Überraschung, ja, sie sei sogar legitim.

»Meistens sind die, die sich unter dieser amerikanischen Lupe befinden – die Sanktionsbrecher und Geldwäscher, die Kleptokraten und ihre Schmiergeldzahler sowie die ausländischen Spione – auch für Deutschland eine Gefahr. Möglicherweise ist es illegal, dass Amerikaner nach russischen, iranischen, chinesischen, oder dschihadistischen Agenten in der deutschen Regierung und dem Militär sowie unter Journalisten und Geschäftsleuten suchen. Doch sie werden es weiter tun. ... Natürlich wäre es besser, Deutschland könnte selbst seine eigenen Firmen und Beamten ausreichend schützen. Nur wer ist in Deutschland bereit, dafür zu bezahlen?«[9]

Ist der Schaden durch Konkurrenzspionage, sofern er bekannt wird, noch einschätzbar, so ist dies beim Phänomen der Wirtschafts- und Industriespionage umso schwieriger, wenn der Verdacht besteht, dass ausländische Nachrichtendienste involviert sind.

Der Schaden, der durch Wirtschaftsspionage, meist digitaler Art, für Deutschland entsteht, lässt sich nur schwer schätzen. Auch der Verfassungsschutz ist dabei auf Vergleichswerte angewiesen. Es ist auch kaum möglich, zwischen privaten und staatlich gelenkten Angriffen zu unterscheiden. Genauso ist die Grenze, wie schon erwähnt, zwischen Konkurrenz- und Industriespionage fließend. Hinzu kommt, dass vor allem Klein- und Mittelstandsunternehmen digitale Angriffe nicht unmittelbar wahrnehmen. Im Durchschnitt werden erfolgreich durchgeführte Cyberangriffe erst ein halbes Jahr später erkannt, wenn der Schaden längst angerichtet ist. Der durch Datendiebstahl, Spionage und Sabotage angerichtete Schaden für die Wirtschaft wird von Fachleuten seit Jahren gleichbleibend mit mehr als 50 Milliarden Euro jährlich beziffert. In diese Schätzung fließt der Schaden, der durch NSA und GCHQ der deutschen Wirtschaft zugefügt wird, noch gar nicht mit ein, da nach wie vor keine konkreteren Erkenntnisse des Verfassungsschutzes darüber vorliegen.[10]

Bisher keine Spuren ...

Am 28. Juni 2016 wurde der Verfassungsschutzbericht 2015 durch Bundesinnenminister Thomas de Maizière und den Präsidenten des deutschen Verfassungsschutzes Hans-Georg Maaßen vorgestellt. Jene Affäre, welche die nationale deutsche Sicherheit wohl am stärksten hinterfragt, wird nur am Rande beleuchtet, ohne spezifisch darauf einzugehen.[11] Im Verfassungsschutzbericht des Vorjahres wurde zumindest die Erwartungshaltung geweckt, dass die im Sommer 2013 eingerichtete Sonderkommission im darauffolgenden Jahr mit Ergebnissen aufwarten kann.[12]

Zwei Jahre nach Bekanntwerden der bisher umfassendsten Spionagevorwürfe durch die NSA und durch den britischen GCHQ finden sich im deutschen Verfassungsschutzbericht 2015[13] keine Hinweise auf Spionagevorwürfe, die sich auf die von Snowden veröffentlichten Dokumente beziehen. Unabhängig von der Snowden-Affäre wird nur von einem Fall berichtet, in dem die CIA verdächtigt wurde, über einen längeren Zeitraum einen Mitarbeiter des BND von Wien aus geführt zu haben. Obwohl dies nur am Rande mit der Snowden-Affäre zu hat, handelt es sich dabei doch um einen der seltenen Fälle, in denen der Verfassungsschutz aufgrund des Verdachts von geheimdienstlicher Agententätigkeit gegen einen westlichen Geheimdienst aktiv wurde.

Der Verfassungsschutzbericht 2015 fügt sich inhaltlich nahtlos in die Reihe vorangegangener Berichte ein, wonach Russland und China als die Hauptgefährder für Cyberattacken und Wirtschaftsspionage allgemein identifiziert werden. Weder die USA, noch Großbritannien und auch kein anderer westlicher Verbündeter wird explizit im Zusammenhang mit den von Edward Snowden bekannt gemachten Spionagetätigkeiten erwähnt.[14]

Vor diesem Hintergrund sind die Verfassungsschutzberichte ab 2014 zum Thema Snowden und NSA-Affäre ernüchternd. Die Behörde schlussfolgerte in ihrem Bericht, dass »ein Ausleiten von Daten im Inland an deutschen Internetknotenpunkten oder bei deutschen Telekommunikationsdienstleistern ... bislang nicht nachgewiesen werden (konnte). Aufgrund der Architektur des Internets kann das Routing innerdeutscher Kommunikation auch über fremdes Hoheitsgebiet nicht ausgeschlossen werden. Eine Ausleitung von Daten im Ausland ist seitens deutscher Sicherheitsbehörden nicht detektierbar.«[15] Mit anderen Worten: Die deutsche Spionageabwehr ist nicht in der Lage, der NSA Spionage bzw. strafrechtliches Verhalten nachzuweisen, da man bis heute nicht ausschließen kann, dass das Abgreifen der Daten außerhalb Deutschlands erfolgte. Die Kommentare zur NSA-Affäre werden im darauffolgenden Verfassungsschutzbericht noch dünner. Pikanterweise wurde nicht einmal der Versuch unternommen, im Ausland auf dem Weg der Amtshilfe aktiv zu werden. Man weiß schlicht und einfach nicht, wo man mit den Nachforschungen beginnen soll.

Der Verfassungsschutzbericht 2015 nimmt nur mehr indirekt Bezug auf die NSA-Affäre, und räumt ein, dass es »immer wieder Hinweise gibt, dass einzelne Partnerdienste durch Überwachung von Telekommunikationseinrichtungen und sonstigen Datenströmen oder mittels menschlicher Quellen Spionage in beziehungsweise gegen Deutschland betreiben«.[16] Bemerkenswert ist die neutrale Erwähnung der von WikiLeaks im Juli 2015 veröffentlichten NSA-Datenbank, die Auszüge aus Überwachungsprotokollen von »Telefonanschlüssen deutscher Regierungsstellen und Behörden, darunter Minister, Staatssekretäre, hochrangige Beamte und Büroleiter«, veröffentlichte. Ohne weiter darauf einzugehen, unterstreicht der Verfassungsschutzbericht die »vertrauensvolle und partnerschaftliche Zusammenarbeit mit einer Vielzahl von ausländischen Nachrichtendiensten«.[17] Von einer Aufklärung oder vom Ergebnis der 2013 eingesetzten Sonderkommission spricht der Verfassungsschutzbericht indes nicht mehr.

Dies kann nur so interpretiert werden, dass die Zusammenarbeit mit den amerikanischen Sicherheitsbehörden – auch im Hinblick auf gemeinsame technische Aufklärungsprojekte – nicht von heute auf morgen auf eine neue Basis gestellt werden kann. Es ist aber keine Erklärung dafür, dass jene Behörde, die für die Spionageabwehr in Deutschland verantwortlich zeichnet, so flach, uninteressiert und auch profillos diesem Phänomen gegenübertritt, und zwar nicht erst seit der Snowden-Affäre. Vor diesem Hintergrund werden die gleichbleibenden Aussagen des deutschen Innenministers und des Präsidenten des Verfassungsschutzes verständlich, wonach es auch drei Jahre nach der Affäre Snowden keine belastbaren Hinweise auf die Existenz langjähriger technisch angelegter Spionage der NSA gegenüber Deutschland gäbe.

Entspricht dies der Realität und dem Ermittlungsstand des deutschen Verfassungsschutzes Anfang 2017, so stellt sich die Frage der Effektivität dieser Behörde, ja mehr noch: Hat es die Bundesregierung versäumt, Vorkehrungen zu treffen, die verhindern, dass Regierung, Bürger, Wirtschaft und Industrie in einer bis dahin undenkbaren Dimension von den Bündnispartnern abgehört wurden?

Schaden durch Nachrichtendienste nicht eruierbar

Wirtschaftsspionage, das ist nicht erst seit der Snowden-Affäre 2013 klar, ist ein hoch profitables Geschäft und zahlt sich auch für die involvierten Regierungen aus. Die kolportierten Größenordnungen, je nach Quelle, schwanken zwischen 22 und 60 Milliarden Euro jährlich, allein für die deutsche Wirtschaft. Der Verfassungsschutz beziffert den Schaden, der durch Datendiebstahl, Spionage und Sabotage in Deutschland angerichtete wird, mit mehr als 50 Milliarden Euro jährlich.[18] Dabei ist dies nur die Spitze des Eisberges, da der Schaden, den ausländische Nachrichtendienste verursachen, weitgehend unbekannt bleibt.

In der Praxis ist die Masse der Angriffe durch Konkurrenzspionage auf private Akteure zurückzuführen. Die Grenzen zwischen privat und nachrichtendienstlich gesteuerten Angriffen sind wie gesagt fließend, was es unmöglich erscheinen lässt, die Urheber solcher Angriffe zweifelsfrei zu identifizieren. Das hat auch damit zu tun, dass immer mehr einschlägige Privatdienstleister auf eine staatliche Karriere in Nachrichtendiensten, Polizei oder anderen staatlichen Stellen zurückblicken können. Gerade dieser Sektor lebt förmlich von einem schier unerschöpflichen Potenzial ehemaliger Ermittler, Geheimdienstmitarbeiter und Militärs. Der Austausch von Know-how und der Informationsabfluss ist inzwischen zu einer Realität geworden.

Seit den Achtzigerjahren werden vor allem in den USA immer mehr Militärdienstleistungen an Private ausgelagert. Auch die Privatisierung von nachrichtendienstlichen Leistungen ist ein weitverbreitetes Phänomen, das spätestens seit den Neunzigerjahren auch Europa erreicht hat. So berichtete der *Spiegel* in seiner Ausgabe vom 22.10.2016, dass im Umfeld der US-Stützpunkte in Deutschland Dutzende von den amerikanischen Streitkräften finanzierte, private Spionagefirmen aktiv sind. In den Jahren 2011 und 2012 hat das Auswärtige Amt über 110 amerikanischen Firmen ähnliche Rechte eingeräumt wie den US-Streitkräften auf deutschem Boden, u. a. wird ihnen gestattet, für die US-Streitkräfte »analytische Dienstleistung« zu erbringen. Ende 2014 sollen insgesamt immer noch 44 solcher Intelligence-Dienstleister mit Genehmigung der Regierung in Deutschland aktiv gewesen sein, darunter die Firma Booz Allen

Hamilton, der ehemalige Arbeitgeber von Edward Snowden.[19] Angesprochen auf die Vielzahl von amerikanischen Intelligence-Dienstleistern der US-Streitkräfte in Deutschland, erklärte der Präsident des Bundesamtes für Verfassungsschutz Hans-Georg Maaßen, er habe »keine Erkenntnisse, dass diese Firmen in Deutschland gegen deutsche Interessen tätig sind«.[20]

Die Einschätzung, ob ein Nachrichtendienst oder ein privater Dienstleister oder eine kriminelle Struktur in Wirtschafts- bzw. Konkurrenzspionage verwickelt ist, ist auch deshalb schwierig, da bestimmte Dienstleistungen seitens der Nachrichtendienste ausgelagert werden. Entweder an private Firmen, die auch als Tarnfirmen gelten, oder auch an private Intelligence-Anbieter. Die damit verbundenen Vorteile liegen auf der Hand: Private Unternehmen, selbst wenn es Tarnfirmen sind, werden nicht im selben Maße kontrolliert, wie dies bei den Diensten der Fall ist. So unterhält jeder Nachrichtendienst eine Vielzahl von Tarnfirmen, die ihrerseits Dienstleistungen anbieten oder mit diversen Projekten befasst sind, und das jenseits jeglicher Kontrolle, auch parlamentarischer Kontrollmechanismen. So soll der BND nach Presseinformationen eine Reihe von Tarnfirmen unterhalten. Eine Kleine Anfrage der Fraktion DIE LINKEN im August 2014 nach der Anzahl »der durch BND, BfV und MAD betriebenen Tarnfirmen und -einrichtungen« blieb von der Bundesregierung mit dem Hinweis auf das Staatswohl weitgehend unbeantwortet.[21]

Auch die Durchlässigkeit staatlich geführter Nachrichtendienste und privater Intelligence-Anbieter ist ein Phänomen, das vor allem in den USA weit verbreitet ist. Keith Alexander, bis März 2014 Direktor der NSA, ist ein gutes Beispiel für diesen sogenannten Drehtür-Effekt. Darunter versteht man den Wechsel vom Staatsdienst in den privaten Bereich und oft auch wieder zurück. Keith Alexander hat im Anschluss an seine Karriere bei der NSA ein Unternehmen mit dem Namen IronNet Cybersecurity gegründet. IronNet bietet Banken und Unternehmen Schutz gegen Angriffe aus dem Netz an. Gleichzeitig hat der ehemalige NSA-Direktor angekündigt, mindestens neun einschlägige Patente anmelden zu wollen.[22] Solche Wechsel werden dann problematisch, wenn es sich um ehemalige Mitarbeiter von Nachrichtendiensten handelt, die ihr Know-how für geschäftliche Zwecke nutzen. Dieses Beispiel ist bereits die Regel in dieser Branche und keineswegs die Ausnahme. So bedienen sich nicht nur private Sicherheitsfirmen dieses Pools an verfügbaren Beamten und Geheimdienstmitarbeitern, sondern auch normale Unternehmen. Viele deutsche Global Player haben ehemalige Geheimdienstleute als Leiter ihrer Sicherheitsabteilung unter Vertrag. So heuerte der ehemalige BND-Chef August Hanning nach seiner Pensionierung im November 2009 beim Unternehmen Prevent an, wenn auch nur kurzfristig. Im Juli 2010 übernahm er den Vorsitz eines dreiköpfigen Fachbeirates des Unternehmens, das sich auf die Abwehr von Wirtschaftskriminalität spezialisiert hat. Im *Handelsblatt* vom September 2010 wird Hanning mit der Aussage zitiert: »Sicherheit in Deutschland kann nicht nur eine staatliche Aufgabe sein. Wirtschaftsspionage ist ein großes Thema.«[23] Inzwischen musste die Firma Konkurs anmelden und war mit strafrechtlichen Vorwürfen konfrontiert. Sie war nicht nur defensiv ausgerichtet und geriet so ins Visier der Staatsanwaltschaft. Die Prevent AG galt als BND nahe.

Auch Hannings österreichischer Kollege, der langjährige Leiter des Heeresnachrichtendienstes Alfred Schätz, war zeitweise als Gesellschafter bei dem österreichischen Intelligence-Anbieter CIN tätig, berichtete die österreichische Tageszeitung *Die Presse* am 1. Juni 2007.[24] Beispiele dafür gibt es viele. So wurde u. a. der ehemalige DIA-Direktor Michael Flynn in der Trump-Administration Nationaler Sicherheitsberater und der ehemalige CIA-Chef David Petraeus war nach seinem Ausscheiden 2012 für verschiedene Sicherheitsfirmen tätig.

Diese Beispiele sind nur die Spitze eines Trends, Mitarbeiter oder ehemalige Mitarbeiter von Nachrichtendiensten in einschlägigen Privatunternehmen unterzubringen. Inzwischen gibt es kein größeres Sicherheitsunternehmen, das nicht ehemalige Mitarbeiter aus den Diensten und aus der Exekutive beschäftigt. Die Grenze zwischen staatlich geführten und privaten Geheimdiensten verwischt zunehmend. Keine Überraschung also, dass es auch aufgrund der aufgezeigten Entwicklung immer schwieriger wird, beides auseinander zu halten. Für die Sicherheitsbehörden ergibt sich daraus eine schwierige Situation, da der Verfassungsschutz nur dann für Wirtschaftsspionage zuständig ist, wenn sich hinter dem Angriff ein Nachrichtendienst verbirgt, und genau das nachzuweisen, wird immer schwieriger.

Auch für den eingesetzten Parlamentarischen Untersuchungsausschuss zur NSA-Affäre im März 2014 bleibt das Thema Wirtschaftsspionage durch alliierte Dienste in Deutschland offenbar tabu. Das Thema ist nicht neu. Bereits um das Jahr 2000/01 wurde in der sogenannten Echelon-Affäre durch den Untersuchungsausschuss des Europäischen Parlaments erhebliches an Vorarbeiten geleistet. Das Europäische Parlament vermutete einen groß angelegten Lauschangriff unter Federführung der NSA auch in Deutschland. Im Raum stand der Verdacht der Wirtschaftsspionage gegen europäische Unternehmen. Eine der Konsequenzen aus den Empfehlungen der eingesetzten Kommission des Europäischen Parlamentes war, die NSA-Überwachungsanlage im bayrischen Bad Aibling zu schließen. Dies erfolgte 2004. Im gleichen Jahr wurde eine intensive Zusammenarbeit zwischen dem BND und der NSA mit dem Namen Eikonal gestartet. Bad Aibling war das Zentrum der Zusammenarbeit, jenes Bad Aibling, aus dem sich die NSA im selben Jahr aufgrund des politischen Drucks zurückgezogen hatte. Aber eben nicht vollständig.

Trotz dieser Vorgeschichte kann man sich des Eindrucks nicht erwehren, dass Deutschland sowohl bei der technischen Erkennung, als auch bei der Aufklärung von nachrichtendienstlich gesteuerter Wirtschaftsspionage durch alliierte Partner noch am Anfang steht.

Erst die Snowden-Affäre hat dieses Thema neu befeuert. Während der Verfassungsschutz nach wie vor über keinerlei Hinweise verfügen will, wonach alliierte Nachrichtendienste Wirtschaftsspionage im großen Stil gegen deutsche Unternehmen und Interessen betreiben, ist hier das Bundesamt für Sicherheit in der Informationstechnik (BSI) bereits einen Schritt weiter. In ihrem Sicherheitsbericht 2015 wird indirekt auf das Thema Wirtschaftsspionage eingegangen: »Deutschland ist permanent Cyberangriffen ausgesetzt, die darauf abzielen, informative und finanzielle Vorteile zu erlangen.«[25] Gemeint ist hier nichts anderes als Wirtschaftsspionage. Wirtschaftsspionage im großen Stil von Nachrichtendiensten aufzuspüren ist selbst für das BSI eine neue Herausforderung, erst recht nach den Enthüllungen von WikiLeaks in der Snowden-Affäre.

Wirtschaftsspionage hat längst den Cyberraum erobert. Erst 2011 wird die vom Kabinett verabschiedete Cyberstrategie auch auf jene Bereiche ausgeweitet, die außerhalb der Bundesverwaltung liegen. Die Strategie definiert zehn strategische Bereiche und knüpft spezielle Maßnahmen daran. Der Schwerpunkt liegt allerdings nicht in der Prävention und Aufklärung von Wirtschaftsspionage, sondern beim Ausbau einer möglichst widerstandsfähigen kritischen IT-Infrastruktur.[26]

Die Bundesregierung hat in ihrer Cyberstrategie erkennbar andere Prioritäten, als den geschätzten enormen Schaden durch Wirtschaftsspionage zu begrenzen. Viel zu lange hat man gezögert, Cyber-Kapazitäten, defensiver und offensiver Art, auszubauen. Spätestens seit der Krise in der Ukraine und der deutlich aggressiveren russischen Politik hat man erkannt, dass die Defizite beim Schutz der kritischen Infrastruktur in Deutschland das Land verwundbar machen. Damit tut sich neben der Abwehr der Wirtschaftsspionage eine zweite Front auf. Wenn auch viel zu spät, versucht die Bundesregierung diese Lücke durch neue Gesetze und den Einsatz größerer Ressourcen zu schließen. Diese Ressourcen fehlen dann allerdings bei der Prävention und der Abwehr von Wirtschaftsspionage. Die betroffenen Unternehmen bleiben meist auf sich selbst gestellt. Gründe dafür sind die Schwerfälligkeit internationaler Ermittlungen und das Schwergewicht, das die Behörden jenen Unternehmen zuweisen, die im Bereich der kritischen Infrastruktur angesiedelt sind. In der Abwehr von Wirtschaftsspionage ist der deutsche Mittelstand daher weiter auf sich allein gestellt.

Heute geht die deutsche Politik davon aus, dass der Schutz der kritischen Infrastruktur Priorität vor dem Schutz vor Wirtschaftsspionage hat. Beides gleichzeitig kann der Staat mit den verfügbaren Ressourcen nicht leisten. Die Konsequenz daraus ist fatal und für die deutsche Wirtschaft niederschmetternd. Die deutsche Wirtschaft bleibt sich weitgehend selbst überlassen im Hinblick auf das Abschöpfen von Informationen und Knowhow durch ausländische Nachrichtendienste und kriminelle Strukturen.

Schutz kritischer Infrastruktur geht vor

Seit Inkrafttreten des IT-Sicherheitsgesetzes am 15. Juli 2015 sind Betreiber kritischer Infrastruktur gegenüber dem Bundesamt für Sicherheit in der Informationstechnik (BSI) meldepflichtig, wenn es zu erheblichen IT-Zwischenfällen kommt. Was damit gemeint ist, wurde vom BSI definiert: Darunter fallen Angriffe, die mit erheblichem Aufwand abgewehrt werden können oder noch nicht veröffentlichte Sicherheitslücken ausnützen. Gleichzeitig werden diese Unternehmen verpflichtet, ihre IT »nach dem Stand der Technik« abzusichern.

Damit soll das IT-Sicherheitsniveau für Deutschland signifikant angehoben werden. Klassische mittelständische Unternehmen sind nur davon betroffen, wenn sie unter die Betreiber kritischer Infrastruktur fallen, und das ist die Minderheit. Das Gesetz zielt daher nicht direkt auf die Abwehr von Industrie- und Wirtschaftsspionage ab, sondern soll dafür nur Sensibilität und die Voraussetzungen bei der Masse der Unternehmen schaffen, so das BSI. Was unter kritische Infrastruktur fällt, wird im BSI-Gesetz geregelt. Betroffen davon sind die Sektoren Energie, Informationstechnik und Telekommunikation, Transport und Verkehr, Gesundheit, Wasser, Ernährung sowie Finanz- und Versicherungswesen.[27] Welche Unternehmen tatsächlich davon betroffen sind, regelt aber erst eine Verordnung, die ein Jahr später, am 3. Mai 2016, in Kraft trat. Betroffen davon sind etwa 2000 Anlagen und weit weniger Unternehmen, als ursprünglich angenommen. Ersten Schätzungen zufolge war man von 18.000 Unternehmen ausgegangen, was zu erheblichen Dissonanzen zwischen Wirtschaft und Regierung geführt hat.[28] Dies zeigt eine Zweiklassengesellschaft auf, die zwischen den Betreibern kritischer Infrastruktur und dem Rest der deutschen Unternehmen unterscheidet.

Informationen über Cyberangriffe werden beim BSI gesammelt und ausgewertet. Nach den Vorstellungen der Bundesregierung soll das BSI zu einer internationalen Zentralstelle für IT-Sicherheit ausgebaut werden.[29] BKA, Verfassungsschutz und BND sollen als Konsequenz des IT-Sicherheitsgesetzes personell aufgerüstet und mit dem BSI gemeinsam technisch in die Lage versetzt werden, der Bedrohung aus dem Cyberraum angemessen begegnen zu können. Für das Thema Wirtschafts- und

Industriespionage bedeutet das, auch in den kommenden Jahren keinen genauen Überblick über den verursachten Schaden aus dem Netz zu erhalten, da die Masse der Unternehmen nicht unter die Pflichten des IT-Sicherheitsgesetzes fällt.

Das IT-Sicherheitsgesetz zielt in erster Linie auf den Bereich der Aufrechterhaltung kritischer Infrastruktur und nicht auf Unternehmen aus Industrie und Mittelstand ab. Trotzdem ist mit der Aufrüstung von BSI, BND und Verfassungsschutz ein erster Schritt getan, die deutsche Industrie und damit auch mittelständische Unternehmen für das Thema Wirtschaftsspionage aus dem Netz zu sensibilisieren und bei der Aufklärung zumindest zu unterstützen. Die Umsetzung dieser Maßnahmen soll in den kommenden Jahren auch dazu beitragen, den Schaden durch Industrie- und Wirtschaftsspionage treffsicherer zu belegen und Täter abzuschrecken. Die Formulierungen in den offiziellen Papieren täuschen jedoch nicht darüber hinweg, dass die deutsche IT-Landschaft – die private mehr als die staatliche – gegenüber Cyberattacken »offen wie ein Scheunentor ist«, ist doch Deutschland permanent Cyberangriffen ausgesetzt, resümiert das BSI in seinem Sicherheitsbericht 2015, und die Angriffsmethoden werden immer hochwertiger.[30] Genau diese Feststellung lässt es mehr als wahrscheinlich erscheinen, dass ausländische Nachrichtendienste involviert sind.

Nach wie vor ist es allerdings den Behörden nur in den wenigsten Fällen möglich, zwischen staatlich und nicht staatlich gelenkten Angriffen zu unterscheiden. Alleine aus der Komplexität und dem eingesetzten Ressourcenaufwand können Schlussfolgerungen über die Urheberschaft gezogen werden. Für Kleinunternehmen und den Mittelstand sind das keine guten Nachrichten. Hinzu kommt, dass vor allem diese Unternehmen digitale Angriffe durch Dienste nicht unmittelbar wahrnehmen. Wie bereits erwähnt, werden erfolgreich durchgeführte Cyberangriffe meist erst ein halbes Jahr später erkannt. Es ist daher davon auszugehen, dass Industrie- und Wirtschaftsspionage ein immer größeres Einfallstor für den Diebstahl von Know-how oder schlicht zur Erlangung finanzieller und wirtschaftlicher Vorteile werden. Der Schaden wird daher tendenziell eher zu- als abnehmen.

Wie kritisch die Situation ist, wird durch den Appell der deutschen Kanzlerin nach einem breit angelegten Hackerangriff auf Telekommunikationsstruktur klar, bei dem zeitweise 900.000 Anschlüsse der Telekom lahmgelegt waren: »Solche Cyber-Angriffe (...) gehören heute zum Alltag, und wir müssen lernen, damit umzugehen.«[31] Das mit der Aufklärung befasste BSI konnte allerdings trotz umfangreicher Ermittlungen den Verursacher nicht eindeutig identifizieren.

Wir betreiben keine Wirtschaftsspionage

Unmittelbar nach Bekanntwerden der von Snowden Mitte 2013 veröffentlichten Dokumente beeilte sich die US-Regierung zu versichern, dass sie ihre Nachrichtendienste nicht zum Zwecke der Wirtschaftsspionage einsetze.[32] Eine Position, die bis heute sowohl von der amerikanischen Politik als auch von Vertretern der Nachrichtendienste gebetsmühlenartig wiederholt wird.

Anders sieht das der ehemalige Leiter des französischen Inlandsnachrichtendienstes DSD, Bernard Squarcini, der in einem Interview für *Le Figaro* mit dem Kommentar zitiert wird: »Die Amerikaner betreiben Wirtschaftsspionage bei uns und wir betreiben Wirtschaftsspionage bei den Amerikanern.«[33]

Von Edward Snowden hört man in einem Interview gegenüber dem NDR im Januar 2014 da etwas ganz anderes. Angesprochen auf die im Raum stehende Wirtschaftsspionage gegenüber deutschen Unternehmen erklärt er:

> »Wenn es etwa bei Siemens Informationen gibt, die dem nationalen Interesse der Vereinigten Staaten nutzen – aber nichts mit der nationalen Sicherheit zu tun haben –, dann nehmen sie sich diese Informationen trotzdem.«[34]

Noch deutlichere Einblicke in das Thema Wirtschaftsspionage geben jedoch jene Dokumente aus dem Snowden-Fundus, welche die Zusammenarbeit der NSA mit dem britischen GCHQ in diesem Segment belegen. Daraus wird ersichtlich, dass die NSA die Kommunikationsüberwachung

Italiens der britischen Schwesterorganisation überlassen hatte. In den Dokumenten findet sich ein Teil des strategischen Aufklärungsprofils, wonach das britische GCHQ aufgefordert wurde, alles zusammenzutragen, »was der britischen Wirtschaft dient«.[35] Dies stellte einen eindeutigen Auftrag zur Wirtschaftsspionage dar und belegt gleichzeitig die enge Abstimmung zwischen Briten und Amerikanern in diesem Bereich.

Wie allerdings kommt es zur Diskrepanz zwischen der amerikanischen Behauptung, keine Wirtschaftsspionage zu betreiben, und der erdrückenden Indizienlage, dies doch zu tun? Dies ist auf die unterschiedliche Interpretation des Themas Wirtschaftsspionage zurückzuführen. Die US-Nachrichtendienste, so die Argumentation, setzen ihre Kapazitäten nicht in erster Linie dafür ein, Wirtschaftsgeheimnisse zu stehlen oder der eigenen Industrie Vorteile zu verschaffen. Ihr Ansatz ist seit Mitte der Neunzigerjahre ein ganz anderer, den wir in Europa jedoch zu spät wahrgenommen haben.

Konkurrenzspionage der US-Dienste war gestern?

Etwas überraschend kommt die Aussage amerikanischer Dienste, allen voran NSA und CIA, wonach sie die Involvierung der U.S. Intelligence Community zum Zwecke der Konkurrenzspionage als überholt betrachten. Einer der Gründe dafür ist, dass die US-Wirtschaft als ohnedies innovativ genug beurteilt wird und der Einsatz von Nachrichtendiensten zur Aufklärung von Geschäftsgeheimnissen daher »als Missbrauch von Ressourcen« gilt, so der ehemalige CIA-Direktor Woolsey bereits im Jahre 2000.[36] Daraus jedoch abzuleiten, dass sich die amerikanischen Dienste aus diesem Sektor zurückgezogen hätten, wäre grundfalsch. Das Gegenteil ist der Fall.

Unbeeindruckt von der öffentlichen Diskussion, haben die USA spätestens seit dem Jahr 2000 einen argumentativ geschickten Schachzug vollzogen. Sie haben den Begriff der Wirtschaftsspionage umgedeutet. Wohl im Zuge des politischen Drucks rund um die Echelon-Affäre im Jahre 2000/2001 stellte der ehemalige Direktor der CIA, James Woolsey, in einer Rede vor dem Foreign Press Center in Washington im März 2000 kategorisch in Abrede, dass die USA in Europa überhaupt Wirtschafts-spionage betreiben würden. Genau das aber war ein zentraler Vorwurf, den das Europäische Parlament im Echelon-Ausschuss nachzugehen versuchte.

In diesem bemerkenswerten Statement führte er aus:

>»Ich reserviere den Begriff Wirtschaftsspionage dafür, wenn einer Industrie direkte Vorteile verschafft werden sollen. Ich nenne es nicht Wirtschaftsspio-nage, wenn die USA ein europäisches Wirtschaftsunternehmen ausspionie-ren, um herauszufinden, ob es durch Bestechung Aufträge in Asien oder La-teinamerika zu erhalten versucht, die es auf ehrlichem Weg nicht gewinnen würde.«[37]

Woolsey war von 1993 bis 1995 CIA-Direktor und Koordinator aller US-Nachrichtendienste in der Funktion des Director of National Intelli-gence (DNI), damals noch ein Primus inter Pares der amerikanischen In-telligence Community.[38] Woolsey geht in seinem Statement sogar so weit, dass er die Aufklärung von Bestechung durch (europäische Wirtschafts-unternehmen) als eine der zentralen nachrichtendienstlichen Befugnis-se in seiner Zeit (als DNI) herausstellt. Er rechtfertigte amerikanische Wirtschaftsspionage gegen europäische Alliierte bereits Ende der Neun-zigerjahre mit dem Argument einer weit verbreiteten Wirtschaftskrimi-nalität europäischer Firmen bei der Akquirierung internationaler Aufträ-ge.[39] Gemeint waren insbesondere zentraleuropäische Global Player wie Siemens, VW, BASF, Daimler, Deutsche Post, Deutsche Bank, Lufthansa und natürlich die Deutsche Telekom, um nur einige zu nennen. Bereits damals wurden die Grundlagen dafür geschaffen, dass eine Vielzahl euro-päischer Unternehmen von den amerikanischen Diensten ins Visier ge-nommen wurden.

Das bedeutet, dass die Umorientierung der US-Nachrichtendienste in Richtung Wirtschaftsspionage bereits in den Neunzigerjahren erfolgte, unmittelbar nach dem Kalten Krieg. Schon so frühzeitig ist auch ein wei-teres Phänomen amerikanischer Argumentation erkennbar: Der Einsatz der Nachrichtendienste zur Konkurrenzspionage sei die Ausnahme und nicht die Regel. Woolsey liefert auch die Begründung dafür. Er stellt in

Frage, ob amerikanische Unternehmen überhaupt Bedarf am Diebstahl technologischer Geheimnisse aus Europa haben.[40]

James Woolsey gilt als einer der Hardliner amerikanischer Sicherheitspolitik. Nach den Enthüllungen Snowdens sprach er sich für dessen Hinrichtung aus.[41]

Auch 14 Jahre später hat sich an diesem Selbstverständnis der amerikanischen Politik und Intelligence Community zum Thema Wirtschaftsspionage wenig geändert. Was sich bereits im Jahre 2000 und auch schon lange davor als neues Betätigungsfeld der US-Dienste deutlich abzeichnete, wurde bis heute konsequent weiterentwickelt, nur eben unter ganz anderen Vorzeichen, als man das in Europa bisher vermutete. Auch an der offiziellen Argumentation, wonach die amerikanischen Dienste keine Wirtschaftsspionage betreiben, hat sich nichts geändert. In einem Interview gegenüber dem *Spiegel* im März 2014 erklärte der ehemalige Leiter der NSA und späterer Chef der CIA, General Michael Hayden, dass die USA ihre Nachrichtendienste nicht für Wirtschaftsspionage einsetzen, und meinte damit, wie sein Kollege Woolsey 14 Jahre zuvor, Konkurrenzspionage. Auch er hebt hervor, dass es sich dabei um Verschwendung von Ressourcen handeln würde, da die amerikanische Industrie ohnedies über einen Technologievorsprung verfüge.[42]

Die Kontinuität der Aussagen beider Leiter amerikanischer Geheimdienste ist deshalb bemerkenswert, weil dazwischen deutlich mehr als ein Jahrzehnt liegt. Es spricht aber gleichzeitig dafür, wie konsequent die USA ihre Dienste entwickelt haben und das Thema Wirtschaftsspionage so voranzutreiben, dass europäische Unternehmen reihenweise unredlichen Handels überführt werden konnten.

Die so in den Fokus geratenen europäischen Unternehmen werden als wirtschaftskriminell gebrandmarkt, sodass sogar die eigenen Regierungen nicht zur Verteidigung des derart bloßgestellten Unternehmens ausrücken können. Dasselbe gilt auch für die Spionageabwehr, die angesichts der überführten Unternehmen ins Leere läuft, auch wenn dahinter amerikanische Nachrichtendienste vermutet werden. Die Liste der deutschen und europäischen Firmen, die in den vergangenen Jahren Opfer des

Einsatzes der US-Nachrichtendienste wurden, liest sich wie das »Who-is-who« der deutschen und europäischen Global Player. Die Europäer nennen diesen Vorgang nach wie vor Wirtschaftsspionage, wenn Dienste gegen europäische Unternehmen eingesetzt werden.

Siemens ist nur ein Beispiel unter vielen deutschen Unternehmen, die in den Fokus von Justizministerium und SEC geraten sind. Jedenfalls ist Siemens das bisher prominenteste Beispiel. Bereits vor der Jahrtausendwende haben US-Dienste begonnen, Wirtschafts- und Industriespionage umzuschreiben, ohne dass die europäischen Bündnispartner darauf reagieren konnten.

In keinem der bisher vorgelegten deutschen Verfassungsschutzberichte wird darüber berichtet, dass die US-Dienste dazu übergegangen sind, als »Ermittlungsbehörden mit nachrichtendienstlichen Methoden« gegen deutsche und europäische Unternehmen zu arbeiten. Als Rechtfertigung für solche Aktivitäten gilt bereits der Verdacht, dass Unternehmen bei der Abwicklung ihrer internationalen Geschäfte gegen internationales oder amerikanisches Recht verstoßen könnten.

Spätestens zu diesem Zeitpunkt, wäre eine entsprechende Warnung der Verfassungsschutzbehörden angebracht gewesen. Offenbar war es schwierig, dafür Argumente zu finden, dass sich die deutsche Regierung oder andere europäische Regierungen vor diese Unternehmen stellen, um Straftaten zu decken oder zu rechtfertigen. Bestechung ist und bleibt schließlich eine Straftat, selbst wenn dies zum damaligen Zeitpunkt ein international recht übliches Verfahren war. Es wurde einer Entwicklung in den USA zu spät Rechnung getragen, die den Einsatz der Dienste forcierte, um große ausländische Unternehmen nachhaltig abzustrafen. Die Situation war politisch auch deshalb verworren, da es keine europäische Behörde gab, die reziprok Geschäftspraktiken amerikanischer Firmen ebenso sanktionieren könnte. Auch die Spionageabwehr war weit davon entfernt, die Gefahr zu erkennen, die sich für europäische Unternehmen zusammenbraute. Darüber hinaus waren der Spionageabwehr die Hände gebunden, da die Aktivitäten der US-Dienste im Zeichen und im Vorfeld der Strafverfolgung nicht eindeutig unter ihr Mandat fielen. Zwar würde das aktiv werden eines ausländischen Dienstes gegen deutsche

Unternehmen in die Zuständigkeit des Verfassungsschutzes fallen. Was aber, wenn es keinerlei verwertbare Spuren gäbe und es sich bei den aufs Korn genommenen Unternehmen um internationale Wirtschaftskriminalität handelt?

Nach Bekanntwerden der engen Zusammenarbeit des BND mit der NSA wurde auch öffentlich, dass die NSA dem BND sogenannte Selektoren (Suchbegriffe) übermittelte, und zwar mit deutlichem Hinweis auf Wirtschaftsspionage. Aus heutiger Sicht spricht sehr viel dafür, dass die NSA auch unter Mithilfe des BND in Deutschland und Europa Informationen für die Aufbereitung solcher Fälle sammelt. Beweise dafür gibt es allerdings genauso wenige, wie es Nachweise dafür gibt, dass die NSA gegen deutsches Grundrecht verstoßen hätte. Das ist auch nicht notwendig, weil die NSA über eine Vielzahl von Zugängen zur Telekommunikation verfügt, die außerhalb der deutschen Gerichtsbarkeit liegen.

US-Spionage beschränkte sich aber nicht nur auf deutsche Firmen, auch französische und italienische Firmen standen verstärkt im Fokus sogenannter amerikanischer Wirtschaftsaufklärung. Die offenen Worte Woolseys aus dem Jahr 2000 sind im Lichte der Echelon-Affäre zu sehen, als Echelon im Europäischen Parlament zu einem sensiblen Thema in den transatlantischen Beziehungen wurde. Echelon war nur der Vorreiter dessen, was Snowden 13 Jahre später an die Öffentlichkeit brachte.

Neues Betätigungsfeld für amerikanischen Dienst

Schon der Echelon-Untersuchungsausschuss 2001/2002 spekuliert darüber, dass von den USA gesammelte, wirtschaftlich relevante Informationen den Weg zu amerikanischen Mitanbietern finden. Woolsey nahm schon damals im Jahr 2000 dazu sehr offen Stellung, indem er erklärte:

»Wenn US-Nachrichtendienste allerdings Informationen über technologische Durchbrüche ausländischer Unternehmen zusammenstellen, dann werden diese Informationen auch an die Wirtschaft weitergegeben.«[43]

Bemerkenswert ist auch der Umstand, dass Woolsey Europa sechs Jahre vor Bekanntwerden des Siemens-Bestechungsskandals als das weltweite Zentrum der industriellen Bestechung bezeichnete.[44] 16 Jahre später ist die Liste europäischer Unternehmen lang, die im Zuge überführter Bestechung zu hohen Strafen durch US-Behörden verurteilt wurden. So mussten unter anderem Bilfinger, Daimler, Lufthansa und die Deutsche Telekom hohe Strafen akzeptieren.

Der deutsche Bau- und Dienstleistungskonzern Bilfinger wurde in den USA wegen Korruption bei einem Pipeline-Projekt zu einer Geldbuße von 23,3 Millionen Euro verurteilt. Die Behörde sah es als erwiesen an, dass Bilfinger gemeinsam mit dem US-Pipelinebauer Willbros und anderen Unternehmen Bestechungsgelder von mehr als sechs Millionen Dollar an nigerianische Behörden gezahlt hatte.[45]

Ebenso wurde Daimler der Korruption überführt. Das Unternehmen hatte zwischen 1998 und 2008 in mindestens 22 Ländern, darunter Russland, Türkei, Ägypten und China, ausländische Amtsträger bestochen und zusätzliche Umsätze in Höhe von 1,9 Milliarden Dollar erwirtschaftet.[46]

Die amerikanischen Behörden überführten die Deutsche Telekom und ihre osteuropäische Tochtergesellschaft Magyar Telekom, zwischen 2005 und 2006 Bestechungsgelder in Millionenhöhe an Regierungsbeamte in Montenegro und Mazedonien gezahlt zu haben. Damit wurde Wettbewerbern in Mazedonien der Marktzutritt verwehrt, um den Verkauf des staatlichen Telekomunternehmens an Magyar reibungslos über die Bühne zu bringen.[47]

Lufthansa musste sich im Jahr 2013 in den USA für einen Korruptionsfall verantworten, in dem zwei Angestellte der BizJet, einem Ableger der Lufthansa Technik mit Sitz in den USA, involviert waren. Die beiden Manager hatten Beamte in Mexiko, Brasilien und Panama bestochen, um Wartungsaufträge für Flugzeuge zu erhalten.[48]

Eine Beteiligung der amerikanischen Dienste wurde nie nachgewiesen, aber auch nicht untersucht. Der Einsatz der US-Dienste zum Nachteil europäischer Unternehmen ist nach wie vor kein Fall für die Spionageabwehr.

Inwieweit hier das neue BND-Gesetz Abhilfe schaffen kann, ist fraglich, da der BND sehr eng mit den amerikanischen Sicherheitsbehörden verzahnt ist.

»Wir stehlen Geheimnisse mittels Spionage, mittels Abhörmaßnahmen und mit Aufklärungssatelliten«[49], bekannte Woolsey schon im Jahre 2000 öffentlich. Inzwischen haben sich nicht nur die technischen Möglichkeiten enorm verbessert, auch die Philosophie der Spionage hat sich geändert. Michael Hayden, von 1999 bis 2005 Direktor der NSA und von 2006 bis 2009 Chef der CIA, beschreibt diesen Wandel so:

»Spionage ist die international akzeptierte Normalität, und eine Unterscheidung zwischen Freund und Feind mache heute keinen Sinn mehr.«[50]

Dies gibt tiefe Einblicke in den amerikanischen Zugang zum Thema Wirtschaftsspionage. Aber nicht nur das. Es lässt die Aussagen deutscher Politiker von Merkel bis hin zum Bundeswirtschaftsminister zum Thema Freunde und Spionage in einem Licht erscheinen, dass mit der Realität schon lange nichts mehr zu tun hat. Als ehemaliger NSA-Chef verfolgte Hayden einen technischen Ansatz, alles zu sammeln, was technisch abgreifbar war. In die gleiche Kerbe schlägt auch der ehemalige technische Direktor der NSA, William Binney, in seiner Aussage am 3. Juli 2014 vor dem Untersuchungsausschuss des Bundestages zur NSA-Affäre. Nicht nur, dass er die NSA als »gefährliche Datensammelmaschine« bezeichnete, er gab auch Einblicke in die Philosophie des Datensammelns:

»Sie wollen Informationen über alles haben. Das ist wirklich ein totalitärer Ansatz, den man bislang nur bei Diktatoren gesehen hat. ... Nach dem 11. September gab es so etwas wie Privatsphäre nicht mehr.«

Und Binney weiter:

»Ziel ist auch die Kontrolle der Menschen. Es ist inzwischen im Prinzip möglich, die gesamte Bevölkerung zu überwachen, im Ausland und in den USA.«[51]

In Bluffdale, Utah, befindet sich das zentrale Speicherzentrum der NSA. Die Speicherkapazität ist so enorm, dass nach Angaben von Wikipedia, die Speicherung der kompletten Überwachung der weltweiten Kommunikation möglich ist.[52]

Eine solche Speicherkapazität ist auch notwendig, da die US-Dienste schlichtweg alles speichern und erst dann selektieren, wenn diese Informationen relevant werden könnten. Spionagesoftware wie PRISM, Tempora, XKeyscore, Mail Isolation Control and Tracking, FAIRVIEW, Genie, Bullrun und Co-Traveler sind nur einige, die durch die Veröffentlichungen Snowdens bekannt geworden sind. Diese Programme durchsuchen angelegte Datenbanken im Hinblick auf verwertbare Informationen, operieren aber auch in Echtzeit. Ein Freund-Feind-Schema wie zur Zeit des Kalten Krieges existiert nicht mehr, es wurde durch ein nicht näher definiertes »nationales Interesse« ersetzt. Hayden bringt dies auf den Punkt: »Wir spionieren nicht das Böse aus, wir spionieren die Interessanten aus.«[53]

Dass die amerikanischen Dienste Wirtschaftsspionage gegen Deutschland betreiben, kann auch von den Sicherheitsbehörden nicht mehr ignoriert werden. Gerichtsverwertbare Beweise dafür wurden aber bisher nicht präsentiert. Im Gegenteil: Die deutsche Bundesregierung vertrat noch unmittelbar nach Bekanntwerden der NSA-Affäre die Auffassung, dass die USA in Deutschland keine Wirtschaftsspionage betreiben. Bei einer parlamentarischen Anfrage, warum die Bundesregierung Spionage gegen deutsche Unternehmen ausschließe, wird dies folgendermaßen begründet:

»Der Bundesregierung liegen aktuell keine konkreten Hinweise auf Wirtschaftsspionage US-amerikanischer Nachrichtendienste gegen deutsche Unternehmen vor. Die US-Regierung hat der Bundesregierung mehrfach versichert, dass die dortigen Dienste keine Wirtschaftsspionage betreiben.«[54]

Richtig dürfte vielmehr sein, dass der deutsche Verfassungsschutz bis heute über kein geeignetes Instrument verfügt, den von Snowden aufgezeigten Informationsabfluss durch die NSA strafrechtlich relevant zu belegen oder auch nur zu dokumentieren.

Und doch existieren in den von Snowden vorgelegten Dokumenten deutliche Hinweise, dass Wirtschaftsspionage auch gegen Deutschland zum Standard der Dienste zählt: Erinnern wir uns an das schon erwähnte

Dokument, das den Fünfjahresplan der NSA von 2008 bis 2013 für die aufzuklärenden Ziele beschreibt. Das Dokument Sigint Mission Plan FY 2008–2013 stammt aus dem Jahre 2007 und trägt die Klassifizierung »Secret«.[55] Erhalten haben es im Oktober 2007 die Staaten der »Five Eyes«. Das bedeutet, dass Großbritannien, Kanada, Australien und Neuseeland in die Beschaffung wirtschaftlich relevanter Informationen eingebunden waren und vermutlich noch sind.

Das Dokument lässt die Schlussfolgerung zu, »dass die NSA digitale Wahlsysteme und Industriesteuerungsanlagen hackt«. Die »Verfolgung technologischer Trends, um Defizite zu ermitteln und abzufedern, gehören genauso zu den langfristigen Zielsetzungen der NSA wie die Aufklärung von Schlüsseltechnologien, u. a. wie Lasertechnologie, Fortschritte in Computer- und Informationstechnologie und Nanotechnologie«.[56]

Dass dies der Bundesregierung bekannt war, geht aus einem öffentlich gewordenen Schriftverkehr zwischen dem damaligen BND-Präsidenten Gerhard Schindler und dem Geheimdienstkoordinator im Bundeskanzleramt Günter Heiß hervor. Das Schreiben ist mit 13. November 2013 datiert. Unter anderem geht es darin um die Frage, ob die NSA gegen deutsche Unternehmen Wirtschaftsspionage betreibt und was die Zusicherung der USA wert sei, dies nicht zu tun.[57]

Schindler unterrichtet in diesem Schreiben seine vorgesetzte Dienststelle im Bundeskanzleramt, dass die Verifizierung der amerikanischen Zusicherung, keine Wirtschaftsspionage in Deutschland zu betreiben, »ohne tatsächliche Kenntnis des internen Meldeaufkommens der NSA nicht möglich« ist. Schindler nimmt auch auf den öffentlich geworden Fünfjahresplan der NSA Bezug, indem er das Thema Wirtschaftsspionage durch die NSA anspricht. Es ist also falsch, dass die Bundesregierung nicht darüber informiert war, dass Wirtschaftsspionage zu den strategischen Zielen der NSA gehört. Es ist auch nicht anzunehmen, dass die Verantwortlichen im Bundeskanzleramt davon ausgegangen waren, Deutschland sei durch die Zusage der USA, keine Wirtschaftsspionage gegen Deutschland zu betreiben, nicht davon betroffen. Dass die Zusicherung der USA, laut Schindler, weder überprüfbar noch nachvollziehbar sei, versteht sich als ein Auftrag an die Bundesregierung zum Aufbau von Strukturen und

Verfahren, dieses Manko zu beheben. Ob allerdings das neue BND-Gesetz und die technische Aufrüstung der Nachrichtendienste ausreicht, bleibt abzuwarten.

Justizministerium, SEC und Nachrichtendienste

Auf den ersten Blick haben Justizministerium und die Börsenaufsicht SEC (Securities and Exchange Commission) wenig mit US-Nachrichtendiensten zu tun. Angesichts der hohen Strafzahlungen, die diese Behörden gegen europäische Unternehmen verhängen, erscheint es allerdings plausibel, dass US-Dienste diesen beiden Organisationen seit fast zwei Jahrzehnten zuarbeiten. Auftraggeber dürfte nicht nur das amerikanische Justizministerium sein, sondern auch die bereits in den Dreißigerjahren gegründete Börsenaufsicht. Sie ist eine unabhängige amerikanische Regierungsorganisation, die 1934 nach der Weltwirtschaftskrise, der »Great Depression, geschaffen wurde, um das Vertrauen in die Finanzmärkte wieder herzustellen und die Investoren zu schützen. Einer der zentralen Aufgaben der SEC ist es, Straftaten wie Betrug und Insidergeschäfte zu verhindern beziehungsweise aufzudecken. Die Zuständigkeit der Behörde umfasst alle in den USA börsennotierten Unternehmen, somit auch die großen europäischen und deutschen Firmen.

Die SEC ist befugt, empfindliche Geldstrafen gegen überführte Unternehmen auszusprechen. Das so generierte Geld kommt überwiegend dem Finanz- und Justizministerium zugute. Spätestens seit der Aufarbeitung des Siemens-Bestechungsskandal wurde die SEC auch über einschlägige Kreise hinaus der europäischen Öffentlichkeit bekannt. Die rigorosen Vorschriften dieser Behörde sind auch der Grund, warum nicht nur börsennotierte Unternehmen eigene Compliance Abteilungen eingerichtet haben. Nach 09/11 erhielt diese Behörde im Lichte des Patriot Acts Auftrieb und gilt nun auch als Instrument zur Terrorismusbekämpfung. Insbesondere, wenn es um den Verdacht von Embargoverletzungen durch Unternehmen geht.

Allerdings ist immer wieder der Verdacht aufgetaucht, dass die Ermittlungserfolge der SEC gegenüber börsennotierten europäischen

Unternehmen durch Erkenntnisse der Intelligence Community und Strafverfolgungsbehörden zustande kommen. Das ist schon deshalb naheliegend – wenn auch nicht beweisbar –, weil der Nachweis unlauterer Geschäftsmethoden ausländischer Unternehmen zu den Kernaufgaben der US-Dienste gehört. Betrachtet man allerdings deren Aufgabenspektrum inklusive ihrer Rolle bei der Verfolgung von Wirtschaftsdelikten (Bestechung, Embargobruch), ergeben sich beträchtliche Synergien in der Zusammenarbeit mit dem Justizministerium oder der SEC. Ob die Nachrichtendienste direkt oder indirekt von der SEC oder dem Justizministerium gegen europäische Unternehmen genutzt werden, ist selbst aus den Dokumenten des Snowden-Archivs nicht ableitbar. Plausibel jedoch ist es allemal.

Spätestens seit der Siemens-Affäre und den immensen Strafzahlungen europäischer Unternehmen an die SEC und das Justizministerium ziehen sich immer mehr deutsche DAX-Unternehmen von einer Notierung an der amerikanischen Börse zurück. Zahlreiche Unternehmen haben ihr bereits den Rücken gekehrt, darunter BASF, Bayer, E.ON, Infineon, Telekom und Siemens. So waren Mitte 2016 nur mehr drei deutsche DAX-Unternehmen an der New Yorker Börse gelistet: Deutsche Bank, Fresenius Medical Care und SAP.[58] Grund für den Ausstieg sind anscheinend nicht nur die empfindlichen Strafen der SEC und des Justizministeriums bei Compliance-Verstößen, sondern auch der Umstand, dass das Investoreninteresse hinter den Erwartungen zurückgeblieben ist. So wird zumindest seitens betroffener Unternehmen argumentiert.[59] Am stärksten wurden die europäischen Banken zur Kasse gebeten. Anfang 2015 summierten sich deren Strafzahlungen auf annähernd 104 Milliarden US-Dollar.[60] Nach Angaben der *Frankfurter Allgemeinen* belief sich die Gesamthöhe der Strafzahlungen des Bankensektors bis Mitte 2015 auf mehr als 260 Milliarden US-Dollar.[61] Diese Größenordnung schließt allerdings auch Strafzahlungen amerikanischer Unternehmen, vor allem Banken, mit ein.

Die Entwicklung der SEC, aber auch anderer exekutiver Strafverfolgungsinstanzen, steht in einer Reihe mit der Etablierung des Patriot Acts. Dieser verpflichtet u. a. alle amerikanischen Telefon- und Internetprovider, ihre Daten bei Aufforderung den Bundesbehörden offenzulegen, also auch den Diensten. Dasselbe gilt für europäische Unternehmen, die an der US-Börse notieren. Der Zugriff erfolgte weitgehend ohne effiziente Kontrollinstanzen und führte zu einer verpflichtenden Zusammenarbeit zwischen Sicherheitsbehörden, Unternehmen, vor allem aber Providern. Damit wurde dem Thema Wirtschaftsspionage der USA in Europa Tür und Tor geöffnet.

Patriot Act und SWIFT-Abkommen

Der Patriot Act wurde mit erheblichem Druck seitens der Regierung George Bush vorangetrieben und stattet die US-Behörden mit weitreichenden Rechten für die Terrorbekämpfung aus. Der Patriot Act ermöglicht es ihnen, ohne richterliche Anordnung Telefonanschlüsse oder Computer zu überwachen. Ein Richter muss lediglich über diese Maßnahmen informiert werden, hat aber kein Einspruchsrecht, ebenso wenig wie der davon Betroffene. Amerikanische Telefon- und Internetprovider sind jetzt verpflichtet, ihre Daten gegenüber den Bundesbehörden offenzulegen. Haus- und Firmendurchsuchungen, die ohne Wissen der Betroffenen oder Zuständigen durchgeführt werden, wurden legalisiert. Es gab auch keine Informationspflicht im Nachhinein.[62]

Mit dem Patriot Act[63] wurde auch der Grundstein für eine exorbitante Ausweitung der Überwachung durch die NSA weltweit gelegt. Das Gesetz wurde nur sechs Wochen nach 09/11 unterzeichnet und sieht weitreichende Befugnisse der Sicherheitsbehörden für die Kommunikationsüberwachung vor. Im Kern geht es um den Zugang amerikanischer Sicherheitsbehörden zu jeglicher Art von Daten, unabhängig, ob sie im In- oder Ausland anfallen, zum Zwecke der Terrorismusbekämpfung und der Bekämpfung von Geldwäsche und Terrorismusfinanzierung. Im Hinblick auf das Ausland hat der Patriot Act folgende Stoßrichtungen:

➤ Uneingeschränkter Zugang zu jeglicher Form von Informationen vor allem zu elektronischen Daten im In- und Ausland.

➤ Kontrolle des internationalen Bankwesens und des Zahlungsverkehrs, indem amerikanische Due-Diligence-Kriterien unter Strafandrohung internationalisiert wurden. Betroffen davon sind nicht nur US-Banken, sondern auch solche, die mit den USA in einer Geschäftsbeziehung stehen.

> Die Kontrolle über den internationalen Zahlungsverkehr SWIFT.

Vor allem die Umsetzung des Patriot Act in der europäischen Bankenlandschaft führte zum sukzessiven Abbau des Bankgeheimnisses und hat wesentlich dazu beigetragen, die traditionell auf Bankgeschäfte hin optimierten, europäischen Kleinstaaten zu disziplinieren, war doch die Umsetzung des Patriot Acts mit beträchtlichen Strafandrohungen verbunden. Verantwortlich dafür war das amerikanische Department of the Treasury und im Speziellen das dort angesiedelte Office of Foreign Assets Control (OFAC).

SWIFT wurde 1973 gegründet. Das Unternehmen standardisiert den Nachrichten- und Transaktionsverkehr von weltweit mehr als 10.000 Banken über, eigenen Angaben zufolge, sicheren Kommunikationsverkehr. Alle Auslandsüberweisungen werden über dieses Regime abgewickelt. Als eine in Belgien ansässige Organisation unterliegt SWIFT der belgischen Gesetzgebung. Im Jahre 2006 wurde von einer amerikanischen Zeitung aufgedeckt, dass die US-Regierung schon seit einigen Jahren die internationalen SWIFT-Transaktionen ausspähte.[64] Nach belgischen Protesten wurde daraufhin ein Vertrag zwischen der EU und den US-Behörden ausgehandelt, der es ermöglichte, die Überwachung und Kontrolle des SWIFT-Systems bis heute fortzusetzen. Im Jahre 2009 wurde ein erster Entwurf des SWIFT-Abkommens zwischen der EU und dem amerikanischen Finanzministerium vorgelegt, der 2010 vom Europäischen Parlament gebilligt wurde.

Dieses Abkommen hinderte die USA jedoch nicht daran, den Bankendienstleister SWIFT trotzdem auszuspionieren. Das geht aus den Dokumenten Snowdens hervor. Die dadurch ausgelösten Irritationen zwischen dem Europäischen Parlament und den USA führten im Oktober 2013 zu einer Resolution des Europäischen Parlamentes, in der die Aussetzung des SWIFT-Abkommens gefordert wurde.

Konfrontiert mit dem Spionagevorwurf rechtfertigte sich der Geheimdienstkoordinator der US-Regierung James Clapper damit, dass die Spionage gegen das SWIFT-Unternehmen in Belgien deshalb notwendig sei, »um die Vereinigten Staaten und alle unsere Verbündeten frühzeitig vor finanziellen Krisen warnen zu können, die sich negativ auf die weltweite Wirtschaft auswirken könnten«. Die Daten würden außerdem Einblick in die Wirtschaftspolitik anderer Länder ermöglichen, die Einfluss auf die Märkte haben könnten.[65] Es geht den USA neben personenbezogenen finanztechnischen Informationen auch um makroökonomische Informationen in Echtzeit.

Die Aussagen des amerikanischen Geheimdienstkoordinators zur SWIFT-Spionage sind auch deshalb bemerkenswert, da er damit die Authentizität zumindest dieser Teile der Snowden-Dokumente bestätigt. Bis zu diesem Zeitpunkt wurde seitens der USA keines der von Snowden veröffentlichten Dokumente ohne Notwendigkeit inhaltlich kommentiert. Die Aussagen von Clapper bestätigen auch indirekt, in welchem strategischen Ausmaß die USA Wirtschaftsspionage betreiben. Das geht weit über personenbezogene Daten hinaus. Hier geht es den USA um die Kontrolle des weltweiten Geldflusses, ein Instrument von strategisch-volkswirtschaftlicher Bedeutung. Es geht nicht nur um personenbezogene SWIFT-Daten, die auch im Wege des SWIFT-Abkommens verfügbar wären, jedoch nur unter ganz bestimmten Auflagen. Es hat den Anschein, dass selbst die von der EU im SWIFT-Abkommen formulierten Datenschutzbestimmungen für die US-Dienste und Behörden zu weitreichend waren.

Trotz dieses Spionagevorwurfs haben auch in diesem Fall die Ermittlungen zu keinen strafrechtlich relevanten Hinweisen geführt, die eine Anklage wegen Wirtschaftsspionage oder aufgrund von Datenschutzverletzungen durch die USA stützen könnten. Wie auch schon in Deutschland, so sind die Sicherheitsbehörden technisch nicht in der Lage, einen solchen Nachweis zu erbringen.

Beide Ansätze, der Patriot Act und auch die Überwachung des SWIFT-Systems werden von den USA immer wieder mit der Notwendigkeit der Terrorismusbekämpfung bzw. der Terrorfinanzierung begründet. Für Europa hat der Patriot Act den Boden für den uneingeschränkten Zugang der NSA zu jeglicher Form von Information aufbereitet. Diese Dimension wurde den europäischen Regierungen und Bürgern erst 2013 vor Augen geführt. Es geht dabei um das verbriefte Recht, abgeleitet aus dem Patriot Act, dass amerikanische Unternehmen US-Strafverfolgungsbehörden und Nachrichtendiensten Zugriff auf Kundendaten gewähren müssen. Dies gilt auch dann, wenn diese Daten nicht bei US-Unternehmen wie Google, Facebook oder Oracle, sondern bei einem rechtlich selbstständigen amerikanischen Tochterunternehmen in Europa gespeichert sind und sich die Datenverarbeitung auf den Euroraum beschränkt.[66] Dasselbe gilt für Unternehmen wie die Deutsche Telekom, die über Tochterunternehmen in den USA verfügt.

Schon vor 2013 hat sich ein Umdenken europäischer Unternehmen angebahnt, was, wie schon erwähnt, zum Rückzug vieler deutscher Unternehmen von der US-Börse geführt hat. Am meisten unter dem Patriot Act litten jedoch die amerikanischen Telefon- und Internetprovider und die Cloud-Anbieter. Vor allem der Snowden-Effekt hat in weiterer Folge zu Geschäftseinbußen jener Cloud-Anbieter geführt, die unter die US-Jurisdiktion fallen, während europäische Anbieter stärker nachgefragt werden.

Zwischen 2005 und 2013, also vor der Snowden-Affäre, ging der Trend in der deutschen Industrie hin zum Outsourcing firmenrelevanter Daten, d. h. sie wurden außerhalb des Unternehmens, vornehmlich in einer Cloud, gespeichert. Viele europäische Unternehmen gingen zu US-Anbietern und vernachlässigten die Bedeutung des Patriot Acts für die Datensicherheit ihres Unternehmens. Dies ist insofern für das Thema Wirtschaftsspionage von Interesse, da die Masse der europäischen Unternehmen somit für die US-Dienste und Sicherheitsbehörden transparent wurde. Den meisten Kunden solcher Dienstleister war und ist dabei nicht bewusst, dass die amerikanischen Behörden die gespeicherten Daten zum Zwecke der nationalen Sicherheit nutzen können, ohne dass der Eigentümer dieser Daten ein Recht darauf hätte, darüber informiert zu werden. Nach Snowden zeigen sich dieselben Unternehmen, die Jahre davor exzessives Outsourcing betrieben hatten, bemüht, den Prozess rückgängig zu machen oder zumindest einen europäischen Anbieter zu finden. Heute nennt man diese Entwicklung Insourcing.

Die weitreichenden Regelungen des Patriot Acts waren ein Kraftakt der Bush-Administration. Ein derart umfassendes Gesetzeswerk mit weltweiten Implikationen in nur sechs Wochen zu verfassen, zu begutachten und von der Legislative verabschieden zu lassen, ist eine unglaubliche Leistung. Es ist kaum vorstellbar, dass mit den Arbeiten für dieses Gesetz erst nach 09/11 begonnen wurde. Es war aber nicht der einzige Kraftakt der Bush-Regierung nach 09/11. So wurde die deutsche Bundesregierung, nur eine Woche nach den Angriffen auf das World Trade Center, von den USA mit einem detaillierten Aufmarschplan alliierter Streitkräfte gegen den Irak überrascht. Eingefordert wurde von der rot-grünen Regierung Schröder eine deutsche Beteiligung an der Invasion des Iraks.[67] Die Verwunderung im deutschen Kanzleramt war auch deshalb groß, weil allen klar war, dass die Ausarbeitung eines derartigen Aufmarschplanes keinesfalls in nur einer Woche zu bewerkstelligen ist. Das nährte den Argwohn der deutschen Regierung und trug dazu bei, dass entschieden wurde, sich nicht am Irakkrieg zu beteiligen.

Unbehagen bereitet die Schlussfolgerung aus den mit solcher Geschwindigkeit und auch Präzision verabschiedeten Gesetzen und Aufmarschplänen. Es ist nicht von der Hand zu weisen, dass diese weitreichenden Initiativen und militärischen Vorarbeiten bereits vor dem Anschlag auf das World Trade Center in der Schublade lagen.

Vorratsdatenspeicherung

Die Einführung der Vorratsdatenspeicherung ist in Deutschland auch im Lichte der NSA-Affäre neu zu bewerten. Seit Dezember 2015 ist sie, wenn auch in abgespeckter Form, Gesetz. Es fällt jedoch auf, dass nur die Strafverfolgungsbehörden dieses Thema betreiben, nicht aber Nachrichtendienste. Der Grund dafür ist denkbar einfach: Die NSA (und auch der BND) brauchen sich nicht mit den Forderungen nach Vorratsdatenspeicherung abzugeben, da sie über diese Daten in Form von Metadaten bereits verfügen. Die NSA hat nach eigenen Angaben Ende 2015 sogar das Sammeln und Speichern von Metadaten an Telekommunikationsbetreiber ausgelagert und damit den Vorgaben des im Juni 2015 vom Kongress verabschiedeten USA-Freedom Act entsprochen.[68] Hinter dem Thema

Vorratsdatenspeicherung steht also die Forderung der Strafverfolgungsbehörden, mit den Nachrichtendiensten in diesem Bereich gleichzuziehen.

Wie Nachrichtendienste hier vorgehen, beschreibt der ehemalige NSA-Mitarbeiter Thomas Drake im Rahmen seiner Anhörung vor dem Parlamentarischen Untersuchungsausschuss des Deutschen Bundestages: Er erklärte, dass es üblich sei, dass ein Nachrichtendienst, wenn er selbst gesetzlichen Beschränkungen unterliegt, für Erkenntnisse aus dem eigenen Land auf Informationen ausländischer Partnerdienste zurückgreift. »Das ist mehr oder weniger schon Routine geworden.«[69]

Die Vorratsdatenspeicherung ist also kein Thema der Nachrichtendienste und Drake liefert hierzu eine überzeugende Begründung. De facto verfügt die NSA bereits über jene Vorratsdaten, die der Polizei lange Zeit gesetzlich verwehrt wurden. Die Polizei kann diese jedoch nicht bei der NSA abfragen, diese Rolle kommt dem BND zu.

Mit dem Gesetz über die Vorratsdatenspeicherung schließen die Strafverfolgungsbehörden die bisherige Lücke zu den Diensten – zumindest teilweise. Es mutet seltsam an, dass der BND solche Vorratsdaten in Form von Metadaten zwar nicht den eigenen Strafverfolgungsbehörden zur Verfügung stellen kann, wohl aber einem von Deutschland aus operierenden ausländischen Nachrichtendienst, der NSA. Nicht das einzige Paradoxon der Zusammenarbeit von BND, Verfassungsschutz und Polizei in Deutschland.

Wirtschaftsspionage gegen Deutschland – reine Routine

Man sagt, Spionage sei das zweitälteste Gewerbe dieser Welt. Gewöhnlich wird unter Zuhilfenahme dieser Metapher eine der zentralsten Aufgaben von Nachrichtendiensten verharmlost, die Spionage und die Spionageabwehr. Sunzi, ein chinesischer General aus dem sechsten Jahrhundert vor Christus, verfasste ein bis heute von Strategen und Taktikern viel gelesenes Buch mit dem Titel »Die Kunst des Krieges«. In 13 Kapiteln und 68 Thesen beschäftigt er sich mit Strategie und Taktik der Kriegsführung, das letzte Kapitel heißt »Der Einsatz von Spionen«. Die Thesen von Sunzi waren Pflichtlektüre für die militärisch-politische Elite der Sowjetunion.[70]

Nach dem Ende der Sowjetunion, und dem damit einhergehenden Ende des Kalten Krieges standen die westlichen Nachrichtendienste plötzlich (und erstaunlicherweise auch unerwartet) ohne das vertraute Feindbild da. Nach einer Phase der Orientierungslosigkeit und erneuten Selbstfindung wurde das Thema Wirtschaftsspionage als Aufgabe der Dienste in Ost und West neu etabliert und nach und nach ausgebaut.

Deutschland war und ist eines der bevorzugten Zielländer nicht nur der amerikanischen Wirtschaftsspionage. Die Gründe dafür liegen auf der Hand. Deutschland war und ist die größte Volkswirtschaft innerhalb der EU und ein Hochtechnologiestandort. Deutsche Unternehmen, seien sie Global Player oder mittelständische Unternehmen, halten die meisten Patente im Vergleich zu den anderen europäischen Ländern. 2014 wurden von deutschen Unternehmen 32.000 von insgesamt 274.000 Patente beim Europäischen Patentamt EPA eingereicht. Damit liegt Deutschland vor Frankreich, der Schweiz und den Niederlanden. Besonders interessant ist der Umstand, dass der größte Konkurrent bei der Einreichung von Patenten beim EPA die USA sind. Deutschland liegt in dieser Statistik nur auf Platz drei, nach den USA und Japan und vor China und Südkorea.[71] Kein Wunder also, dass sich die Vertreter der deutschen Industrie im Lichte der NSA-Affäre Sorgen um den Wirtschaftsstandort Deutschland machen. Unmittelbar nach dem Aufkommen des NSA-Skandals meldeten sich die deutschen Maschinenbauer öffentlich zu Wort und orteten im Zuge der Snowden-Enthüllungen auch massive Wirtschaftsspionage durch amerikanische Dienste. »Die massiven Spionagetätigkeiten haben unsere Vermutung bestätigt, dass man auch vor Bespitzelung befreundeter Staaten nicht sicher sein kann«, verkündet ein Sprecher des Bundesverbandes der Deutschen Industrie, und die Spähprogramme »ließen die Sorge aufkommen, dass auch gezielt Wirtschafts- und Industriespionage betrieben wird«.[72] Auch der damalige Bundeswirtschaftsminister Philipp Rösler meldete sich zu Wort. In Anlehnung an die Wortwahl der Kanzlerin, wonach »Abhören unter Freunden gar nicht geht«, meinte er, im Hinblick auf die Befürchtungen der Deutschen Industrie: »Wirtschaftsspionage unter engen Partnern ist nicht akzeptabel.«[73]

Das Deutschland nach dem Ende des Kalten Krieges und bereits davor zu einem Prime-Target für Wirtschafts- und Industriespionage wurde, blieb dem deutschen Verfassungsschutz nicht verborgen. Der *Spiegel* zitiert bereits 1999 den baden-württembergischen Verfassungsschutz mit seiner Einschätzung, dass zwei Drittel der Spionagetätigkeit in Deutschland gegen die deutsche Wirtschaft gerichtet waren, insbesondere im High-Tech- und Patentbereich. Weniger als 20 Prozent fielen auf sogenannte politische Ziele. Der Prozentsatz der klassischen, militärischen Spionage bewegte sich im einstelligen Bereich.[74] Seit damals hat sich einiges geändert. Wirtschafts- und Industriespionage haben ein neues Kleid erhalten und auch die Ziele haben sich geändert. Waren es in der Vergangenheit überwiegend Konkurrenz- und Industriespionage, so sind die Ziele der amerikanischen Dienste heute andere: Es geht um europäische, vor allem deutsche Flaggschiffunternehmen wie Siemens, VW, die Deutsche Bank, es geht aber auch um die Wirtschafts- und Industriepolitik der EU. Letzteres wird deutlich als der *Spiegel* in seiner Ausgabe vom 29.6.2013, unter Berufung auf einige Snowden-Dokumente, über die Verwanzung von EU-Einrichtungen in New York, bei den Vereinten Nationen und in Brüssel berichtete.[75] Selbst dem Bundeswirtschaftsminister kamen Zweifel über die eigentlichen Absichten der Amerikaner. Er wird im *Spiegel* mit den Worten zitiert: »Als Bundesminister für Wirtschaft und Technologie sei mir der Hinweis gestattet: Ich gehe davon aus, dass die Informationsbeschaffung ausschließlich das Ziel hat, den Terrorismus zu bekämpfen«,[76] so Rösler. Es erscheine jedoch fraglich, wie Verwanzungen und flächendeckende Lauschangriffe in Partnerländern mit Terrorabwehr gerechtfertigt werden sollen, kommentiert *Die Welt*.

NSA-Affäre und das Echelon-Projekt

Glücklicherweise hat das Europäische Parlament den Echelon-Untersuchungsausschuss im Jahre 2000 ins Leben gerufen und nicht der Deutsche Bundestag. Wäre Letzteres der Fall gewesen, so wäre die deutsche Regierung schon damals Gefahr gelaufen, Auskünfte über sensible Informationen der NSA-BND-Zusammenarbeit dem Bundestag zur Verfügung stellen zu müssen. Beim Echelon-Ausschuss brauchte sie das nicht, die Bundesregierung kooperierte nur oberflächlich. Die USA konnten schon damals darauf vertrauen, dass sensible Daten nicht an den Untersuchungsausschuss des Europäischen Parlamentes weitergegeben wurden. Viel problematischer allerdings ist es, wenn Staaten nationale Untersuchungsausschüsse zu sensiblen, nachrichtendienstlichen Themen einrichten, wie das beispielsweise in der NSA-Affäre in Deutschland der Fall ist. Hier besteht die Gefahr, dass die Bundesregierung zur Herausgabe sensibler nachrichtendienstlicher Informationen verpflichtet wird.

Grund für die Einrichtung des Echelon-Untersuchungsausschuss war der ungeheure Verdacht, dass Wirtschaftsspionage gegen Staaten der EU durch die USA und ihre Verbündeten betrieben wurde. Der Ausschuss sollte herausfinden, »ob es ein federführend vom amerikanischen Geheimdienst betriebenes System zum Abhören von Kommunikation gibt, das die folgenden Eigenschaften aufweist: es arbeitet global, mit ihm kann jedes Telefongespräch, jedes Telefax und jede E-Mail in Europa abgehört werden. Es wird von einer Staatengruppe betrieben, zu der auch das Vereinigte Königreich, also ein Mitgliedstaat der EU gehört, und es dient nach Ende des Kalten Krieges vor allem der Wirtschaftsspionage. Dieses System, so wurde behauptet, trägt den Code-Namen Echelon«.[77]

Nach Vorliegen des Abschlussberichtes hat sich folgendes Bild verdichtet: Echelon ist der Codename eines weltweit aufgestellten Spionagenetzes, betrieben von den technischen Diensten der USA, Großbritanniens, Neuseelands, Australiens und Kanadas. Damals war dieses System auf das Abhören und Überwachen von privaten wie auch geschäftlichen, über Satelliten geleiteten Telefon-, Fax- und Internetverbindungen ausgerichtet. Das Europäische Parlament war insbesondere der Frage nachgegangen, ob das Echelon-System auch zum Zwecke der Wirtschaftsspionage eingesetzt wird.

Die von 2000 bis 2001 andauernde Untersuchung gestaltete sich schon deshalb schwierig, da die Betreiberstaaten sich weigerten, relevante Informationen an die Kommission zu übermitteln. Trotzdem kam ein Abschlussbericht zustande, der den Verdacht der Wirtschaftsspionage zwar nicht bestätigte, aber als wahrscheinlich annahm.

»Der Ausschuss kommt zu dem Schluss, dass bei einer Verwendung des Systems ausschließlich für nachrichtendienstliche Zwecke kein Verstoß gegen EU-Recht besteht: Wenn das System jedoch dazu missbraucht wird, sich Wettbewerbsvorteile zu verschaffen, steht dies in krassem Gegensatz zu den Verpflichtungen der Mitgliedstaaten zu Loyalität mit dem Konzept des freien Wettbewerbs im Gemeinsamen Markt.«[78]

Der Echelon-Bericht konnte die Nutzung des Systems zum Zwecke der Wirtschaftsspionage nicht belegen. 2004 wurde jedoch jener Teil der BND-Abhörstation in Bad Aibling geschlossen, von dem man annahm, dass von dort aus Wirtschaftsspionage durch die USA/NSA betrieben wurde. De facto wurde die amerikanische Präsenz in Bad Aibling nicht beendet, wie die Schließung des amerikanischen Teils der Anlage vermuten ließ. Vielmehr startete der BND gemeinsam mit der NSA die intensivste Zusammenarbeit, die jemals zwischen einem deutschen und amerikanischen Dienst eingegangen wurde. Das Projekt wurde unter dem Namen Eikonal bekannt, lief von 2004 bis 2008 und sah die Auswertung des Kommunikationsknotens Frankfurt und die Lieferung der gewonnenen Rohdaten an die NSA vor. (siehe hierzu Kapitel: »Terrorismusbekämpfung als Türöffner«).

Die Situation um die Jahrtausendwende rund um den Echelon-Untersuchungsausschuss ist durchaus mit der Situation nach Bekanntwerden der Snowden-Dokumente vergleichbar. Auch heute ist den USA Wirtschafts- und Industriespionage im großen Stil in Deutschland und anderswo nicht nachweisbar; weder vonseiten des Verfassungsschutzes noch vonseiten des BND. Damals wie heute verglühten die brisanten Informationen zwischen Politik, Diensten und Medien. Was Snowden 13 Jahre später als Whistleblower über Umfang und technischen Standard amerikanischer Spionage in und gegen Deutschland veröffentlichte, war die konsequente Fortsetzung der technischen Spionageansätze der NSA im Europa der neunziger Jahre und des späteren Echelon-Projekts. Echelon existierte unter einem anderen Namen fort und wurde nicht nur technisch weiter aufgerüstet, sondern um neue Technologiezugänge erweitert. Die von Snowden öffentlich gemachten Papiere geben einen Einblick, wie gigantisch sich das Überwachungsprojekt in der Zwischenzeit verbreitert und ausgedehnt hat.

Der Echelon-Abschlussbericht beschäftigte sich ausführlich mit dem Thema Wirtschaftsspionage und kommt zum Schluss, dass Wirtschaftsspionage zu den Aufgabenbereichen der meisten europäischen Dienste zählt.

Vierzehn Jahre später wird dem BND vorgeworfen, sogenannte Selektoren der NSA ungeprüft in das Echelon-Nachfolgeprojekt in Bad Aibling eingespeist zu haben. Selektoren, die nach genauerer Überprüfung den Verdacht bestätigen, dass die NSA gegen europäische Unternehmen Wirtschaftsspionage betreibt. Eine Erkenntnis, die dem BND über viele Jahre hinweg angeblich verborgen geblieben war, ebenso wie den dafür verantwortlichen politischen Entscheidungsträgern im Kanzleramt. In Vergessenheit geraten waren die Untersuchungsergebnisse zu Echelon, obwohl mit Außenminister Steinmeier, von 1999 bis 2005 als Chef des Bundeskanzleramtes oberster Dienstaufseher des BND, ein unmittelbar Beteiligter nach wie vor politische Verantwortung trug. Auch die Problematik um die Selektoren der BND-NSA-Kooperation war keineswegs unbekannt oder gar neu. Bei den Selektoren handelt es sich um eingespeiste Suchbegriffe, damals noch ins Echelon-System, aus denen das NSA-Interessenprofil abgeleitet werden kann. Wie sehr sich die Geschichte wiederholt, unterstreicht ein Bericht des *Spiegels* aus dem Jahre 1999, der sich auf einen BND-Mitarbeiter beruft. Unter Bezug auf diese Quelle wird davon berichtet, dass die gesammelten Daten im Hauptquartier der NSA, in Fort Meade in Maryland/USA, ausgewertet und analysiert wurden. Und mehr noch, der deutsche Insider charakterisierte die eingespeisten Suchbegriffe als Suchkriterien, die aus der amerikanischen Wirtschaft kommen. Gezielt würde nach wirtschaftlichen Know-how gesucht.[79]

In dem Abschlussbericht wird konstatiert, Echelon sei ein im hohen Maße von den USA und ihren Verbündeten genutztes System der Wirtschaftsspionage. Anlässlich der Vorlage des Berichtes an das Europäische Parlament am 5. November 2001 führte der Berichterstatter des eingesetzten Ausschusses, Gerhard Schmid, aus, dass die USA keine nachrichtendienstlichen Erkenntnisse direkt an US-Firmen weitergeben würden.[80] »Sie haben aber zugegeben, dass sie im Detail abhören, wenn es um international ausgeschriebene Großaufträge geht.« Das wird damit gerechtfertigt, dass, »die europäischen Firmen bestechen würden und man müsste sich dagegen wehren«.[81] Schon damals zeichnete sich ab, was auf die Flaggschiffe der deutschen Wirtschaft in den kommenden Jahren zukommen sollte.

Wirtschaftsspionage einmal anders – ein genialer Schachzug

Heinrich von Pierer, Vorstandsvorsitzender der Siemens AG von 1992 bis 2005 und Aufsichtsratsvorsitzender von 2005 bis April 2007, musste aufgrund der langjährigen, nachgewiesenen Bestechungspraxis des Unternehmens zur Erlangung von vornehmlich öffentlichen Aufträgen zurücktreten. Diesem Schritt waren fast zwei Jahre Ermittlungen unter der Federführung des US-Justizministeriums und der US-Börsenaufsicht SEC vorausgegangen. Die Ermittlungen starteten Mitte November 2006 mit der Hausdurchsuchung deutscher Staatsanwälte in München und endeten im Dezember 2008 mit der Verhängung einer Geldstrafe von umgerechnet 600 Millionen Euro.[82] Die Anklageschrift des Justizministeriums belegte, dass im Laufe der internen Untersuchungen, fragwürdige Zahlungen in Höhe von 1,4 Milliarden Dollar im Zeitraum von 2000 bis 2006 aufgedeckt worden waren. Die Ermittler stießen auf rund 4300 illegale Zahlungen, um an Aufträge zu gelangen. Die Fälle reichen von Venezuela über Israel, Nigeria, China, Argentinien, Mexiko, Russland bis nach Vietnam.[83]

Am 15. November 2006 durchsuchte die Münchner Staatsanwaltschaft 30 Siemens-Büros in Deutschland und Österreich und brachte mit dieser Großrazzia den wohl bekanntesten deutschen Schmiergeldskandal ins Rollen. Auslöser für die Razzia war der Verdacht der Untreue. *Spiegel Online* berichtete dazu im November 2006, »es bestehe der Verdacht, dass Angestellte des Unternehmens im großen Stil Siemens-Vermögen veruntreut hätten, unter anderem, um Bestechungsgelder an potenzielle Auftraggeber zu zahlen. Die Zahlungen sollen teilweise auch über Auslandskonten getätigt worden sein.«[84]

Im Laufe der Untersuchung werden mehrere Siemens-Manager verhaftet, darunter auch Vorstand Johannes Feldmayer. Aufsichtsratschef Heinrich von Pierer und Vorstandschef Klaus Kleinfeld zogen Konsequenzen aus der Affäre und kündigten im April 2007 ihren Rücktritt an. Neuer Aufsichtsratschef wurde Gerhard Cromme und neuer Vorstandschef der ehemalige Merk-Manager Peter Löscher.

Bis zu diesem Zeitpunkt war der Fall Siemens ohne Beispiel in der deutschen Wirtschaft. Amerikanische Anwaltskanzleien hatten die Federführung bei den Ermittlungen gegen den deutschen Technologiekonzern übernommen. Auf Empfehlung des US-Justizministeriums wurde im Dezember 2006 die Kanzlei Debevoise & Plimpton beauftragt, der gute Verbindungen zu amerikanischen Regierungsstellen attestiert wurden.

Bruce Yannett sollte bei Debevoise & Plimpton für Siemens tätig werden. Er war der typische Vertreter einer Karriere, die mehrmals zwischen staatlicher und privater Anstellung wechselte, und machte schon sehr frühzeitig Bekanntschaft mit FBI, CIA, Justizministerium und den politischen Gepflogenheiten rund um Ausschusstätigkeiten im Kongress. So gehörte er unter anderem zu jenem Juristenteam, das die Iran-Contra-Affäre der Reagan-Regierung untersuchte. Es ging damals um Gelder der CIA aus illegalen Waffenkäufen, die dann an die Contras Nicaraguas weitergeleitet wurden. Der richtige Mann also, um Siemens vor dem Zugriff der amerikanischen Behörden zu schützen, glaubte man in der Vorstandsebene von Siemens.[85]

Fast zwei Jahre später, nach Vorliegen des Abschlussberichtes durch das Justizministerium, wird es heißen: »Der Umfang von Siemens-internen Untersuchungen war beispiellos«. Unterstützt wurde die Kanzlei von Deloitte Touche, einer Firma mit Hauptsitz in New York. Sie zählte zur Zeit der Beauftragung zu einer der vier umsatzstärksten Wirtschaftsprüfungsgesellschaften.

Nur ein Gerücht

In Europa operierende US-Nachrichtendienste wie NSA, CIA oder DIA, aber auch das FBI, arbeiten sehr eng zusammen, trotz gegenseitiger Konkurrenz und gewissen Mankos in der Informationsweitergabe, und zwar mit der Zielsetzung, sowohl die nationale Sicherheits- und Interessenlage als auch die wirtschaftliche zu schützen. Die beschriebene technische Aufklärung im Wirtschaftsbereich richtet sich nicht nur gegen Unternehmen, die gegen internationale Regeln verstoßen, wie dies bei einer Umgehung eines Embargos oder beim Verdacht der Bestechung der Fall ist.

Sie hat noch einen weitreichenderen Hintergrund, sofern Nachrichtendienste die Akteure sind. Es geht den Diensten klassisch darum, überführte Unternehmen für eine nachrichtendienstliche Zusammenarbeit
zu gewinnen, und den Unternehmen bleibt meist nichts anderes übrig,
als zu kooperieren.

Auch im Fall Siemens können Ereignisse und Faktoren in diese Richtung
interpretiert werden. In einem Interview Ende Januar 2014 gegenüber
dem ZDF erklärte der ehemalige NSA- und CIA-Direktor Michael Hayden, die USA hätten großes Interesse an der Industriesteueranlagentech-
nik von Siemens. Für den amerikanischen Nachrichtendienst sei es relevant, wenn Siemens »programmierfähige, logische Steueranlagen für die
Uranverarbeitung« herstelle.[86]

Hintergrund ist die Tatsache, dass diese Technik für Urananreicherungs-
anlagen im Iran zum Einsatz kommt.[87] Mitte 2010 wurde bekannt, dass
ein hoch entwickelter Computerwurm, später bekannt unter dem Namen Stuxnet, die Anreicherung des Urans und damit die Entwicklung
des Atomprogramms nachhaltig gestört hatte. Die zum Einsatz gebrachte
Schadsoftware griff gezielt die von Siemens gelieferten SCADA-Systeme
(Supervisory Control and Data Acquisition) an.[88] Die Schadsoftware war
viele Jahre aktiv und die Komplexität dieser Software lässt vermuten, dass
wegen des Entwicklungsaufwands und auch der hohen Kosten nur eine
staatlich finanzierte Organisation als Auftraggeber in Frage kommt. In
der einschlägigen Fachwelt geht man davon aus, dass der NSA und dem
israelischen Geheimdienst die Federführung für diesen Cyberangriff zugeschrieben werden kann. Und vieles spricht dafür, dass die Entwickler
des Stuxnet-Virus die Industriesteuerungsanlage von Siemens im Detail
kannten.[89] Das bestätigte auch Michael Hayden in seinem Interview und
heizte damit abermals Spekulationen an, wonach Siemens zuerst Opfer
der Ausspähung durch US-Dienste wurde und schließlich zu einer Zusammenarbeit bei der Entwicklung und dem Einsatz der Schadsoftware
genötigt worden war. Es spricht sehr vieles für diese Theorie, belastbarere
Beweise dafür fehlen bis dato allerdings. Dieses Beispiel zeigt jedoch die
Dimension und den Ansatz amerikanischer Wirtschaftsspionage, deren
Ziel es nicht immer ist, amerikanischen Unternehmen unmittelbar und

direkt einen Konkurrenzvorteil zu verschaffen, wenn höhere Ziele der nationalen Sicherheit eine Rolle spielen.

Bis dato wird von den USA jegliche Form von Wirtschaftsspionage verneint, vielmehr dient die Spionage, auch gegenüber deutschen Unternehmen, der Sicherheit der amerikanischen Bürger, so die Argumentation von Politik und Intelligence-Community. Diese Argumentation wird auch noch von deutscher Seite mit dem Hinweis verstärkt, dass der deutsche Verfassungsschutz auch nach dem Fall Siemens und vielen anderen, die noch folgten, keine Bedrohung deutscher Unternehmen durch alliierte Nachrichtendienste feststellen konnte.[90] Daraus allerdings die Schlussfolgerung zu ziehen, es gäbe keine amerikanische Wirtschaftsspionage, greift zu kurz. Und die Erkenntnis, dass dem Verfassungsschutz schlichtweg die technischen Möglichkeiten oder das politische Mandat fehlen, um amerikanische Spionage im großen Stil nachzuweisen, ist nicht gerade beruhigend.

Ende gut, alles gut

Der Fall Siemens endete 2008 mit einer Strafzahlung von umgerechnet 600 Millionen Euro, eine Summe, die weit hinter den Befürchtungen des Aufsichtsrates zurückblieb. Die Gesamtkosten der Schmiergeldaffäre für den Siemenskonzern beliefen sich am Ende mit Steuernachzahlungen und Prozesskosten auf zwei Milliarden Euro.[91] Der Schaden war jedoch weit größer. Der Schmiergeldskandal eliminiert praktisch das mittlere- und obere Management des Konzerns, nicht nur im Vertrieb. Der Konzern war fast zehn Jahre lang damit beschäftigt, diesen Aderlass zu verdauen.[92] Was die Ermittlungen jedoch im Nachhinein noch so interessant macht, ist die Frage, inwieweit US-Dienste und das FBI im Vorfeld der Ermittlungen aktiv mitgewirkt hatten. Mit anderen Worten, wie wahrscheinlich ist es, dass Teile der amerikanischen Intelligence Community im Hintergrund die Fäden zogen. Immerhin war den beschuldigten Managern von Siemens aufgefallen, dass die Ermittler von Beginn an überaus gut informiert waren.

Den beschuldigten Managern war bei der Befragung allerdings auch noch etwas anderes aufgefallen: Nämlich das Interesse der Ermittler zu erfahren, welche lokalen Politiker direkt oder indirekt partizipiert hatten und wie stark die Beweiskette dafür war. Das war das eigentliche »Gold« der Ermittlungen, das nur Nachrichtendienste in einer »Nachbearbeitung« des Falls heben konnten. Ein Eldorado also für die damit befassten Dienste.

Es spricht vieles dafür, dass die amerikanischen Nachrichtendienste bei den Ermittlungen gegen Siemens sowohl in der Einleitungsphase als auch während der Ermittlungen eine entscheidende Rolle gespielt haben. Beweise dafür stehen bis heute aus. Weder deutsche Behörden, noch die Medien haben diesen Fall bisher in diesem Lichte gesehen. Für die deutschen Medien war der Fall zu komplex und zu undurchsichtig. Trotzdem, eine Beteiligung der US-Dienste in der Siemens-Affäre ist mehr als naheliegend, nicht nur wegen der Aussage des ehemaligen CIA-Chefs Woolsey aus dem Jahr 2000, wonach die Dienste sich vermehrt um Bestechungsfälle rund um europäische Unternehmen kümmern.

Interessant ist die Rolle des ehemaligen Vorstandes Klaus Kleinfeld. Zwar hat auch er seine Position als Vorstandsvorsitzender bei Siemens verloren, aber ein Karriereknick war damit nicht verbunden – die USA haben ihn aufgefangen; er wurde CEO von Alcoa, dem größten Aluminiumhersteller in den USA. In der Börsenberichterstattung der USA gilt das Unternehmen als wichtiger Konjunkturindikator für die US-Wirtschaft. Kleinfelds Transfer in die USA war geprägt von üppigen Vorabzuwendungen, wie Handgeld und Übersiedlungskosten in mehrfacher Millionen-Dollar-Höhe, in Europa unüblich.

Ein schaler Nachgeschmack

Der Fall Siemens war einer der bisher spektakulärsten Aktionen einer US-Behörde gegen ein deutsches Unternehmen. Er ist aber auch der Erste, in dem beträchtliche Teile des Law-Enforcement-Instrumentariums, ausgesuchte Anwaltskanzleien, NGOs und mit Sicherheit auch die Intelligence Community in einer konzertierten, vermutlich über Jahre vorbereiteten Aktion tätig wurden.

Der Erfolg war überwältigend und vollkommen. Die zum Einsatz gebrachte Methodik reicht von Ausspähung sowohl technischer Art als auch im klassisch herkömmlichen Sinn über die politisch gesteuerte Erpressung des Unternehmens im Hinblick auf die Geschäftstätigkeiten in den USA, die Nutzung des Ermittlungsauftrages für das Ausspionieren von relevanten Geschäftsverbindungen, die Einbindung in aktive Spionage gegen Kunden im Nahen Osten, die Beschlagnahmung essenzieller Geschäftsunterlagen, die Ruhigstellung der deutschen Regierung in der heißen Phase der Ermittlungen, die exzessive Nutzung der deutschen und internationalen Presse als Druckmittel gegen das Management, die Diskreditierung und spätere Eliminierung des mittleren Managements bis hin zur völligen Neutralisierung der deutschen Spionageabwehr und der deutschen Sicherheitsbehörden. All das spricht für eine groß angelegte, nachrichtendienstlich unterfütterte Operation mit Folgewirkungen weit über Siemens hinaus.

Die deutsche Politik wurde durch die Dynamik des Falls und auch durch den Zeitpunkt der Veröffentlichung überrascht und war politisch überfordert. Man kann den Fall als modernes Anwendungs- und Lehrbeispiel für eine erfolgreich abgeschlossene, nachrichtendienstlich gesteuerte Operation gegen einen deutschen Global Player sehen. Natürlich handelt es sich hierbei nicht um Wirtschafts- und Konkurrenzspionage, wohl aber wurde ein essenzielles deutsches Wirtschaftsunternehmen in die Knie gezwungen. Weder deutsche Behörden noch die Bundesregierung waren in der Lage, einzugreifen. Vor allem aber existieren keinerlei belastbare Beweise dafür, dass NSA und Co. involviert waren.

Wirtschaftsspionage – was sonst?

Die von Snowden veröffentlichten Dokumente belegen, wie aggressiv die USA an der Beschaffung wirtschaftlich relevanter Informationen arbeiten, sie nennen es nur nicht Wirtschaftsspionage.

Das öffentlich gewordene Interessenprofil der NSA zu europäischen Wirtschaftsthemen wirft heute mehr denn je die Frage auf, ob die enormen Strafzahlungen europäischer Unternehmen, sei es nun gegen Siemens,

VW, die französische Bank BNP Paribas oder jüngst gegen die Deutsche Bank, nicht auch das Ergebnis jahrelanger Aufklärungsarbeit amerikanischer Dienste sind. Vieles spricht dafür und die Indizienlage ist erdrückend.

Nicht nur, dass solcherart überführte Unternehmen zur Kasse gebeten werden und über Jahre hindurch an den Folgen dieses Aderlasses zu leiden haben, man kann diese Unternehmen auch nicht schützen. Weder seitens der Politik, noch seitens der Spionageabwehr. Wie auch, handelt es sich doch in den meisten Fällen um Wirtschaftskriminalität. Die an den Pranger gestellten Unternehmen sind nun mal nicht nur Opfer, sondern auch Akteure fragwürdiger Geschäftspraktiken. Und trotz der Tatsache, dass es kaum amerikanische Firmen trifft, stehen sie diesem amerikanischen Phänomen hilflos gegenüber, zumal auch jegliches reziprokes Werkzeug fehlt, um amerikanische Firmen derselben Geschäftspraxis zu überführen. Es ist schwer nachzuvollziehen, warum der deutsche Verfassungsschutz diesem Phänomen der Wirtschaftsspionage im großen Stil so wenig Aufmerksamkeit schenkt. Trotz erdrückender Indizien im Gefolge der Snowden-Affäre wird seitens der USA nach wie vor kategorisch jede Form von Wirtschaftsspionage gegen europäische Staaten, vor allem gegen Deutschland, schärfstens zurückgewiesen.

Aber wie ist es der NSA über Jahre hinweg gelungen, sogenannte Selektoren in deutsch-amerikanische Einrichtungen zur Kommunikationsüberwachung einzuspeisen, die eindeutig europäische und deutsche Unternehmen zum Ziel hatten? Damit nicht genug. Der BND liefert der NSA auch heute noch 1,3 Milliarden Metadaten monatlich, ohne in der Lage zu sein, die Nutzung dieser Daten zu kontrollieren. Daten, von denen Michael Hayden sagt: »Auf der Basis von Metadaten töten wir Menschen.«[93] Dass vom BND gelieferte Metadaten auch für die Programmierung des amerikanischen Drohnenkrieges genutzt werden, hat Thomas Drake, ehemaliger Mitarbeiter der NSA bei seiner Aussage im Juli 2014 vor dem Parlamentarischen Untersuchungsausschuss zur NSA-Affäre zu Protokoll gegeben.[94]

Nach wie vor ist es offizielle amerikanische Politik, mit Vehemenz darauf zu bestehen, dass das Land keine Wirtschaftsspionage gegen Deutschland und gegen deutsche Firmen betreibe, obwohl im Zuge des parlamentarischen Untersuchungsausschuss anderslautende Informationen zutage gefördert wurden.[95] Noch 2015 wurde der amerikanische Geheimdienstkoordinator James Clapper nicht müde zu versichern, dass die USA ihre »Abhörkapazitäten nicht dazu nutzen die Handelsgeheimnisse ausländischer Firmen zu stehlen, um die Wettbewerbsfähigkeit amerikanischer Firmen zu steigern.«[96] Diese Aussage lässt sich angesichts der erdrückenden Indizienlage nicht mehr aufrechterhalten. Folgt man der amerikanischen Argumentation genauer, so wird sehr bald deutlich, dass sie Wirtschaftsspionage nunmehr anders definieren als die Europäer.

Nicht Konkurrenzspionage wäre das Ziel der Aufklärung, sondern jene (europäischen) Firmen an den Pranger zu stellen, die internationale Regeln und Gesetze unterlaufen, sei es durch Korruption, Embargobruch oder unlautere Geschäftsmethoden. Dass davon jedoch oftmals amerikanische Unternehmen profitierten beziehungsweise wesentliche Segmente der europäischen Industrie geschwächt wurden, scheint für eine lang angelegte US-freundliche Strategie zu sprechen. Die Kette europäischer Unternehmen, die in den vergangenen zehn Jahren mit teils existenzbedrohlichen Strafzahlungen konfrontiert waren und sind, spricht eine deutliche Sprache. Prominente Beispiele dafür sind die Commerzbank (1,4 Mrd. Dollar), die französische Bank BNP Paribas (8,9 Mrd.) und die Deutsche Bank (mit einer im Raum stehenden Rekordstrafe von mehr als 14 Mrd. Dollar, die vom eigenen Vorstand als existenzbedrohend beurteilt wird). Die Liste europäischer Firmen, die von den USA zu Strafzahlungen verpflichtet wurden, ist jedoch wesentlich länger und reicht Jahrzehnte zurück.

Wirtschaftsspionage ist Teil eines laufenden Wirtschaftskrieges

Die NSA-Affäre hat sehr deutliche Hinweise erbracht, dass Wirtschaftsspionage ein nicht unwesentlicher Teil des NSA-Aufklärungsprofils in Deutschland darstellt, was zu einer deutlichen Verschlechterung des deutsch-amerikanischen Verhältnisses geführt hat. Mit Ausnahme von Großbritannien, das ohnedies zum engsten Verbündeten der USA zählt, konzentrieren sich die Snowden-Dokumente überwiegend auf die NSA-Aktivitäten in Deutschland und lassen den BND in einem ungünstigen Licht erscheinen. Insbesondere findet sich kein Hinweis auf die französischen Spionagetätigkeiten gegen Deutschland, wo doch davon auszugehen ist, dass Frankreich sie sehr aggressiv betreibt. Es finden sich jedoch Hinweise darauf, wie sehr die NSA die französische Wirtschaft als Überwachungsziel im Visier hat.

Wirtschaftsspionage ist daher ein wesentlich weiter verbreitetes Phänomen in Europa, als in der Öffentlichkeit bislang bekannt. Nicht nur die NSA ist in diesem Segment tätig, sondern auch andere europäische Bündnispartner. Neben Großbritannien gilt Frankreich mit seinen Diensten als hoch aktiv. In keinem europäischen Land lässt sich eine so enge Verzahnung zwischen Wirtschaft und Nachrichtendiensten feststellen. Französische Wirtschaftsspionage richtet sich nicht primär gegen amerikanische, sondern vor allem auch gegen deutsche Unternehmen.

Ein WikiLeaks Dokument, verfasst an der US-Botschaft in Berlin im Jahre 2009, zitiert den Vorstandschef des deutschen Raumfahrtunternehmens OHB-Systems, Berry Smutny, mit der Aussage, dass Frankreich das Reich des Bösen sei, was Wirtschaftsspionage anbelangt. Smutny wird in der amerikanischen Depesche mit seiner Einschätzung zitiert, wonach der wirtschaftliche Schaden, den Frankreich durch Wirtschaftsspionage in Deutschland verursacht, höher sei, als der Schaden, den China oder Russland anrichten.[97]

3. Nachrichtendienste und Wirtschaftsspionage

Dieser Abschnitt beschäftigt sich mit den Abläufen jener Formen von Spionage, in denen Staaten als Akteure in Erscheinung treten. Beleuchtet werden die Aktivitäten der amerikanischen und der französischen Dienste vor allem im Hinblick auf den Einsatz in Deutschland.

Frankreich gilt in Europa als einer der Vorreiter für eine enge Zusammenarbeit zwischen den Diensten und der Wirtschaft, woran zu erkennen ist, wie wichtig das Thema Wirtschaftsspionage für das Land ist.

Wirtschaftsspionage besitzt in Frankreich eine lange Tradition und sie hat zwei Stoßrichtungen: Deutschland und die USA. Die Snowden-Dokumente sprechen allerdings dafür, dass aus dem einstigen Jäger längst ein Gejagter geworden ist. Wirtschaftsspionage der USA gegen Frankreich und französische Unternehmen ist eine politische Realität geworden. Schwerpunkt der US-Wirtschaftsspionage ist und bleibt jedoch Deutschland.

Das generelle Muster für Spionage ist universell: Zu den Aufklärungszielen operativ tätiger Nachrichtendienste gehört die Informationsbeschaffung aus Politik, Militär, Wissenschaft und Forschung, vor allem aber das Beschaffen von volkswirtschaftlich relevanten Informationen, wozu nicht nur die bereits erwähnten SWIFT-Daten zählen. Spionage beschränkt sich daher nicht auf das Ausspähen von Wirtschaft, Industrie und Unternehmen, wenn auch Wirtschaftsspionage einen ganz wesentlichen Teil der Informationsbeschaffung darstellt. Der deutsche Verfassungsschutz subsumiert unter dem Begriff Spionage auch das Ausspähen und Unterwandern von oppositionellen Gruppierungen im Ausland. Die Aktivitäten des türkischen Nachrichtendienstes MIT, des iranischen Nachrichtendienstes

MOI auf deutschem Boden, aber auch vereinzelt aktive arabische Nachrichtendienste, insbesondere in Deutschland, Österreich und der Schweiz, sind eine permanente Herausforderung für die Spionageabwehr.

Eine der am meisten unterschätzen Spionagezweige ist und bleibt jedoch die Wirtschaftsspionage und hier insbesondere die Wirtschaftsspionage westlicher Verbündeter in Deutschland, allen voran die der USA und Großbritanniens. Dieses Phänomen ist nicht erst seit den Enthüllungen von Edward Snowden Thema in den europäischen Staatskanzleien.

Was das Thema Wirtschaftsspionage anbelangt, ist zwischen zwei Arten von Akteuren zu unterscheiden, je nach ihrem wirtschaftlichen und politischen Entwicklungsstatus:

➤ Bei der ersten Gruppe handelt es sich um technisch und wirtschaftlich hoch entwickelte Staaten. Ohne hier spezifisch auf einzelne Staaten einzugehen, sind Russland, China aber auch die USA, ebenso wie Partnerstaaten der EU und der NATO, gemeint. Das Interesse dieser staatlich gesteuerten Spionage umfasst Informationen über wirtschaftspolitische Strategien, sozialökonomische und politische Trends, Unternehmens-, Markt- und Absatzstrategien, Zielrichtungen und Methoden der Forschung, Wettbewerbsstrategien, Preisgestaltung und Koordination, Zusammenschlüsse und Absprachen von Unternehmen.[98]

➤ Die zweite Gruppe von staatlich gesteuerter Wirtschaftsspionage beschreibt Staaten mit Technologierückstand, wie dies beispielsweise für den Iran aber auch für andere Schwellenländer gilt. Die Zielsetzung dieser Gruppe ist darauf hin ausgerichtet, den Technologierückstand durch gezielten Know-how-Transfer kostengünstig aufzuholen. Dabei geht es mehrfach um Konkurrenzspionage.

Die Grenzen zwischen den beiden Gruppen sind fließend, wie das Beispiel China oder Russland belegen. Sowohl China als auch Russland zählen technisch gesehen zu den hoch entwickelten Industrienationen, Konkurrenzspionage zählt aber ebenso wie Wirtschafts- und Industriespionage zum Standard dieser Dienste. Vor allem im Hinblick auf

Militärtechnologie haben beide Staaten ein hohes Interesse an westlicher Rüstungstechnik.

Beim Thema Wirtschaftsspionage in Europa ragen jedoch die USA aufgrund ihres schwer angreifbaren und detektierbaren Ansatzes hervor.

Ziel französischer Wirtschaftsspionage

Frankreich versteht Wirtschaftsspionage nicht ausschließlich als strategische Informationsbeschaffung, sondern durchaus als Konkurrenzspionage. Daraus hat Frankreich nie ein Geheimnis gemacht. In keinem europäischen Staat ist die Zusammenarbeit zwischen Wirtschaftsunternehmen und den Diensten so eng wie in Frankreich. Unmittelbar nach Bekanntwerden der Snowden-Affäre 2013 meldete sich die französische Handelsministerin Nicole Bricq zu Wort und stellte unaufgeregt fest: »Wirtschaftsspionage ist eine Realität.« Und sie lieferte dazu auch gleich die Begründung: Informationen im Wirtschaftsbereich zu sammeln, ist Teil von Handelskämpfen.[99]

Im Zuge der Snowden-Affäre behauptete *Le Monde* im Juli 2013 unter Berufung auf Geheimdienstquellen und Quellen aus der Politik, dass der französische Auslandsnachrichtendienst DGSE Computer- und Telekommunikationsverbindungen innerhalb Frankreichs und von Frankreich ins Ausland zu überwacht.[100] Der damit erhobene Vorwurf, der im Raum steht, Verbindungsdaten jahrelang aufzubewahren und im Bedarfsfall an Polizei und andere Behörden weiterzugeben, blieb in Frankreich politisch wie strafrechtlich ohne Konsequenzen. Eine öffentliche Debatte findet bis zum heutigen Tag nicht statt. Im Gegenteil: als von WikiLeaks veröffentlichte Dokumente einen breit angelegten Wirtschaftsspionageansatz der USA gegen Frankreich bewiesen, forderten französische Politiker mehr Effizienz der eigenen Dienste im Hinblick auf Wirtschaftsspionage. Handelsministerin Bricq verlangte, dass ihr Land bei der Wirtschaftsspionage »besser werde als Deutsche, Briten oder Amerikaner«.[101]

Hier wird der Unterschied zur Praxis der deutschen Dienste evident. Während Frankreich die Zusammenarbeit mit der NSA strikt auf jene Bereiche beschränkt, die im beiderseitigen Interesse liegen, geht die technische Verflechtung der deutschen Dienste mit den amerikanischen Partnern weit über das deutsche Interesse hinaus. Es besteht vielmehr der Eindruck, dass die deutschen Dienste über viele Jahre als Steigbügelhalter amerikanischer Interessen in Europa agierten, selbst dann, wenn die Zusammenarbeit offenkundig gegen die deutsche Industrie gerichtet war. Das Thema Wirtschaftsspionage der USA gegen Ziele der deutschen Wirtschaft und Industrie wird in Deutschland auf kleiner politischer Flamme gekocht.

Das Thema Wirtschaftsspionage hat die deutsch-französischen Beziehungen bisher kaum belastet. Das liegt einerseits an der Professionalität der Franzosen, andererseits an den wenig ausgeprägten Erfahrungen und technischen Möglichkeiten der deutschen Behörden, derartige Angriffe abzuwehren. Hinzu kommt das anscheinend nicht sehr ausgeprägte Bedürfnis der deutschen Politik, sich mit diesem Thema auseinanderzusetzen.

Das Aufklärungsprofil der NSA gegenüber Frankreich

Für die französische Industrie hat Wirtschaftsspionage – anders als für die USA – ökonomische Bedeutung und langjährige Tradition. Bereits im Januar 2000 ließ der ehemalige CIA-Direktor Woolsey mit der Aussage aufhorchen, dass langjährige europäische Partner »nicht nur Mikrofone in Kopfstützen der Sitze in der ersten Klasse ihrer Transatlantikflüge installieren.«[102] Schon in den Achtziger- und Neunzigerjahren eskalierte die amerikanisch-französische Beziehung aufgrund aggressiver französischer Wirtschaftsspionage gegen die USA. Im Jahre 1993 drohte US-Präsident Bill Clinton die Zusammenarbeit der amerikanischen Geheimdienste mit ihren französischen Partnerdiensten aufzukündigen, sollte der DGSE weiterhin amerikanische Unternehmen in diesem Maße ausspionieren.[103] Seit dem sind Fälle französischer Wirtschaftsspionage gegen die USA wenig bekannt geworden. Von WikiLeaks veröffentlichte Dokumente belegen jedoch, wie intensiv die NSA gegen westliche Verbündete – so auch gegen Frankreich – Wirtschaftsspionage betreibt. Die französischen Medien kommentierten dies als »Wirtschaftskrieg« und als »schmutziges Spiel«. Unmittelbar nach Bekanntwerden dieser Dokumente, wurde von den Medien sogar die Weiterführung des Freihandelsabkommens mit den USA in Frage gestellt. Wikileaks veröffentlichte ein Dokument, adressiert an die technischen Dienste der »Five Eyes«, in dem das Aufklärungsprofil gegenüber der französischen Wirtschaft dargelegt wird. Es ist auch deshalb von Interesse, da vieles dafür spricht, dass solche oder ähnliche Profile auch gegen andere europäische Staaten aktuell im Einsatz sind. Amerikanische Dienste, insbesondere die NSA, arbeiten schablonenartig, das heißt, dass sich zum Beispiel Aufklärungsprofile solcher Art nur marginal von Land zu Land unterscheiden. Deutlich wird, dass es hier um Wirtschaftsspionage im großen Stil geht. Längst spricht man von einem Wirtschaftskrieg, deren Akteure zwar nicht ausschließlich Nachrichtendienste sind, wohl aber die Speerspitze einer Strategie, die man aufgrund ihres breiten Ansatzes zurecht als hybride Wirtschaftskriegsführung bezeichnen kann. Das von Wikileaks veröffentlichte Interessenprofil gegenüber der französischen Wirtschaft ist an politischer Sprengkraft nicht zu überbieten und wirft eine Vielzahl von außen- wie innenpolitischen Fragen auf. Im Detail ist die NSA (und ihre technischen Partnerdienste) an folgenden Informationen aus Frankreich interessiert:

»... französische Verhandlungspositionen zu Verträgen, Machbarkeitsstudien und Verhandlungen zu internationalen Geschäften, Investitionen in große Projekte, Systeme von bedeutendem Interesse für das Partnerland, Geschäftsverhandlungen, die das Volumen von 200 Millionen Dollar übersteigen, wie auch Informationen über die Finanzierung, etc. ...«[104]

Das aufschlussreiche und von den USA unwidersprochen gebliebene Papier nennt folgende Zielbereiche des wirtschaftlichen Interesses, offensichtlich nach Prioritäten gereiht:

»... Informationstechnologie, Telekommunikation, Technologie allgemein, Energieversorgung, Strom, Gas, Öl, Infrastruktur für Nukleartechnologie und erneuerbare Energien, Transport und Hafenanlagen, Flughäfen, Schnellzüge, Gesundheitswesen etc. ...«[105]

Die Veröffentlichungen lesen sich nicht nur wie ein Beschaffungsauftrag für Akteure der Wirtschaftsspionage, sondern auch wie eine Zielplanung für Cyberangriffe auf die kritische Infrastruktur Frankreichs. Eine nur kurz in den französischen Medien aufgekommene Diskussion wirft jedoch ein Schlaglicht auf eine viel entscheidendere Frage: Wenn über Jahre hindurch derart breitflächig wirtschaftliche Informationen von der NSA abgegriffen wurden, wie wurden diese Information im Sinne der amerikanischen Interessenlage genutzt?

Im Lichte dieser Veröffentlichungen wird das schlechte Abschneiden französischer Firmen bei der Vergabe internationaler Aufträge neu bewertet werden müssen. Ebenso wurde bekannt, dass im Zuge der Handy-Abhöroperation der deutschen Kanzlerin auch die Telefone von drei französischen Präsidenten betroffen waren: Jacques Chirac, Nicolas Sarkozy und François Hollande, und zwar bis mindestens 2012.[106]

Embargopolitik, Proliferation und partnerschaftliche Hilfe

Die internationale politische Entwicklung bescherte den Nachrichtendiensten äußerst treffsichere Argumente, die Sparte der Wirtschaftsspionage zu perfektionieren. Lange bevor die amerikanischen Nachrichtendienste in der Folge von 09/11 die Terrorismusbekämpfung als zentrale Aufgabe definierten, eröffnete das Thema der Proliferationsabwehr schier unbegrenzte Möglichkeiten, zentraleuropäische Unternehmen in ihren Aktivitäten zu observieren. Echelon funktionierte als eine Art Filter für anschließende nachrichtendienstliche Operationen gegen solche europäischen Unternehmen, die in den Verdacht geraten waren, gegen internationale Embargobestimmungen zu verstoßen.

Im Mittelpunkt der Aufklärungsaktivitäten standen alle jene (vor allem) europäischen Firmen, die Geschäftsbeziehungen zum Iran oder Nordkorea und zu einzelnen Staaten im Nahen und Mittleren Osten unterhielten. Gerieten Unternehmen auch nur unter Verdacht, war dies die Rechtfertigung für den Einsatz kommunikationstechnischer Abhörmaßnahmen und weiterführender nachrichtendienstlicher Ansätze – meist durch die CIA.

Die international – auch von den UN – abgesicherte Embargopolitik gegenüber dem Iran, Nordkorea und anderen Staaten wurde als unwidersprochenes Argument für die exzessive Nutzung und den Ausbau der Überwachungsanlagen in Europa durch die NSA genutzt. Nach dem

Auslaufen der Echelon-Affäre wurde das System in Deutschland, Österreich und der Schweiz zügig ausgebaut und aufgerüstet. Ein nachhaltiger Protest seitens der Regierungen wurde aus politischem Kalkül unterlassen. Damit wurde ein technischer Rahmen für die Aufklärungsarbeit der US-Dienste in Zentraleuropa geschaffen.

Parallel dazu wurde die Zusammenarbeit zwischen den amerikanischen Diensten und ihren europäischen Gastgebern intensiviert. Neben dem Ausbau der CIA-Residenturen in Europa war es vor allem die NSA, die ein Netz bilateraler Kooperationen über Europa hinaus einrichtete. Die US-Dienste achteten sehr genau darauf, dass keiner der europäischen Staaten ein Gesamtbild des amerikanischen Abhörapparates in Europa erhielt. De facto bedeutete dies, dass es außer der NSA selbst keinen Akteur gab, der über die gesamte Dimension dieser streng bilateralen Kooperationen Bescheid wusste, auch der engste Partner Großbritannien nicht.

Selbst in den nachrichtendienstlichen europäischen Zirkeln, wie dem Berner Club, wurden diese kritischen Themen europäischer Sicherheit nie auf die Tagesordnung gesetzt, dafür sorgte schon der britische Partnerdienst MI5.

Wie professionell die NSA bei der Abschöpfung personenbezogener Daten vorgegangen ist, wird in einem Statement von Snowden gegenüber dem Europäischen Parlament Anfang 2014 deutlich.

So wurden europäische Partnerstaaten seitens der NSA durch die bilateralen Vereinbarungen ruhiggestellt. Darin wurde festgelegt, dass die NSA keine Daten von Staatsangehörigen des jeweiligen Landes abschöpft und auch nicht gegen die jeweiligen Gesetze des Gastlandes zu verstoßen gedenkt; also eine Art »No-Spy-Vereinbarung«. Eine Klausel, die sich durch die Kooperationspartner mangels technischer Expertise allerdings nicht verifizieren ließ. Snowden erklärte den Hintergrund solcher Vereinbarung gegenüber dem Parlament und sprach von einem »Europäischen Basar« und von flächendeckender Überwachung in Kooperation mit Drittstaaten. Nach den Darstellungen aus dem Archiv Snowdens, »gebe etwa Dänemark der NSA Zugriff auf abgefangene Daten unter der Maßgabe, dass dänische Daten herausgefiltert werden. Deutschland wiederum gewähre

Zugriff auf das andere Ende des Unterseekabels, hier unter Maßgabe, dass Deutsche nicht ausspioniert werden. Während also alle vorgeben sich an die Gesetze zu halten, ist die Überwachung trotzdem flächendeckend.«[107]

Die Entwicklung dieses europäischen NSA-Netzwerkes wurde von der Politik und auch von jenen Instanzen negiert, die für die Spionageabwehr und die Wahrung der nationalen Interessen verantwortlich sind. De facto hatten und haben die US-Sicherheitsbehörden in Europa freie Hand. Dieses raffinierte Netzwerk ist auch der Grund, warum die deutsche Spionageabwehr der NSA keine Verletzung deutscher Gesetzte nachweisen kann. Schließlich erfolgt die Aufklärung Deutschlands aus einem anderen Land heraus.

Die Zusammenarbeit der europäischen Dienste mit den amerikanischen Behörden ist nach wie vor so ausgeprägt, dass den US-Diensten praktisch der unmittelbare Zugriff auf deutsche und österreichische Unternehmen ermöglicht wird. Was die NSA technisch abgreift und als verdächtig einstuft, erhält die CIA als Ausgangspunkt für weiteres Vorgehen. Dies kann mit oder ohne Einbindung der Sicherheitsbehörden des Gastlandes erfolgen. Angesichts des breitflächigen Ansatzes der NSA in Kooperation mit der CIA kann davon ausgegangen werden, dass diese Praxis europaweit verbreitet war und immer noch ist. Inwieweit die Erkenntnisse aus der Snowden-Affäre nachhaltigen Einfluss auf die Aufklärungtätigkeit amerikanischer Dienste in Europa hat, kann nur schwer beurteilt werden.

Dass deutsche und österreichische Dienste den sehr offenen Umgang mit den amerikanischen Diensten in gewohnter Weise fortsetzen, gilt als unwahrscheinlich. Betroffen davon sind nachrichtendienstliche Kooperationen, vor allem aber der Informationsaustausch. Eine Folgeerscheinung aus der Spionageaffäre ist der Umstand, dass sich sowohl in der Politik, als auch in den europäischen Diensten die Erkenntnis durchsetzte, dass eine offenere und intensivere Zusammenarbeit zwischen den Diensten der EU erforderlich ist. Das Problem dabei liegt in der Umsetzung. Schon alleine der Umstand, dass Großbritannien die EU in absehbarer Zeit verlassen wird, lässt eine stärkere institutionelle Zusammenarbeit europäischer Dienste erwarten. Dies gilt nicht nur für den Bereich der Verteidigungs- und Sicherheitspolitik, der bisher durch britische Ressentiments auf niedrigem Niveau verharrte, sondern auch für die Integration im Intelligence-Bereich. Ein Brexit wird nachrichtendienstlich arbeitende Sicherheitsbehörden in der EU stärker zusammenrücken lassen.

Die deutsche Politik hat die kritiklose Zusammenarbeit der eigenen Nachrichtendienste mit ausländischen Partnerdiensten noch gefördert. Dies führte dazu, dass Bundes- und Landesdienststellen der Sicherheitsbehörden regelmäßig mit den Ansinnen der amerikanischen und britischen Dienste konfrontiert wurden. Genehmigt durch die jeweiligen Zentralstellen und wohlwollend goutiert durch die Politik, wurde so der Zugang ausländischer Nachrichtendienste zu Unternehmen und Wirtschaft ermöglicht. Eine Zusammenarbeit, die vielfach nicht im Interesse der deutschen Wirtschaft lag, da sie oft ausländischen Wirtschaftsinteressen untergeordnet war. Die Vorarbeiten für Kooperationen dieser Art leistete jedoch vorwiegend die NSA.

Am deutlichsten sollte dies Jahre später öffentlich werden, als bekannt wurde, dass der BND auch solche Selektoren im amerikanischen Überwachungssystem in Deutschland akzeptierte, die offensichtlich gegen die deutsche und europäische Wirtschaft gerichtet waren. Bereits 2005 fiel dem BND auf, dass die Amerikaner die gemeinsame Arbeit dazu missbrauchten, um Unternehmen wie EADS, Eurocopter und französische Dienststellen auszuspionieren.[108] Mit der Einspeisung der überwiegend von der NSA vorgegebenen Selektoren durch den BND war der Prozess jedoch nicht zu Ende. Die deutschen Behörden erwiesen sich als verlässliche Partner; sie gaben gefilterte politische Informationen ungeprüft in ihren Lageberichten an die Bundesregierung weiter und inspizierten gemeinsam mit Vertretern der CIA deutsche Firmen vor Ort. Die Situation in Österreich ist diesbezüglich noch gravierender.

Mehr als 15 Jahre nach den freizügigen Bemerkungen Woolseys zur Rolle der amerikanischen Intelligence Community zum Zwecke der Wirtschaftsspionage in Europa, gilt es heute in Fachkreisen als selbstverständlich, dass die amerikanischen Dienste von Deutschland aus das Thema Wirtschaftsspionage aggressiv ausgebaut haben. Umso seltsamer mutet es an, das der Präsident des deutschen Verfassungsschutzes, Georg Maaßen, an einer uneingeschränkten Zusammenarbeit mit den US-Behörden festhält. Nach Erkenntnisstand des deutschen Verfassungsschutzes gäbe es keine Hinweise darauf, dass amerikanische und britische Geheimdienste in Deutschland Wirtschaftsspionage betreiben.[109] Maaßen ließ noch 2013 keine Veranstaltung aus, um in der NSA-Affäre den Erkenntnisstand des Verfassungsschutzes zu den Spionagevorwürfen gegen die NSA kleinzureden. Es versteht sich von selbst, dass bei der bereits 2013 vorliegenden Indizienlage politische Erwägungen für die freundliche Beurteilung der Spionagevorwürfe mitverantwortlich waren. Zu viele gemeinsame Projekte des Verfassungsschutzes mit den amerikanischen und britischen Partnern drohten bei einer Eskalation zu kippen. Mehr als drei Jahre nach den Snowden-Veröffentlichungen ist man in der Beurteilung über die amerikanischen und britischen Aktivitäten in Deutschland vorsichtiger geworden. Die Beziehungen zu beiden Partnerdiensten haben sich merklich abgekühlt.

4. »ABHÖREN UNTER FREUNDEN, DAS GEHT GAR NICHT!«

Mut muss dieser Mann haben! Anfang August 2016 übernahm der Österreicher Christian Berger den Posten des EU-Botschafters in der Türkei. Der österreichische Berufsdiplomat ist kein Anfänger in diesem Job und gilt als Fachmann für den Nahen Osten. Die Türkei ist spätestens seit dem Putschversuch im Juli 2016, der Flüchtlingskrise und den Kriegen in Irak und Syrien zu einem Schlüsselland für die europäische Sicherheit aufgestiegen und daher wird die politische Entwicklung im Land umso bedeutender. Das auch deshalb, da sich die Beziehungen zwischen der EU und der Türkei seit dem Putsch nachhaltig verschlechterten. Wie schlecht die Beziehungen sind, wird durch die Begleitumstände während des Besuches des deutschen Außenministers Frank-Walter Steinmeier Mitte November 2016 deutlich. Mit stoischer Miene musste Steinmeier zur Kenntnis nehmen, dass der türkische Außenminister vor der angetretenen Weltpresse Deutschland als »ehrlose Terroristenbeschützer«[110] anprangerte. Auch die Beziehungen zwischen Österreich und der Türkei sind mehr als nur angespannt.[111] So forderte der österreichische Außenminister bei mehreren Gelegenheiten die Aussetzung der EU-Beitrittsverhandlungen mit der Türkei, worauf die Türkei am 22.08.2016 unter Berufung auf die Kurdendemonstrationen in Wien ihren bilateralen Botschafter temporär zurückberufen hat. Seit dem Flüchtlingsabkommen zwischen der EU und der Türkei ist das Land zu einem diplomatischen Hotspot aufgestiegen.

Berger arbeitet seit 1997 für die EU. Zuerst für den Ausschuss der Regionen, dann bei der Kommission und seit 2011 als Direktor im Europäischen Auswärtigen Dienst, zuständig für den Bereich Nahost und Nordafrika, Mittlerer Osten, Iran und Irak. Alleine dieses Profil macht ihn für Nachrichtendienste aus aller Welt zu einem Prime-Target. Sein Vorgänger, der deutsche Diplomat Hansjörg Haber war überraschend zurückgetreten. Sein Rücktritt war die Konsequenz öffentlich getätigter Kritik gegenüber seinem Gastgeberland Türkei, insbesondere im Hinblick auf die Umsetzung der Vereinbarungen zum Flüchtlingsdeal zwischen der Türkei und der EU. Bergers vorrangige Aufgabe besteht nun darin, die konstruktive Gesprächsbasis zwischen der Türkei und der EU wieder herzustellen. Keine leichte Aufgabe, auch nicht für den erfahrenen österreichischen Diplomaten.

Eines aber unterscheidet Berger von seinem Vorgänger. Das Kanzleramt als Aufsichtsorgan des BND musste vor dem Parlamentarischen Kontrollgremium des Bundestages Mitte November 2015 eingestehen, dass der BND in Eigenregie, und nicht nur im Auftrag der NSA, ausländische Regierungen und auch Institutionen der EU abgehört hatte. Darunter diverse ausländische Regierungsbehörden. *Spiegel Online* berichtete in seiner Ausgabe vom 11. November 2015, dass E-Mails, Telefon- und FAX-Nummern von Vertretern der USA, Frankreichs, Großbritanniens, Schwedens, Portugals, Griechenlands, Spaniens, Italiens, Österreichs und der Schweiz über Jahre hinweg zu den Abhörzielen des BND gehört hatten. Auch NGOs waren im Visier des BND, wie Care International, Oxfam oder das Internationale Komitee des Roten Kreuzes.[112]

Auch wurde bekannt, dass der BND gezielt den deutschen EU-Botschafter in der Türkei, Hansjörg Haber, abgehört hatte. Aufgrund des Umstandes, dass Haber deutscher Staatsbürger ist und den Schutz des Grundgesetzes genießt und keine Genehmigung der G-10-Kommission vorlag, war die Abhöraktion des BND gegen deutsches Recht und schlicht illegal. Nicht so für den BND, der sich darauf beruft, dass dieser Schutz nur dann gilt, wenn die Abhöraktion auf deutschem Territorium stattfindet. Noch unverständlicher ist die Argumentation des BND, wonach zwischen Grundrechtsträgern und Funktionsträgern unterschieden wird. Sind Grundrechtsträger geschützt, so sind es Funktionsträger nicht. Eine Logik, die sich der BND über die Jahre hindurch zu eigen gemacht hat, um Funktionsträger zu überwachen. Im Zuge der vom parlamentarischen Kontrollgremium eingesetzten Task Force, wurden abstruse Erklärungsmodelle zur Rechtmäßigkeit der BND-Abhöraktionen bekannt. Das war auch einer der Gründe für das neue BND-Gesetz, das Anfang 2017 in Kraft trat.

Man wollte den Mitarbeitern des BND zumindest Rechtssicherheit in ihrer täglichen Arbeit vermitteln. Schon erstaunlich, dass diesem Aspekt über so viele Jahre keine Bedeutung beigemessen wurde und sich innerhalb des BND eine Rechtskultur entwickelte, die jenseits des deutschen Rechtsverständnisses angesiedelt war. Die Frage der politischen Verantwortung und der parlamentarischen Kontrollinstanzen einmal ganz beiseite geschoben.

Haber war zum Zeitpunkt der Abhöraktion nicht nur deutscher Staatsbürger, er war für den BND aufgrund seiner Funktion bei der EU vor allem Funktionsträger und daher legitimes Abhörziel.[113] Es half ihm auch nichts, dass er mit Emily Haber verheiratet ist, seit 2014 Staatssekretärin im deutschen Innenministerium und von 2011 bis 2014 Staatssekretärin im Auswärtigen Amt.

Am 13. Oktober 2013 beendete die deutsche Kanzlerin die Abhöraktion des BND, nachdem überraschend bekannt wurde, dass der BND zahlreiche Regierungsstellen in europäischen Ländern und den USA abgehört hatte.[114] Der deutsche Spitzendiplomat Haber war, wie schon unzählige Diplomaten vor ihm, Zielperson nachrichtendienstlicher Kommunikationsüberwachung, und zwar nicht nur des BND.

Zumindest der BND hat den österreichischen Christian Berger aus der Liste abzuhörender Spitzendiplomaten nehmen müssen, nachdem die Kanzlerin die Abhöraktionen des BND für Unionsbürger bereits 2013 stoppte. Dieser Fall wurde deshalb ruchbar, da das Kanzleramt noch im Oktober 2015 dem Parlamentarischen Kontrollgremium mitteilte, dass der BND nicht nur mit NSA-Selektoren operierte, sondern auch eigene Selektoren verwendete. Unter Selektoren versteht man Suchbegriffe, nach denen die Kommunikation weltweit oder eingeschränkt gescannt und selektiert wird. Dazu hat die NSA leistungsfähige Software entwickelt und sie auch den deutschen Behörden zur Verfügung gestellt. Eine Überraschung konnte das für das Parlamentarische Kontrollgremium nicht sein, ist dieses Gremium doch für die Kontrolle der Geheimdienste zuständig. Noch haben sich die politischen Verantwortlichen in Deutschland nicht dazu geäußert, wie es möglich ist, dass diese Vorgänge über so viele Jahre an der parlamentarischen Dienstaufsicht vorbeigingen.

Wie ausgeprägt das Interesse des deutschen Dienstes an Diplomaten und diplomatischen Einrichtungen weltweit ist, wird aus den öffentlich gewordenen, BND-internen Indikatoren deutlich. Darauf befanden sich die Anschlüsse des französischen Außenministers, nicht näher spezifizierte Dienststellen des Internationalen Gerichtshofes in Den Haag, UNICEF, die Weltgesundheitsorganisation – WHO, das FBI sowie die Büros des von den USA finanzierten Senders »Voice of America«. Zusätzlich finden sich unter den Selektoren europäische und amerikanische Firmen, darunter auch Rüstungsunternehmen.[115]

Berger wird, wie schon sein Vorgänger, nicht nur im Fokus des britischen GCHQ, sondern sämtlicher Nachrichtendienste weltweit stehen. Wie die meisten Diplomaten, ist er sich dieser Tatsache bewusst, kann sich aber nicht effektiv dagegen schützen. Die technische Aufklärung ist unsichtbar aber allgegenwärtig und wird nach einer gewissen Zeit allzu oft von politischen Entscheidungsträgern schlichtweg verdrängt.

Warum Diplomaten ein bevorzugtes Ziel von Nachrichtendiensten sind, ist leicht erklärt. Berger hat genau jene Positionen inne, die für die politische Aufklärung der Nachrichtendienste von immenser Bedeutung ist. Geht es hier doch im Wesentlichen um die Gestaltung des Verhältnisses zwischen der EU und einem geopolitischen Keyplayer, der Türkei. Europäische, vor allem aber die deutsche Sicherheitspolitik ist nicht erst seit dem Abkommen in der Flüchtlingscausa aufs Engste mit den Entwicklungen in der Türkei verflochten, entsprechend hoch ist der Stellenwert der diplomatischen Einrichtungen und des Personals vor Ort; und zwar wechselseitig. In der Diskussion um die Aktivitäten des BND ist auch nicht untergegangen, dass sich ein Teil der selbst gestrickten Indikatoren mit dem diplomatischen Schlüsselpersonal der Türkei in Deutschland und weit darüber hinaus auseinandersetzen.

Die Nachrichtendienste jener Länder, die als politische Akteure in dieser Region agieren, wie z. B. USA, Russland, Großbritannien, Frankreich und Deutschland, haben nicht nur seit dem Aufstieg der türkischen AKP ein hohes Interesse an den Vorgängen in der Türkei und in der angrenzenden Region.

Das größte Interesse an der Kommunikation zwischen den ausländischen Vertretungen und deren Heimatministerien oder Mutterorganisationen, inklusive der EU-Vertretung, hat naturgemäß die Türkei selbst. Aufgezeichnete und ausgewertete E-Mails, FAXE und Telefongespräche sowie die Überwachung von Botschaftspersonal erweitern den türkischen Handlungsspielraum gegenüber der EU. Hier geht es um geopolitische Interessen genauso wie – sehr banal – um Geld.

Das türkische Potenzial für technische Überwachungsmaßnahmen ist nicht zu unterschätzen. Wie eng die türkische Regierung mit nationalen Providern zusammenarbeitet, hat sie mehrmals eindrucksvoll unter Beweis gestellt. So wurde im Vorfeld der Auseinandersetzung zwischen Erdoğans AKP und der Gülen-Bewegung rund um einen Korruptionsskandal im engsten Familienkreis Erdoğans die Applikation YouTube für Tage unterbrochen.[116] YouTube wurde von der Gülen-Bewegung dazu genutzt, Erdoğan politisch zu schaden, um seine Wahl zum Präsidenten zu verhindern. Ein anderes eindrucksvolles Beispiel ist der Umstand, dass nur wenige Stunden nach dem Putschversuch im Juli 2016 jeder Handybesitzer eine Mitteilung vom türkischen Präsidenten erhielt, in der er das Ende des Putsches erklärte und seine Anhänger aufrief, im Namen der Demokratie auf die Straße zu gehen.[117] Auch während und nach der Verhaftungswelle der kurdischen, im Parlament vertretenen Opposition waren die Social Media wie Facebook, WhatsApp, Instagram und YouTube offline.[118] Selbstverständlich ist davon auszugehen, dass die diplomatischen Einrichtungen intensivst technisch observiert werden.

Auslöser der BND-Affäre rund um das Abhören von Partnern, Institutionen, Unternehmen und NGOs waren die Veröffentlichungen von Snowden, die die Affäre ins Rollen gebracht haben. Der politische Druck war zwischen 2013 und 2015 derart groß geworden, dass sich der BND dazu gezwungen sah, auch die selbst gewählten und nicht von der NSA vorgegebenen Selektoren gegenüber dem parlamentarischen Kontrollgremium offenzulegen. Damit wurde die Kanzlerin überrascht, die noch im Oktober 2013, also unmittelbar nach Aufkommen der Snowden-Affäre, die Abhöraktion um ihr Handy mit den Worten kommentierte: »Abhören unter Freunden, das geht gar nicht«.[119] Die politische Führung Deutschlands wusste anscheinend nur in sehr eingeschränktem Maße darüber

Bescheid, was der BND tatsächlich trieb. Mit anderen Worten, der BND war faktisch viele Jahre ohne inhaltliche Kontrolle und Vorgaben.

Das Nachrichtendienste Informationen sammeln und Kommunikation abhören, überrascht nicht. Der eigentliche Skandal wird erst deutlich, wenn man nachfragt, wer denn die Nutznießer und Auftraggeber dieser Kommunikationsüberwachung waren? Zumindest in der öffentlichen Diskussion wurde diese Frage bisher nicht gestellt. Was passierte mit den Informationen, die der BND durch das Abhören von Unternehmen, diplomatischen Vertretungen, internationalen Organisationen und ausgesuchten Persönlichkeiten generierte? Die eigene deutsche Politik zeigte sich weitgehend unbedarft von den illegalen bis grenzwertigen Aktivitäten ihres Nachrichtendienstes. Es spricht daher vieles dafür, dass die eigentlichen Auftraggeber für diese Kommunikationsüberwachung nicht in Deutschland zu finden sind. Es macht keinen Unterschied, ob der Dienst Selektoren der NSA oder eigene Selektoren verwendet hat. Die entscheidende Frage lautet, wohin die Ergebnisse geflossen sind. Der Verdacht ist naheliegend, dass der BND diese Informationen anderen ausländischen Nachrichtendiensten bewusst oder unbewusst weitergegebenen hat. Nachrichtendienste leben schließlich vom Geben und Nehmen.

5. DIE ALTERNATIVLOSE KOOPERATION MIT DEN US-DIENSTEN

Eine der erstaunlichsten Erkenntnisse aus den Snowden-Dokumenten ist der zur Gewissheit gewordene Verdacht, mit welcher Dichte und Systematik Deutschland Spionageziel der NSA und des britischen GCHQ geworden ist. Die Schlussfolgerung liegt auf der Hand: Deutschland steht mehr denn je im Fokus der technischen Aufklärung von NSA und GCHQ. Und das mehr als 70 Jahre nach Ende des Zweiten Weltkrieges. Dazu kommt, dass es nicht nur um die NSA geht, sondern auch um die Vielzahl amerikanischer Dienste und privater Dienstleister mit ihrer fast flächendeckenden Repräsentanz in Deutschland.[120]

Die Dimension, mit der Deutschland durch die USA ausspioniert wird, geht weit über die durch Snowden öffentlich gewordenen Dokumente hinaus. Im Kern geht es sowohl um politische Spionage, als auch um Wirtschaftsspionage. Und es scheint, dass Deutschland diesem Phänomen schutz- und wehrlos gegenübersteht, obwohl es doch mit dem Bundesamt für Verfassungsschutz über eine veritable Spionageabwehr verfügen sollte.

Den US-Diensten ist es in bemerkenswerter Weise gelungen, die deutschen Nachrichtendienste so eng an sich zu binden, dass selbst der Verdacht, ausspioniert, benutzt und neutralisiert zu werden, in der Vergangenheit erst gar nicht aufgekommen war. Hinzu kommt, dass die Politik diese Linie nicht nur goutiert, sondern über Jahrzehnte hindurch vorgelebt hat. Groß ist daher die Überraschung, dass Partner eben beides sein können, Verbündete und Konkurrenten – politisch, wie wirtschaftlich. Die Dienste sollten diese Lektion schon lange gelernt haben, gehört diese Erkenntnis doch zum Grundwerkzeug nachrichtendienstlichen Arbeitens.

In Deutschland kann man sich des Eindrucks nicht erwehren, dass diese Grunderfahrung im Umgang mit anderen Nachrichtendiensten wieder neu gelernt werden muss. Die Snowden-Affäre hat viel zu diesem Sinneswandel beigetragen.

Am 20. März 2014, also mehr als neun Monate nach Beginn der NSA-Affäre, setzte der Bundestag einen Untersuchungsausschuss ein, um die Spionagevorwürfe zu untersuchen. Vor allem die Rolle der deutschen Dienste war Gegenstand dieses Ausschusses und auch die Frage, was die Bundesregierung wusste. Der Untersuchungsausschuss soll die Hintergründe der Ausspähung durch die NSA aufklären und auch Vorschläge dazu erarbeiten, wie Telekommunikation besser geschützt werden kann.

Das Bundeskanzleramt, als Aufsichtsbehörde der Dienste, bestritt anfänglich, dass auch deutsche Bürger und Institutionen von der Affäre betroffen wären. Tatsächlich geht die NSA-Affäre in ihren Anfängen auf die rot-grüne Koalition unter Schröder zurück. Seit damals hat die Regierung dreimal gewechselt und damit auch die Verantwortung für BND und Kanzleramt. Die einzige personelle Kontinuität in der Affäre ist Frank-Walter Steinmeier. Von 1999 bis 2005 war Steinmeier Chef des Bundeskanzleramtes unter Schröder und in dieser Funktion den Diensten als Kontrolleur vorgesetzt.[121]

Die bisherigen Erkenntnisse aus dem Untersuchungsausschuss zeigen eines sehr deutlich: beide deutschen Dienste, der BND und der Verfassungsschutz, waren in der NSA-Affäre Teil einer Überwachungsmaschinerie, die auch Deutschland zum Ziel hatte. Es zeigt sich aber auch, dass die Kontrolle der Dienste über viele Jahre hinweg vernachlässigt wurde, geopfert der Kooperation mit den amerikanischen Bündnispartnern. Es hat sich aber auch gezeigt, dass Terrorismusbekämpfung und Spionageabwehr zusammengefasst in einer Behörde, wie im Verfassungsschutz, schwer zu handhaben sind. Einerseits ist man auf die Informationen der Partnerdienste zum Thema Terrorismusbekämpfung angewiesen, gleichzeitig aber handelt es sich um dieselben Dienste, die Deutschland zum Spionageziel auserkoren haben.

So ambitioniert der Untersuchungsausschuss seine Arbeit aufgenommen hat, so halbherzig wurde er von der Bundesregierung unterstützt. So wurden dem Untersuchungsausschuss seitens des BND Akten vorenthalten oder mit der Begründung, man müsse erst die Partnerdienste konsultieren, die Vorlage verzögert.[122]

Tatsächlich ist die Arbeit des Untersuchungsausschusses ein Drahtseilakt der Regierung. Die Kooperationen zwischen dem BND und ausländischen Diensten, wie der NSA, basieren in aller Regel auf Abkommen und Geheimschutzvereinbarungen. Immer wieder gelangte im Umfeld des Untersuchungsausschusses klassifizierte Information an die Presse und kompromittierte somit die Zusammenarbeit der deutschen Dienste mit den jeweiligen Partnern. Diese konnten davon ausgehen, dass operative Informationen nicht mehr geschützt waren. Dies führte zu Irritationen in der Zusammenarbeit. Es stand zu befürchten, dass speziell die Zusammenarbeit im Bereich der Terrorbekämpfung darunter leiden könnte. Die deutschen Behörden sind in hohem Maße auf die Zusammenarbeit mit der NSA, aber auch auf die Zusammenarbeit mit anderen Diensten angewiesen. Wie sehr, wird durch die Einschätzung des deutschen Außenministers vor dem Untersuchungsausschuss deutlich, als er ausführte: »Die Kooperation mit den USA ist alternativlos, um Deutschland vor Terroristen zu schützen.«[123] Dies zeigt aber auch gleichzeitig die Abhängigkeit der deutschen Dienste von den amerikanischen Strukturen.

Die Irritationen, die der Untersuchungsausschuss in amerikanischen Dienstkreisen ausgelöst hat, waren und sind für die Gefahrenabwehr in Deutschland bedrohlich. Befeuert wurde die Situation noch zusätzlich durch eine bekannt gewordene Spionageaffäre im deutschen Verteidigungsministerium, in der, nach Verdachtslage des Verfassungsschutzes, die CIA verwickelt gewesen sein soll. Es bestand der Verdacht, dass ein Mitarbeiter im Verteidigungsministerium über Jahre hinweg vertraulicher Papiere an die CIA weitergegeben hatte. Trotz intensiver Ermittlungen stellte die Bundesanwaltschaft das Verfahren wegen geheimdienstlicher Agententätigkeit aus Mangel an Beweisen Anfang 2015 ein.[124]

Ebenso wurde ein Mitarbeiter des BND enttarnt, ausgerechnet an jener Stelle, die für das Kopieren von Unterlagen für den Untersuchungsausschuss mitverantwortlich war.[125] Beide Festnahmen erfolgten durch den Verfassungsschutz und unabhängig voneinander im Juli 2014. Die Affäre hatte ihren vorläufigen Höhepunkt, als der Repräsentant der CIA in Berlin von der Regierung aufgefordert wurde, Deutschland zu verlassen. Diese Maßnahmen belasteten nicht nur die politischen Beziehungen zwischen Deutschland und den USA, sondern auch die Zusammenarbeit der Dienste.

Die Spionageaffäre kam zu einer absoluten Unzeit und führte zu einer schlagartigen Eintrübung der deutsch-amerikanischen Beziehungen. Die Vorsitzende des US-Geheimdienstausschusses im Senat Dianne Feinstein äußerte sich mit den Worten: »Ich bin zutiefst besorgt.«[126]

Der bisherige Tiefpunkt des Misstrauens zwischen Deutschland und den USA gipfelte in einer am 11. Juni 2014 vom Kanzleramt erlassenen Anweisung an alle deutschen Dienste, die Zusammenarbeit mit den amerikanischen Diensten bis auf Weiteres auf das Notwendigste zu beschränken.[127] Gemeint sind damit alle Kooperationen, welche die deutschen Sicherheitsinteressen unmittelbar betreffen. Eine Anweisung, die von der Bundesregierung später dementiert wurde, wie die *Süddeutsche Zeitung* zu berichten weiß.[128]

Die Art und Weise, wie die Untersuchungen in der NSA-Affäre verliefen, lässt die Schlussfolgerung zu, dass die Bundesregierung an einer ernsthaften Aufklärung nicht interessiert ist. Grund dafür dürfte nicht nur die über Jahre hindurch praktizierte, enge Verzahnung zwischen BND und NSA sein, sondern auch der zu befürchtende politische Schaden, sollte der Regierung nachgewiesen werden, die deutschen Dienste über Jahre hinweg nur ungenügend kontrolliert zu haben. Selbst eine im Raum stehende Mittäterschaft der deutschen Regierung am Ausverkauf deutscher Interessen an die USA wäre für die Regierung Merkel alles andere als angenehm.

Trotzdem wird in der Affäre um die NSA nach zweierlei Maß gemessen. Der im Juni 2014 unter Spionageverdacht festgenommene Mitarbeiter des BND wird verdächtigt, auch das Auftragsprofil der Bundesregierung an die CIA weitergegeben zu haben. Dieses Papier benennt jene Staaten, in welchen der BND Aufklärung, also Spionage, betreiben soll. Das Papier ist hoch brisant und war bis zu diesem Zeitpunkt weder der Öffentlichkeit noch dem Parlamentarischen Kontrollgremium bekannt. Es stammte aus dem Jahre 2009 und sollte fast zeitgleich mit dem Aufkommen der Snowden-Affäre erneuert werden. Das Auftragsprofil umfasste eine Vielzahl von Bündnis- und Kooperationspartnern, nicht jedoch die USA.[129] Mit anderen Worten, Deutschland verzichtete in der Vergangenheit darauf, die USA in die Liste ihrer Aufklärungsziele aufzunehmen. Dies ist umso erstaunlicher, als die NSA-Affäre deutlich macht, dass Deutschland das primäre Aufklärungsziel der USA in Europa ist. So wurde bekannt, dass selbst der BND Aufklärungsziel der NSA wurde. Die von Snowden veröffentlichten Dokumente belegen, dass die NSA im Besitz vertraulicher Dokumente des BND und auch des Bundeskanzleramtes ist. Bei den Dokumenten handelt es sich um verschlüsselten Schriftverkehr in der Geisellage um eine deutsche Familie im Jemen. Im Bundesinnenministerium reagierte man auf Presseanfragen zurückhaltend. Man hätte keine Erkenntnisse über abgefangene Kommunikation. Darüber hinaus sei die Datenkommunikation aufgrund der Verschlüsselung gut abgesichert.[130]

Wäre ein osteuropäischer oder russischer Dienst in diese gigantische Spionageaffäre verwickelt, würden die Ermittlungen Anfang 2017 wohl andere Ergebnisse und politische Konsequenzen zeitigen. Inzwischen ist es um den Parlamentarischen Untersuchungsausschuss des Bundestages ruhig geworden. Mit Spannung wird jedoch die Anhörung Snowdens erwartet.

Unbeantwortet bleiben die zentralen Fragen an dieses Gremium: Wie kann es sein, dass die NSA und das britische GCHQ, von der eigenen deutschen Spionageabwehr unangetastet und mit Unterstützung deutscher Behörden wie dem BND, Kommunikation deutscher und europäischer Bürger ohne Verdachtslage abhören und auch gegen deutsche Interessen spionieren konnten? Wie kann es sein, dass die deutsche Politik über so viele Jahre von den Aktivitäten der NSA auf deutschem Boden nichts gewusst hatte. Oder wusste sie doch etwas?

Der Spiegel stellt dem deutschen Verfassungsschutz in einem Artikel vom Juni 2016 ein denkbar schlechtes Zeugnis aus und schlussfolgert, dass die deutsche Spionageabwehr auf breiter Front dabei versagt hat,

Informationen »über die Tätigkeiten der ausländischen Geheimdienste gegen unser Land zu sammeln und zu analysieren.«[31] Die Realität zeichnet jedoch ein anderes Bild. Die enge Anlehnung der deutschen Politik, schon vor der Zeit der rot-grünen Koalition, hat den Diensten suggeriert, dass die enge technische Zusammenarbeit zwischen den deutschen und amerikanischen Diensten politisch gewünscht wäre. Die NSA-Affäre wirft jedoch ein sehr einseitiges Bild auf die Kooperation. Die USA haben zu keinem Zeitpunkt, so eine der Schlussfolgerungen aus der NSA-Affäre, Deutschland als Aufklärungsziel vernachlässigt, im Gegenteil.

Der deutsche Verfassungsschutz prüft seit 2013 die Vorwürfe, die NSA und das britische GCHQ betreiben sowohl Wirtschafts- und Industriespionage als auch politische Spionage im großen Stil. 19 Mitarbeiter untersuchten zwei Jahre lang die Spionagevorwürfe. Überraschend für alle, die sich mit diesem Fall näher befassten: Der vorgelegte Abschlussbericht kann keine belastbaren Beweise für die Spionagetätigkeit amerikanischer Dienste auf deutschem Boden finden, wie sie im Zuge der Snowden-Affäre öffentlich gemacht wurden. Frank Wingerath, der für die Snowden-Affäre 2013 eingesetzte Leiter dieser Arbeitsgruppe (SAW), als Referatsgruppenleiter ebenso zuständig für die Spionageabwehr im Verfassungsschutz, sorgte bei seiner Aussage vor dem Parlamentarischen Untersuchungsausschuss im Mai 2016 mehr für Ratlosigkeit als für Aufklärung. »Es haben sich keine Beweise im eigentlichen Sinne ergeben.« Das war die Schlussfolgerung aus zwei Jahren Aufklärungsarbeit.[32] Es gibt keinen belastbaren Hinweis darauf, dass die NSA oder ihre Partner in Deutschland Telekommunikation abhören, so Wingerath. Selbst die Snowden-Dokumente waren für die eingesetzte Arbeitsgruppe kein Beweis, da man nicht über die Originale verfügte. Auch die Frage, ob die Kanzlerin tatsächlich abgehört wurde, konnte letztlich von der Spionageabwehr im Verfassungsschutz nicht eindeutig beantwortet werden.

Die Veröffentlichung der Snowden-Dokumente war für den Verfassungsschutz ein Schock. Aber auch das Auskunftsersuchen bei den amerikanischen Partnern war in dieser Sache wenig ergiebig. Laut Wingerath wurde dem Verfassungsschutz der Zugang zu jenen diplomatisch abgesicherten Einrichtungen in Deutschland verwehrt, von denen man annehmen konnte, dass deren deutlich sichtbare Elektronik in den Abhörskandal verwickelt sein könnte. Zum Thema Abhörskandal hatten sich die amerikanischen Stellen erst gar nicht geäußert.[133] Angesichts der jahrelangen intensiven Zusammenarbeit amerikanischer und deutscher Behörden, wird auch von Insiderkreisen die amerikanische Zurückhaltung im Hinblick auf die Aufklärung als Affront beurteilt.

Zwei Jahre Ermittlungen haben nur dazu geführt, dass dieses Thema in der öffentlichen Wahrnehmung heruntergefahren wurde. Der Regierung Merkel ist es gelungen, so scheint es, das Thema auszusitzen. Bisheriger Höhepunkt dieser Affäre ist folgende schier unglaubliche Argumentation: Man kenne die Snowden-Dokumente nur aus den Medien und nicht im Original, es gäbe keine Hinweise auf technische Ausspähung. Selbst die Überprüfung im Hinblick auf die Plausibilität der von Snowden vorgelegten Methoden, technischen Möglichkeiten und Ausspähungsziele ergäbe keine belastbare Beweislage für Spionage gegen Deutschland.

Und der Präsident des deutschen Verfassungsschutzes, Hans-Georg Maaßen, sieht keinerlei Bedrohung deutscher Unternehmen durch westliche Geheimdienste. Maaßen geht noch einen Schritt weiter: »Die Spione kommen aus dem Osten.«[134] Diese bemerkenswerte Schlussfolgerung zog der Präsident des Verfassungsschutzes und oberster Leiter der Spionageabwehr bereits 2013.

Wie intensiv BND und Verfassungsschutz mit den Nachrichtendiensten der ehemaligen Alliierten auf deutschem Boden kooperieren, wird aus einem Interview deutlich, das Maaßen im August 2013 dem *Handelsblatt* gab. Er nimmt die amerikanischen Dienste im Hinblick auf ihre Aktivitäten in Deutschland in Schutz und schließt Wirtschaftsspionage der westlichen Dienste in Deutschland kategorisch aus. »Uns liegen keinerlei Erkenntnisse vor, die die These einer Wirtschaftsspionage aus dem Westen stützen könnten. Tatsächlich wurde bis zum heutigen Tage in ganz Europa kein einziger Fall amerikanischer oder britischer Wirtschaftsspionage nachgewiesen.«[135] Was hier als Untermauerung seine Behauptung ins Treffen geführt wird, ist eher beunruhigend und zeigt, wie wenig sich der Verfassungsschutz mit diesem Thema in der Vergangenheit auseinandergesetzt hat.

Ein Jahr später erklärte der Chef der deutschen Spionageabwehr im Rahmen des jährlichen Symposiums des Verfassungsschutzes zum Thema »Spionageabwehr und Wirtschaftsschutz«: »Wir wissen nicht wirklich, was die NSA tut.«[136] Der gelernte Jurist Maaßen war zum damaligen Zeitpunkt immerhin schon seit einem Jahr Präsident des Verfassungsschutzes. Er hatte Heinz Fromm als langjährigen Leiter abgelöst. Bereits 2013, als die Arbeitsgruppe zur Aufklärung der Snowden-Affäre ihre Arbeit aufnahm, meldete Maaßen Zweifel am Verdacht an, dass die alliierten Nachrichtendienste, allen voran die NSA und das britische GCHQ, Deutschland zu einem primären Aufklärungsziel in Europa gemacht hatten. Dabei nährten die Dokumente, die Snowden veröffentlichte, den Verdacht, dass die befreundeten Dienste über Jahre bzw. Jahrzehnte Deutschland systematisch abgehört und de facto kontrolliert hatten. Die Beurteilung Maaßens ist nicht überraschend, gilt er doch Insidern zufolge als den USA freundlich gesonnen und im hohen Maße regierungsloyal. Seit 1991 war er im Bundesinnenministerium tätig. Im Jahr 2000 stieg er zum persönlichen Referenten des Sicherheitsstaatssekretärs auf. 2001 wurde er Leiter der Projektgruppe Zuwanderung und 2002 zusätzlich Referatsleiter für Ausländerrecht. Ab 2008 leitete er als Ministerialdirigent die Unterabteilung Öffentliche Sicherheit II (Terrorismusbekämpfung). Nach 9/11 war die Beschleunigung des Informationsaustausches mit ausländischen Dienststellen, allen voran die USA, eine der zentralen Aufgaben dieser Abteilung.[137] Am 1.8.2012 wurde Maaßen von der Bundesregierung zum Präsidenten des Verfassungsschutzes ernannt.

Die von den deutschen Behörden unerkannt gebliebene terroristische Zelle in Hamburg und deren Involvierung in 9/11[138] gab der Zusammenarbeit mit amerikanischen und britischen Dienststellen absolute Priorität. Es ist daher nicht überraschend, dass Maaßen reflexartig jegliche Verdachtslage zum Thema Spionage gegen Deutschland durch die USA und Großbritannien als absurd und undenkbar zurückwies. Auch drei Jahre nach seiner Aussage hat sich an der Grundtendenz der deutschen Spionageabwehr wenig geändert. Anfang Juni 2016 ließ Maaßen bei seiner Aussage im Untersuchungsausschuss mit der Bemerkung aufhorchen, dass er nicht ausschließe, dass Snowden ein russischer Spion sein könnte.[139]

Nach dem Ende des Kalten Krieges und einer damit einhergehenden existenziellen Krise auch der deutschen Dienste war das Thema Spionageabwehr in den Hintergrund geraten. Nach 9/11 haben die Dienste ihre Ressourcen überwiegend auf die Terrorabwehr ausgerichtet. Spionageabwehr hatte bis zur NSA-Affäre 2013 nur dann Priorität, wenn es russische, chinesische oder iranische Aktivitäten betraf. Zumindest die mit Spionageabwehr befassten Mitarbeiter des Verfassungsschutzes sind über die Snowden-Affäre nicht unglücklich. Snowden und die öffentliche Aufmerksamkeit haben das Thema Spionageabwehr wieder zurück auf die deutsche Agenda gebracht und die Politik hat es als Manko erkannt, ihrem Nachrichtendienst jahrelang freie Hand gelassen zu haben.

Neben der NSA-Affäre waren es auch die aggressive russische Auslandsaufklärung und Propaganda, die seit dem Konflikt in der Ostukraine und um die Krim die Spionageabwehr wieder auf die Agenda der Politik und Sicherheitsbehörden setzten. Aus Sicht der deutschen Sicherheitsbehörden ergibt es daher durchaus Sinn, dass sowohl der ehemalige BND-Chef Schindler, als auch der Präsident des Verfassungsschutzes nicht ausschließen, dass es sich bei Snowden um einen russischen Spion handle, so realitätsfern diese Aussage auch klingen mag. Diese Einschätzung knüpft an die jahrelangen Erfahrungen der deutschen Aufklärung an, die Russland und auch China als Feindbilder deutscher Interessen über Jahrzehnte kultiviert hat. Beide erklärten in einem Interview im April 2016, sie hielten es für plausibel, dass der russische Dienst bei der Veröffentlichung der Snowden-Dokumente eine Rolle gespielt habe. Schindler legte nach und mutmaßte, dass es sehr auffällig wäre, »dass Snowden ausgerechnet Unterlagen über die Zusammenarbeit der amerikanischen NSA mit dem deutschen BND sowie dem englischen Geheimdienst GCHQ veröffentlicht hat«.[140]

Hintergrund dieser Aussage ist der Umstand, dass NSA und GCHQ eigentlich auf Russland und China ausgerichtet sind, solche Dokumente aber aus dem Fundus von Snowden nicht in die Öffentlichkeit gelangten. Maaßen liefert im gleichen Interview auch die Begründung für diesen vermeintlichen russischen Ansatz: »Der Verrat der Geheimdienstunterlagen ist ein Versuch, einen Keil zwischen Westeuropa und die USA zu treiben – der größte seit dem Zweiten Weltkrieg.«[141]

Was beide Dienstchefs hier nicht konsequent zu Ende denken, ist die Vorstellung, dass der deutsche Bürger, die Politik und die Wirtschaft von den engsten politischen Partnern, den USA und Großbritannien, in einer Art und Weise ausspioniert wurden, die bisher in der Geschichte ohne Beispiel geblieben ist. Aus welcher Motivation heraus Snowden die Unterlagen öffentlich machte, ist für die deutsche Politik letztlich unerheblich, was bleibt, ist der Verdacht, über Jahre ausspioniert worden zu sein. Aber sehr wohl relevant ist der Umstand, dass das Klima der deutsch-amerikanischen nachrichtendienstlichen Zusammenarbeit nachhaltig gestört wurde. Inwieweit sich dieses Misstrauen unter einem Präsidenten Donald Trump noch weiter vertiefen wird oder ob sich künftig pragmatischere Formen der Zusammenarbeit ergeben, lässt sich jetzt noch nicht sagen.

Seit Bekanntwerden der NSA-Affäre sind inzwischen fast vier Jahre vergangen. Die deutsche Spionageabwehr hat daraus kaum Konsequenzen gezogen, ebenso die Politik. Die USA sind für Deutschland der wichtigste Partner im Kampf gegen den internationalen Terrorismus, so Innenminister Thomas de Maizière. Bereits 2014 versicherte er bei einer Veranstaltung des Verfassungsschutzes zum Thema Wirtschaftsschutz: »Die Sicherheitszusammenarbeit mit unseren US-amerikanischen Partnern ist sowohl im Hinblick auf die innere Sicherheit als auch auf die äußere Sicherheit unersetzlich. Das gilt etwa mit Blick auf den Kampf gegen den Terrorismus. Deshalb wollen wir die Zusammenarbeit fortsetzen und intensivieren.«[42]

Damit ist die Linie der deutschen Außenpolitik auch für die kommenden Jahre vorgegeben. Die kritik- und bedingungslose US-Gefolgschaft wird fortgesetzt, selbst unter Inkaufnahme schwerwiegendster Spionagevorwürfe – auch Wirtschaftsspionage. Indes regt sich in den Diensten selbst Widerstand.

Selektoren und der Verdacht der Wirtschaftsspionage

Das Thema Selektoren und der Verdacht, dass Deutschland breitflächig ausspioniert wird, ist nicht neu und brachte bereits im Jahre 1999 die damalige Regierung Schröder unter Druck. Die *Frankfurter Allgemeine* titelte in ihrer Ausgabe vom 22. November 1999, »Keine Amerikanische Wirtschaftsspionage«. Dem Artikel war eine bemerkenswerte Visite des damaligen Geheimdienstkoordinators im Kanzleramt, Ernst Uhrlau (als Ministerialdirektor Leiter der Abteilung VI, Bundesnachrichtendienst, Koordinierung der Nachrichtendienste des Bundes) gemeinsam mit dem BND-Präsidenten in Bad Aibling vorausgegangen. Dort kam es zu einem Treffen mit dem damaligen Leiter der NSA, General Hayden. *Die Frankfurter Allgemeine* berichtete:

> »Die amerikanischen Geheimdienste betreiben nach Angaben der Bundesregierung in Deutschland keine Wirtschaftsspionage. Der Geheimdienstkoordinator im Bundeskanzleramt, Uhrlau, berichtete am Montag in Berlin, daß er zusammen mit dem Präsidenten des Bundesnachrichtendienstes (BND) Hanning, vor kurzem die elektronische Aufklärungsstation des amerikanischen Geheimdienstes National Security Agency (NSA) im bayrischen Bad Aibling besucht habe. Dabei habe ihm der Chef der Abhöranlage, General Hayden, versichert, daß die elektronische Aufklärung weder ›gegen deutsche Interessen, noch gegen deutsche Gesetzte verstößt‹. Bad Aibling gilt seit dem Zweiten Weltkrieg als einer der wichtigsten Stützpunkte des auf elektronische Aufklärung spezialisierten amerikanischen Geheimdienstes NSA. In Presseberichten hatte es geheißen, die Amerikaner würden von hier aus auch die deutsche Industrie ausspähen. Uhrlau schilderte, der General habe ihm und Hanning einen vollständigen Überblick über alle Aspekte der in Bad Aibling durchgeführten ›Erfassungsaktivitäten‹ gegeben.«[143]

Sechzehn Jahr später hat sich die Abhörtechnik fundamental geändert und damit auch der Zugang der NSA zu europäischen und deutschen Daten. Die Probleme sind jedoch gleich geblieben: Misstrauen, ausgelöst durch den Datenhunger der NSA und begleitet von einer schier unglaublichen politischen Naivität der Akteure. Bis heute läuft die Zusammenarbeit zwischen BND und NSA weitgehend automatisiert ab.

Die automatisierte technische Zusammenarbeit zwischen BND und NSA hat zwei Ansätze: Im Zentrum der technischen Zusammenarbeit stehen die sogenannten Selektoren, die vom BND im Auftrag der NSA in das System eingespeist werden. Auch dies erfolgt automatisch, durchläuft jedoch einen dreistufigen Prüfungsprozess. Solche Einspeisungen erfolgen mehrmals am Tag und sind ein sehr komplexer Prozess. In der Praxis sind die Selektoren jedoch für den BND nur eingeschränkt kontrollierbar, trotz des Prüfungsverfahrens und der dafür entwickelten Software mit dem Namen DAFIS.

Im Oktober 2015 wurde der Bericht des Sonderermittlers Kurt Graulich zu den von der NSA an den BND übermittelten Selektoren veröffentlicht. Graulich wurde von der Bundesregierung für diese Aufgabe eingesetzt, vor allem, um zu verhindern, dass sensible Informationen an die Öffentlichkeit gelangen. Genau das waren die Bedenken der NSA.

Der Bericht trägt das Datum 23.10.2015.[144] Der 251 Seiten umfassende Bericht sollte ursprünglich Aufschluss darüber geben, ob die von der NSA übermittelten Selektoren rechtskonform mit dem 2002 zwischen dem BND und der NSA abgeschlossenen Memorandum of Agreement sind. Mit anderen Worten, ob die NSA mit Unterstützung des BND gegen deutsche oder europäische Interessen spioniert hat. Eine Sichtung und Beurteilung der Selektoren soll, so die Bundesregierung, darüber Aufschluss geben. 14 Millionen solcher Selektoren wurden von der NSA bis 2015 an den BND übermittelt. Davon wurden 40.000 vom BND aussortiert, da sie entweder gegen deutsches Grundrecht, gegen das Memorandum oder gegen deutsche Interessen verstießen. Das Filtern der Selektoren erfolgt, wie bereits erwähnt, in einem dreistufigen Verfahren unter Einsatz der deutschen Software DAFIS.

Der für die Öffentlichkeit bestimmte Bericht nennt keine Einzelheiten, jedoch Zahlen. Demnach finden sich unter den ausgesonderten Selektoren 4971 »Internetselektoren«, 54 »Telefonieselektoren« über deutsche Staatsbürger, 22.024 »Internetselektoren« zu Regierungseinrichtungen und staatlichen Stellen in EU-Ländern. Der Bericht stellt auch fest, dass in 1185 Fällen die Selektoren ausgeschieden wurden, da sie als »Verstoß gegen deutsche Interessen« gewertet wurden.[145] Der Bericht konstatiert ebenfalls, dass sich unter den herausgenommenen Selektoren eine »ganze Anzahl ... auf wirtschaftlich tätige Unternehmen mit Sitz in Deutschland oder deutschem Ursprung« fanden.[146]

Obwohl sich der Sonderermittler mit dem Inhalt seines Abschlussberichtes den medialen Vorwurf gefallen lassen musste, eher die Position der Regierung und des BND gestützt zu haben, finden sich im Abschlussbericht doch sehr eindeutige Hinweise auf den Missbrauch durch die NSA. Graulich stellt der NSA im Umgang mit dem BND ein vernichtendes Urteil aus: Die NSA habe das Vertrauen der Bündnispartner missbraucht. Sie habe »aus der Tarnung des Gemeinschaftsprojektes (heraus) nachrichtendienstliche Aufklärung gegen Mitglieder der EU unternommen. Die NSA hat sich damit nicht nur vertragswidrig verhalten, sondern auch ohne Abstimmung in der Kooperation die deutsche Position gegenüber ihren europäischen Partnern potenziell gefährdet.«[147]

Die Affäre um die Selektoren ist bis heute bei Weitem nicht befriedigend gelöst. Nur der BND weiß, wie viele der 14 Millionen Selektoren noch aktiv sind. Auch ist nicht klar, wie treffsicher DAFIS tatsächlich ist, da sich das Profil der NSA-Selektoren laufend ändert und angepasst werden muss. Graulich geht zwar davon aus, dass das System technisch gut aufgestellt ist, die Effizienz und Treffsicherheit hängt jedoch von dessen Pflege ab. Bei einer solchen Datenmenge ein schwieriges Unterfangen. Wie problematisch Selektoren sein können, wird schon alleine daraus ersichtlich, dass der BND erst im März 2015 alle amerikanischen Selektoren eliminierte, die nur eine IP-Adresse enthielten.[148] Über die Gründe dafür schweigt der BND, es wird jedoch vermutet, dass über die IP-Adresse personenbezogene Informationen abgefragt wurden.

Die alles entscheidende Frage wurde aber erst gar nicht gestellt. Deutschland ist nicht das einzige Land, mit dem die NSA zusammenarbeitet. Selbst wenn überzeugend, wenn auch nicht strafrechtlich relevant, nachgewiesen werden könnte, dass die NSA ihre Aufklärungsmaschinerie gegen Ziele der deutschen Wirtschaft richtet, so kann sie das bequem außerhalb der territorialen Zuständigkeit deutscher Rechtsprechung und fernab des Zugriffs durch den Verfassungsschutz tun.

Warum die deutsche Justiz nicht auf die NSA-Affäre reagiert

Die deutsche Spionageabwehr wurde ab 09/11 notgedrungen zurückgefahren, Personal und Ressourcen wurden auf die Terrorismusbekämpfung hin optimiert. Schon unter Gerhard Schröder wurde sowohl der BND als auch der Verfassungsschutz zu weitreichenden Kooperationen mit den US-Sicherheitsbehörden angehalten, weitreichender als dies bis zu diesem Zeitpunkt der Fall war. Das bezog sich nicht nur auf die technische Aufklärung wie die Einspeisung von Selektoren in das Echelon-System und später auf die Zusammenarbeit im Rahmen der Operation Eikonal, sondern auch auf die Forcierung der Ermittlungskomponente im Verfassungsschutz zum Thema Terrorismus- und Extremismusbekämpfung. Spionageabwehr hatte ab 09/11 nur mehr eine untergeordnete Priorität und schon gar nicht, wenn es sich um Verdachtsmomente gegen alliierte Nachrichtendienste in Deutschland handelte. Schwerpunkt des Verfassungsschutzes mit den zurückgefahrenen Ressourcen im Bereich der Spionageabwehr waren Russland, China, Iran und Nordkorea und einige Staaten des Nahen und Mittleren Ostens.

Die NSA-Affäre war für die Spionageabwehr im Verfassungsschutz wie ein Schock. Wohl auch auf politischen Druck hin wurde bereits Mitte 2013 eine Sonderkommission im Verfassungsschutz eingesetzt, die sich mit der »technischen Aufklärung durch US-amerikanische, britische und französische Nachrichtendienste in Deutschland«[149] beschäftigen soll. Keine leichte Aufgabe, unterhält alleine die NSA Standorte in Bad Aibling, im Europäischen Zentrum für Kryptologie (ECC) in Griesheim, im European Technical Center (ETC) in Mainz-Kastel sowie das im Generalkonsulat in Frankfurt am Main angesiedelte Special Collection Service (SCS) und an der US-Botschaft in Berlin.[150] Nach Angaben des *Spiegels* sind in Deutschland Mitte 2014 mehr als 200 US-Agenten tätig.[151] Hinzu kommen noch die französischen und die britischen Kollegen. Und das sind nur die offiziellen Zahlen! Eine schier unlösbare Aufgabe für den deutschen Verfassungsschutz. Berlin wird zu Recht die Hauptstadt der alliierten Spionage genannt. Kenner der Szene sprechen von Berlin als einen »riesigen Horchposten«.[152]

Das Einsetzen einer solchen Sonderkommission war ein Novum in der Geschichte der deutschen Spionageabwehr. Zwar gab es immer mal punktuelle Vorfälle mit alliierten Diplomaten und in Deutschland akkreditierten Diensten, aber eine breit angesetzte Sonderkommission, welche die technischen Aktivitäten der alliierten Dienste in Deutschland beleuchten sollte, war neu. Einer der ersten Aktivitäten dieser Kommission war ein Schreiben des deutschen Präsidenten des Verfassungsschutzes an den Leiter der NSA. Der Inhalt ist genauso brisant wie einmalig in der Geschichte der bilateralen nachrichtendienstlichen Beziehung. Aufgrund des Verdachtes, dass das Handy der Kanzlerin von der US-Botschaft in Berlin abgehört worden war, begehrte der Verfassungsschutz Zugang zu den Räumlichkeiten der Botschaft. Die Ablehnung kam rascher als vermutet.[153] Die Reaktion auf das deutsche Ansinnen war vom Verfassungsschutz erwartet worden, alles andere wäre ein Bruch der bisher gepflegten diplomatischen Beziehungen gewesen. Schließlich ist der Spionageabwehr selbstverständlich bewusst, dass Spionageeinrichtungen auf deutschem Boden bevorzugt im Schutz der Wiener Konvention und damit auf exterritorialem Gebiet angesiedelt sind. Die Antwort kam jedenfalls schneller als erwartet, und zwar durch den damals erst kurz ins Amt berufenen US-Botschafter in Berlin. Auf die Frage eines Journalisten, ob deutsche Ermittler die Botschaft auf Spionagetechnik kontrollieren dürfen, antwortete er mit einem knappen »Nein«.[154]

Die NSA-Affäre wurde Mitte 2013 öffentlich. Seit Juni 2013 ermitteln der Generalbundesanwalt und der Verfassungsschutz. Nach Vorermittlungen wurde bis zum Erscheinen dieses Buches nicht nur keine Anklage erhoben, sondern das Verfahren wurde eingestellt. Wen sollten sie auch anklagen und weswegen? Aus Sicht der Ermittlungsbehörden gilt es nicht einmal als erwiesen, dass der Verdacht gegen die NSA, gegen deutsches Recht verstoßen zu haben, tatsächlich zutrifft. Er trifft z. B. dann nicht zu, wenn das Ausspionieren nicht innerhalb der Reichweite der deutschen Rechtsprechung passiert ist; wie durch das Anzapfen von Unterseekabeln oder das Abhören von Telekommunikationsinfrastruktur außerhalb Deutschlands.

Der Leiter der Spionageabwehr und Präsident des Verfassungsschutzes, Hans-Georg Maaßen, sah drei Jahre nach dem Bekanntwerden der

NSA-Affäre keinen belastbaren Ermittlungsansatz gegen die NSA. Die Bundesregierung wiederum ist nicht unglücklich über diese Entwicklung, stehen doch nicht nur die bilateralen Beziehungen zu den USA auf dem Spiel, sondern auch die Rolle, die Deutschland seit fast zwei Jahrzehnten spielt.

Deutsche Telekommunikationsanbieter im Visier

Eine Vielzahl von Belegen lassen die Schlussfolgerung zu, dass die Zusammenarbeit zwischen BND und der Deutschen Telekom sehr eng war und zwischen 2004 und 2008 im Rahmen der Operation Eikonal ihren Höhepunkt erreicht hatte. Diese Zusammenarbeit wurde im neuen BND-Gesetz nicht nur nachträglich bestätigt, sondern sogar noch ausgeweitet.

Bereits 2003 wurde mit dem asiatischen Telekommunikationsanbieter Global Crossing ein sogenanntes Network Security Agreement unterzeichnet, dass der NSA Zugang zu deren über Glasfieberkabel laufenden Internetverkehr sicherstellte. Global Crossing war zum Zeitpunkt des Vertragsabschlusses ein Telekommunikationskonzern mit Sitz in Bermuda und Betreiber eines weltweiten Glasfaserkabelnetzwerks. Das Abkommen zwischen NSA und Global Crossing galt als Blaupause für weitere Abkommen mit Telekommunikationsanbietern weltweit.[155] Nach Angaben des NSA-Whistleblowers Thomas Drake soll es Verträge mit 80 solcher Anbieter weltweit geben.

Das zeigt das große Interesse der NSA an der Zusammenarbeit mit Telekommunikationsanbietern, handelt es sich dabei doch um eine Gatekeeper-Funktion in diesem Geschäft.[156] So berichtet *Spiegel Online* in seiner Ausgabe vom 13. September 2014 unter Berufung auf die von Edward Snowden veröffentlichten Dokumente, dass die NSA und das britische GCHQ »verdeckte Zugänge in die Netze der Deutschen Telekom und des Kölner Anbieters Netcologne« hätten.[157]

Das Überwachen von Unternehmen und Mitarbeitern, sowie das Stehlen von Kundendaten sind klassische Fälle von Wirtschaftsspionage, wenn sie von Nachrichtendiensten begangen werden. Im Rahmen der Snowden-Affäre wurden drei deutsche Unternehmen explizit genannt, die Ziel der

Überwachung durch die NSA und den britischen GCHQ waren: Stellar, Cetel und IABG. Hierbei handelt es sich um drei deutsche Teleport-Anbieter, die Internet- und Telefoniezugänge über Satelliten in entlegenen Gebieten ermöglichen. Die Unternehmen verfügen über eigene Satellitenbodenstationen und liegen zur Realisierung ihrer Dienste direkt oder sehr nahe an sogenannten Internet-Backbones, Schnittpunkten, an welchen die Kundenkommunikation in das allgemeine Breitband-Internet geleitet wird. Zum Kundenkreis zählen Regierungen vieler afrikanischer Staaten, Ölplattformen, Diamantenminen, diplomatische Vertretungen, Flüchtlingslager sowie ausländische Niederlassungen internationaler Unternehmen und Organisationen.

Als dem Stellar-CEO Christian Steffen Dokumente zum NSA Programm »Treasure Map« vorgelegt wurden, musste er feststellen, dass nicht nur seine Firma namentlich erwähnt wurde, sondern, dass auch eine Vielzahl seiner Kunden und Mitarbeiter zur Überwachung freigegeben worden waren. Zudem entdeckte er in den Unterlagen ein Passwort des Unternehmens, das einen tieferen Zugang in das Stellar-System erlaubte. Ohne Zweifel, seine Firma war von der NSA und dem britischen GCHQ gehackt worden.[158] Diese gut dokumentierten Fälle belegen das Interesse der NSA an deutschen Kommunikationsanbietern. Es ist wenig Fantasie nötig, um sich vorzustellen, was mit diesen Informationen weiter passiert.

Im Falle der drei deutschen Provider geht es der NSA und dem GCHQ vor allem auch darum, die wichtigsten Kunden der deutschen Teleport-Anbieter zu identifizieren und Informationen über bereits entwickelte Technologien und künftige technische Trends zu akquirieren. IABG war von besonderem Interesse, denn dieses Unternehmen ist neben seiner Tätigkeit im Kommunikationsbereich auch in der technischen Ausrüstung und Beratung der Deutschen Bundeswehr tätig. Das Ottobrunner Unternehmen begleitet außerdem viele Großprojekte, war z. B. Betreiber der Versuchsanlage für den Transrapid und führte Tests am Airbus A380 sowie der Ariane-Rakete durch.[159]

Ein Bad Aibling gibt es auch in Österreich und der Schweiz

Das neue sicherheitspolitische Umfeld vor und nach 09/11 beschleunigte die technische Aufrüstung der NSA und ihre beträchtlichen Investitionen in Abhöreinrichtungen in Europa und Übersee. Für sie war diese Politik der Expansion eine unmittelbare Folge von 09/11. Gleichzeitig allerdings war Zurückhaltung das Gebot der Stunde, da der Bericht des Europäischen Parlamentes zu Echelon aus dem Jahre 2001 und die Rolle der NSA als trojanisches Pferd in Europa nach wie vor im Raum standen. Das amerikanische Interesse an Kommunikationsüberwachung blieb nicht auf Deutschland beschränkt. Auch Österreich und die Schweiz sind Teil der Überwachungsinfrastruktur – trotz verfassungsrechtlich verankerter Neutralität beider Staaten.

Die NSA war nach Bad Aibling insbesondere an strategisch wichtigen Standorten interessiert, z. B. an der Königswarte im österreichischen Burgenland und der Anlage im schweizerischen Onyx. Die Standorte eignen sich besonders für die Satellitenaufklärung als wichtige Ergänzung zur Überwachung des verstärkt aufkommenden Internetverkehrs und der Telefonie.

Die österreichische Tageszeitung *Die Presse* berichtete im Juli 2013 über einen Vertrag zwischen Heeresnachrichtendienst und NSA, der zwischen 2003 und 2007 abgeschlossen worden sei. Unter Bezugnahme auf Quellen aus Politik und Verwaltung soll die NSA die technische Ausrüstung zur Verfügung gestellt haben bzw. überhaupt die Aufrüstung der Abhörstation Königswarte finanziert haben.[160] Die Kosten für die Runderneuerung der Abhöranlage sollen, laut Informationen der *Presse*, an die 150 Millionen Euro betragen haben. Die technische Ausstattung der NSA-Abhöranlage in Österreich soll sich nur insofern von ihrer Schwestereinrichtung im schweizerischen Onyx unterscheiden, als dass die österreichische Anlage später modernisiert und daher technisch weiterentwickelt sei.[161] Sowohl die Abhöranlage im schweizerischen Onyx als auch Königswarte sind von der Dimension her doppelt so groß wie Bad Aibling. Interessant sind in diesem Zusammenhang auch die Betriebskosten. Nach

Informationen österreichischer Medien belaufen sich die Betriebskosten der Abhöranlage in der Schweiz auf 20 Millionen Euro jährlich.[162] Von einer ähnlichen Größenordnung ist auch in Österreich auszugehen. Wenn auch die Software und die Modernisierung von den USA getragen wurden, stellen die hohen Betriebskosten doch eine beträchtliche Belastung für den Verteidigungsetat dar.

Welche Rolle die Abhörstationen in Österreich und in der Schweiz im Lichte der von Snowden veröffentlichen Spionagetätigkeit der NSA in Europa spielen, ist nach wie vor unklar und hat bisher weder in der Schweiz noch in Österreich zu einer öffentlichen Diskussion geführt.

Im November 2013 wurde aufgrund des medialen Drucks durch das für die österreichische Spionageabwehr zuständige Bundesamt für Verfassungsschutz und Terrorismusbekämpfung Anzeige gegen Unbekannt eingebracht. Das österreichische Magazin *Profil* hatte auf Basis der von Snowden veröffentlichten Unterlagen und aufgrund von Aussagen ehemaliger NSA-Mitarbeiter von der Existenz einer Abhörstation mit »Appendix« in Wien berichtet. Unter anderem wurde der Glasfaserknoten »Vienna Internet eXchange« erwähnt, der vom Informationsdienst der Universität Wien (ZID) betrieben wird.[163] Die Ermittlungen in der NSA-Causa wurden im Mai 2014, also nach nicht einmal sechs Monaten, eingestellt. *Der Standard* zitierte die dafür zuständige Staatsanwaltschaft Wien, wonach es derzeit keine weiteren Ermittlungsschritte gäbe. [164] Das kam überraschend, nachdem erst kurz zuvor ein sogenannter Vorhabensbericht an die Oberstaatsanwaltschaft übermittelt worden war. Ein solcher Bericht ist in Österreich dann zwingend vorgesehen, wenn sich aus dem Fall politische Implikationen ergeben könnten. Die Oberstaatsanwaltschaft ist gegenüber der ermittlungsleitenden Behörde weisungsbefugt. Die Königswarte und die Verbindung zur NSA waren erst gar nicht Gegenstand der Ermittlungen. Das Verteidigungsministerium erklärte lapidar: »Zum Schutz der Republik Österreich tauschen wir mit befreundeten Diensten Informationen aus.«[165]

Im Gegensatz zu Deutschland spielte die NSA-Affäre in Österreich kaum eine Rolle, obwohl es unmittelbar davon betroffen ist. Schon während des Kalten Krieges gab es eine intensive technische Zusammenarbeit zwischen der NSA und dem Auslandsnachrichtendienst des österreichischen Bundesheeres, dem Heeresnachrichtenamt (HNaA), dessen Aufgaben vergleichbar sind mit dem deutschen BND. Mit der NSA-Affäre in Deutschland ist diese bis heute andauernde Zusammenarbeit abermals in den Fokus gerückt. Eine strafrechtliche Ermittlung, wie in Deutschland zumindest eingeleitet, findet in Österreich nicht statt. Auch nicht, nachdem bekannt wurde, dass die NSA in Österreich eine Abhörstation, ähnlich jener in Bad Aibling, betreiben lässt und Österreich mehrfach in den Snowden-Dokumenten aufscheint. Ermittlungen des österreichischen Verfassungsschutzes wurden sehr rasch eingestellt.

Weder die Bundesregierung, noch die Betreiber dieser Abhöreinrichtung, das Heeresnachrichtenamt, sind darüber informiert, welche Rohdaten über das System gesammelt und an die NSA weitergeleitet werden, und auch nicht, ob dies gegen österreichisches Recht verstößt. Ähnlich wie in Deutschland, basiert die Kooperation zwischen dem Auslandsnachrichtendienst und der NSA auf einem Vertrag, der den österreichischen Medien zufolge mehrmals erneuert wurde.[166]

Der Journalist Erich Möchel beschäftigt sich schon seit Jahren mit der Abhöreinrichtung der NSA, die vom Österreichischen Bundesheer nahe der Staatsgrenze zur Slowakei betrieben wird. Die Einrichtung steht im Burgenland mit Sichtkontakt nach Bratislava und ist unter dem Namen Königswarte bekannt.[167] Diese Einrichtung steht in technischer Hinsicht den Einrichtungen in Bad Aibling um nichts nach. In Deutschland ist der Betreiber der Anlage der BND, in Österreich das im Verteidigungsministerium angesiedelte Heeresnachrichtenamt (HNaA). Es gibt jedoch einen wesentlichen Unterschied zwischen beiden Einrichtungen. Während der BND in der Lage ist, das eingespeiste Suchprofil zumindest zu filtern und in einem mehrstufigen Verfahren zu selektieren, verfügt das HNaA nicht einmal über die dafür notwendige Software und die personellen Ressourcen. Die österreichische Einrichtung ähnelt eher einer Black Box und ist nur für die Techniker der NSA lesbar. Es sind allenfalls die Abfallprodukte der Kommunikationsüberwachung, die dem österreichischen Dienst zur Verfügung gestellt werden. Eigene Selektoren werden zwar mit eingespeist, es fehlen jedoch die technischen und analytischen Kapazitäten, diese auszuwerten. Es ist davon auszugehen, dass sich die Abhörstation auf der Königswarte nahtlos in das Echelon-Folgeprojekt einreiht, wie die österreichische Presse spekuliert.[168]

Mit dem Betreiben der NSA-Einrichtung im Burgenland gehen auch politisch relevante Fragen einher: Demnach dürfte nur schwer zu erklären sein, dass eine NSA-Einrichtung in einem neutralen Staat über so viele Jahre hinweg scharf geschaltet ist, obwohl der österreichische Staatsvertrag und auch die Verfassung eine solche Stationierung ausschließen. Die NSA ist schließlich ein militärischer Nachrichtendienst einer fremden Nation. Andererseits wurde diese Einrichtung seit Mitte der Fünfzigerjahre von jeder österreichischen Regierung toleriert.

Ein bereits erwähnter Aspekt rund um die NSA-Abhöreinrichtungen ist auch der Umstand, dass die Agency ihr weit verzweigtes internationales Abhörsystem so nutzt, dass sie im Gastland nicht nachweislich gegen das jeweilige Landesrecht verstößt. Sollten beispielsweise Daten mit einem deutschen Bezug erforderlich sein, so kann man auf Stationen außerhalb des deutschen Bundesgebietes zugreifen und verstößt so nicht gegen deutsches Recht.

Politisch gesehen ist diese Kooperation der NSA mit dem Österreichischen Bundesheer noch ein Relikt aus dem Kalten Krieg. Bei der Königswarte handelte es sich um die am weitesten nach Osten hin angelegte Abhörstation eines westlichen Staates und war daher zur Ausspionierung des Warschauer Paktes von enormer Bedeutung. Nach dem Ende des Kalten Krieges wurde diese Einrichtung modernisiert und gilt heute als eine der modernsten Abhörstationen im Rahmen des Echelon-Nachfolgeprojektes.[169]

Erich Möchel geht davon aus, dass die NSA die Datenkommunikationen direkt von den Satelliten ziviler Betreiber abschöpft.[170] So kann die Kommunikation zwischen Schiffen und Großbaustellen in entlegenen Zonen überwacht werden.[171] Die betroffenen zivilen Satelliten gehören vier großen Betreibern, die ihre Satelliten über dem Äquator positioniert haben. Namentlich sind dies die türkische Türksat-Gruppe, Thuraya, ein Konsortium für Satellitentelefonie aus Abu Dhabi, Azer-Sat aus Aserbaidschan und Yahsat, ebenfalls aus Abu Dhabi. Alleine das Einzugsgebiet der Türksat-Gruppe erstreckt sich von Zentralasien, Teilen des indischen

Subkontinents und dem Nahen Osten bis ins südliche Afrika. Yahsat bedient Südwestasien, Russland, das östliche Europa und den Nahen Osten mit Datendiensten.[172] Die Königswarte ist daher ein Eckpfeiler des NSA-Aufklärungsdispositivs in Europa im Bereich der Satellitenaufklärung. Anders als in Bad Aibling erfolgt die Auswertung der Daten allerdings nicht im Gastland.

Was die Nutzung der gewonnenen Informationen für die österreichische Terrorismusbekämpfung anbelangt, so war deren Wert für Ermittlungen im Inland bisher weitgehend vernachlässigbar. Wenn überhaupt, so wurden diese Informationen nicht über die österreichischen Betreiber der Abhöreinrichtung an die Staatsschutzbehörden herangetragen, sondern bezeichnenderweise über den Umweg amerikanischer Sicherheitsbehörden und im Wege der Amtshilfe. Bis heute ist ein unmittelbarer Nutzen der Einrichtung für die österreichischen Staatsschutzbehörden, insbesondere für die Terrorismusbekämpfung, nicht nachvollziehbar. Ebenso ist unbekannt, welche Daten abgeschöpft werden und vor allem was damit passiert. Im Unterschied zu Deutschland konnte in Österreich also bislang kein nachhaltiger Wert für die eigene nationale Sicherheit nachgewiesen werden.[173]

Was die Anlage jedoch leistet, ist das zur Schau stellen einer gewollten politischen und nachrichtlichen Kooperation mit amerikanischen und auch anderen europäischen Diensten und Sicherheitsbehörden. Nachrichtendienste leben schließlich vom Handel mit Informationen. Informationen zu erhalten bedingt Informationen zu liefern.

Eine ähnliche Satellitenabhöreinrichtung gibt es auch in der Schweiz, und zwar in Leuk auf dem Walliser Hochplateau. Kaum bekannt ist die Tatsache, dass es sich hierbei nicht um eine, sondern um zwei getrennte Stationen handelt. Der kleinere Teil gehört der Schweizer Eidgenossenschaft. Diese wird vom Eidgenössischen Departement für Verteidigung, Bevölkerungsschutz und Sport (VBS) betrieben und gehört zum Schweizer Spionagesystem Onyx, das internationale zivile und militärische Kommunikation über Satellitenversand abfängt.

Die zweite Station wird von der Signalhorn AG betrieben, einer eingetragenen Schweizer Firma, die der Signalhorn Trusted Networks GmbH mit Sitz in Deutschland gehört. Laut VBS existiert keinerlei Verbindung zwischen diesen beiden Stationen. Die Signalhorn AG habe ausschließlich einen Vertrag zur technischen Instandhaltung der VBS-Antennenstruktur. Neben der Wartung der VBS-Infrastruktur bietet die Signalhorn AG eine breite Palette von Dienstleistungen an, wie Internetzugänge oder Netzwerke für Kreditkartenzahlungen für Tankstellen. Zu den Kunden gehören neben Unternehmen aus dem Energiesektor und der Hochsee-Schifffahrt auch Radio- und Fernsehstationen, wie die European Broadcasting Union.

Die Signalhorn AG wurde zwar erst im Februar 2012 gegründet, übernahm aber bereits im Jahr 2000 vom Schweizer Telekom-Riesen Swisscom die Anlage in Leuk unter dem Namen Verestar. Zwischen 2000 und 2012 wurde der Name des Unternehmens mehrmals geändert. Gleich blieb allerdings der Hauptaktionär, die amerikanische Tower Corporation. Bei der Übernahme der Station im Jahr 2000 wurden Bedenken an der Transaktion geäußert aufgrund des Verdachts, die Station könnte zum integralen Teil des Echelon-Systems gehören.[174]

Einfluss auf die Ermittlungen durch die Bundesregierung

Aufgrund der Dimension und der politischen Bedeutung des Falles wäre die Annahme gerechtfertigt, dass die deutsche Bundesregierung Einfluss auf die Ermittlungen der NSA-Affäre genommen hat. Hat sie auch, aber anders als zu erwarten wäre, und zwar nicht das erste Mal. Die Regierung zeigte sich mit den Ambitionen des obersten Anklägers in der NSA-Causa, Harald Range, unzufrieden und ließ ihn im Oktober 2015 durch Peter Frank ablösen.

Der neue Generalbundesanwalt, der zuletzt als Generalstaatsanwalt in München tätige Peter Frank, trat ein schweres Erbe an. Seinem Vorgänger Harald Range, wurde in Berlin vorgeworfen, seine Aufgabe zu unabhängig von den politischen Zielen der Bundesregierung vorangetrieben zu haben. Was in der NSA-Affäre politisch gewünscht war, das war von Anfang an klar: So wenig Profil und Öffentlichkeit wie möglich. Range wurde von den Medien dafür kritisiert, dass die Ermittlungen in der NSA-Affäre stagnierten, was durchaus im Interesse der Bundesregierung war. Abgelöst wurde er jedoch aufgrund einer anderen Causa, in der gegen zwei Journalisten der Onlineplattform Netzpolitik.org ermittelt wurde. Klassifizierte Unterlagen des Verfassungsschutzes wurden veröffentlicht und Range war dabei, die Anklage wegen Landesverrat vorzubereiten. Ein Vorgehen, das national wie international zu Kritik führte und die Bundesregierung unter Zugzwang brachte. Das Beharren auf die Anklage gegen die beiden Journalisten hat schließlich zu seiner Ablöse geführt.

Der NSA-Fall in Deutschland hat auch juristisch alle Dimensionen gesprengt und wurde erst gar nicht ernsthaft aufgegriffen. Einer der Gründe lag darin, dass die Bundesanwaltschaft bisher viel zu wenig Erfahrung im Umgang mit dem BND und dem Verfassungsschutz besaß, um derart komplexe technische und politische Ermittlungen partnerschaftlich zu führen. Das übliche und über Jahre hindurch praktizierte Verfahren war die Kontaktaufnahme mit den beiden Behörden zwecks Übermittlung von Unterlagen zur Beweiswürdigung. Genau das war in diesem Fall nicht möglich. Entweder, weil solche Unterlagen nicht verfügbar waren, da sie als geheim eingestuft waren, oder weil die Unterlagen zur Beweisführung im Ausland vermutet und Rechtshilfeersuchen als wenig aussichtsreich beurteilt wurden. Selbst bei größtem Wohlwollen, die Ermittlungen voranzutreiben, war der Bundesstaatsanwaltschaft sehr bald klar, dass die ermittelnden Staatsanwälte nicht über die notwendige technische Expertise verfügten, um den Fall sinnvoll aufzuarbeiten.

Dabei hatte sich die NSA-Affäre anfangs durchaus im Sinn der Bundesregierung entwickelt und sie hatte bisher auch sehr gute Erfahrungen mit dem Generalbundesanwalt gemacht. Range kann auf eine Musterkarriere zurückblicken. 1948 wurde er in Göttingen geboren. Nach dem Jurastudium in Bonn und mit Erfahrungen als Richter in Niedersachsen wechselte er zur Staatsanwaltschaft nach Göttingen. Später arbeitete er im niedersächsischen Justizministerium und wurde anschließend Leiter der Generalstaatsanwaltschaft Celle. 2011 wurde er zum Generalbundesanwalt beim BGH berufen. Range ist einer jener politischen Beamten mit einem für diese Funktion prekären Status. Als politischer Beamter ist er dazu angehalten, bei seiner Amtsführung in Übereinstimmung mit den grundsätzlichen politischen Zielen der Bundesregierung zu agieren. Er ist also in hohem Maße von der Regierung abhängig und kann auch jederzeit von der Regierung entlassen werden. Dieser Status hat schon vor Range immer wieder zu Konflikten zwischen der Bundesregierung und dem Generalstaatsanwalt geführt.

Was ihn jedoch während seiner gesamten Amtsführung auszeichnete, war die Überzeugung, dass Politik und Justiz strikt voneinander getrennt zu sehen seien. Genau diese konsequente Haltung hat ihm im August 2015 im Ermittlungsverfahren gegen die Betreiber des Nachrichtenportals Netzpolitik die Zwangspensionierung eingebracht. Mehr als deutlich nahm er zur versuchten Einflussnahme der Bundesregierung in seinem letzten Fall Stellung. In einer offiziellen Aussendung vom 4.08.2015, seiner letzten als Generalbundesanwalt, kritisiert er die Bundesregierung mit den Worten: »Auf Ermittlungen Einfluss zu nehmen, weil deren mögliches Ergebnis politisch nicht opportun erscheint, ist ein unerträglicher Eingriff in die Unabhängigkeit der Justiz.«[175]

Range wurde von der Bundesregierung gestoppt, genau zu jenem Zeitpunkt, als das Verfahren gegen die Betreiber des Nachrichtenportals sich in eine politisch unerwünschte Richtung zu entwickeln drohte. Das war bei den Vorermittlungen gegen unbekannt in der NSA-Affäre nicht der Fall, im Gegenteil. Der Generalbundesanwalt und die Bundesregierung schienen auf derselben politischen Linie zu agieren: Vorermittlungen gegen Unbekannt ohne greifbares Ergebnis. Außenpolitisch möglicherweise eine verständliche Entscheidung, sind die USA doch gerade in dieser kritischen Phase europäischer und deutscher Sicherheitspolitik als Partner unersetzbar.

Die Öffentlichkeit hatte den Eindruck, dass die Generalbundesanwaltschaft in der NSA-Affäre andere Maßstäbe anlegte, als gegenüber den Betreibern des Nachrichtenportals Netzpolitik. Zwischen dem Bekanntwerden der NSA-Affäre und der Einstellung der Ermittlung im Mai 2014 durch Ranges Behörde lag nicht einmal ein Jahr. Range musste sich aufgrund seiner zögerlichen Haltung in der NSA-Affäre ohnehin sehr viel öffentliche und parlamentarische Kritik gefallen lassen. Man warf ihm

Untätigkeit bis hin zu Arroganz vor, obwohl im Zusammenhang mit der NSA-Affäre bis Mitte Juli 2015 mehr als 3000 Strafanzeigen vorlagen, wurden die Ermittlungen nie ernsthaft vorangetrieben. Der Vorwurf der im Raum stand, war politische Einflussnahme auf den Ausgang des Ermittlungsverfahrens im NSA-Fall.

Noch Ende 2013 stellte der Generalbundesanwalt jegliche politische Einmischung in dem Fall als unzutreffend dar. Ob ermittelt wird oder nicht, ob Anklage erhoben wird oder nicht, liege alleine in der Zuständigkeit der Generalbundesanwaltschaft und sei eine Frage der Interessenabwägung. Diese Interessenabwägung wäre, so Range, im Gesetz genauso vorgesehen und in der Bundesstaatsanwaltschaft, quasi im eigenen Haus, so entschieden worden. Einer Einmischung seitens der Regierung bedarf es dazu nicht, erklärte er in einem Interview im Dezember 2013.[76] Seine Untätigkeit in diese Affäre kam der deutschen Regierung nicht ungelegen und hat vielerorts den Eindruck erweckt, dass diese erstaunliche Passivität mit einem »Ermittlungsverbot« oder zumindest mit einem politisch motivierten Wohlverhalten im Zusammenhang stehen könnte.

Gleichzeitig geriet die Bundesanwaltschaft aufgrund einer Vielzahl von Anzeigen im Umfeld des NSA-Falles unter Zugzwang. Ende 2013, also einige Monate nach Bekanntwerden der Snowden-Affäre und des Handy-Abhörvorwurfs gegen die NSA erklärte Range gegenüber dem *Focus*, dass seine Behörde trotz Anzeigenflut nicht automatisch dazu verpflichtet wäre, Ermittlungen aufzunehmen. Die Strafverfolgung politischer Straftaten müsse unter Umständen hinter außenpolitischen Interessen zurückstehen. Dies sei dann der Fall, wenn durch die Aufnahme von Ermittlungen schwere Nachteile für Deutschland drohten.[77]

Range geriet durch seine betonte Unabhängigkeit und damit auch Unkalkulierbarkeit in dieser Affäre zu einem Risikofaktor für die Politik der Regierung Merkel. Bis Anfang 2014 war noch keine Bruchstelle zwischen der Positionierung der Regierung und die der Generalbundesanwaltschaft unter Range in der Ermittlung rund um die NSA-Affäre zu erkennen. Der Bundesregierung konnte es nur recht sein, dass Range die Ermittlungen damals noch schleifen ließ und später nur lauwarm einleitete und schließlich Mitte 2015 ganz einstellte.

Auch die Affäre um das Abhören des Handys der Kanzlerin hat das Verhältnis zwischen Regierung und Bundesanwaltshaft nicht getrübt. Dabei war das Abhören der Kanzlerin durch die NSA nur die Spitze des Eisberges. Von Snowden veröffentlichte Dokumente legen den Schluss nahe, dass der Angriff auf die Bundesregierung von einer noch größeren Dimension war, als bis Ende 2014 bekannt. Den Dokumenten zufolge war nicht nur die Regierung Merkel von der NSA Abhöraktion betroffen, sondern auch weitere Ziele im Bundeskanzleramt. Die Abhöroperation der NSA geht Jahre zurück und beschränkt sich nicht auf die Regierung Merkel. So sollen nach Veröffentlichung der Plattform WikiLeaks auch schon die Regierungen Kohl und Schröder Ziele der NSA gewesen sein.[178]

Mitte 2014 wurde der Druck auf die Bundesregierung in der NSA-Affäre jedoch größer, und die *Süddeutsche Zeitung* berief sich in einem Artikel auf die Bundesregierung, die Range angeblich freie Hand in den NSA-Ermittlungen gegeben haben wollte. Im selben Artikel werden Justizminister Heiko Maas und Außenminister Frank-Walter Steinmeier mit der Feststellung zitiert, dass etwaige Ermittlungen nicht aus politischen Gründen gestoppt werden dürfen.[179] Damit stand Range in der NSA-Affäre ohne politische Rückendeckung da. Seit Anfang 2015 galt Range als politischer Risikofaktor der Regierung Merkel, die ihn im selben Jahre in den Ruhestand versetzte.

Einstellung des Verfahrens

Die NSA-Affäre nahm im Juli 2013 ihren Anfang. Im Oktober 2013 wurde ein Dokument aus dem Fundus Snowdens bekannt, aus dem abgeleitet werden konnte, dass die Kanzlerin – und nicht nur sie – über Jahre hinweg abgehört wurde. Die Bundesanwaltschaft startete in beiden Fällen Vorermittlungen, um den Anfangsverdacht zu belegen.

Zwei Verdachtsmomente wurden neun Monate lang geprüft: Der Verdacht, dass jahrelang die Handys der Kanzlerin und anderer Entscheidungsträger abgehört worden waren, und der Verdacht, dass deutsche Bürger Opfer massenhafter und willkürlicher Ausspähung durch die NSA geworden sind.[180] In beiden Ermittlungsverfahren konnte der Anfangsverdacht mit den Mitteln des Strafprozessrechts nicht gerichtsfest bewiesen werden, wie es in einer Mitteilung der Bundesanwaltschaft in Karlsruhe hieß.[181] Anders als für die Bundesstaatsanwaltschaft, war der Anfangsverdacht für die Kanzlerin gravierend. Nach dem Einholen einer Erkenntnisanfrage an den BND und das Bundesamt für Sicherheit in der Informationstechnik (BSI), jene Stellen also, die den Abhörvorwurf geprüft haben, schien sich zumindest der Anfangsverdacht der Kanzlerin und des Kabinetts bestätigt zu haben. Die Ergebnisse dieser Anfrage wurden zwar nie öffentlich gemacht, müssen aber so schwerwiegend den Verdacht der Kanzlerin bestätigt haben, dass sie den US-Präsidenten persönlich anrief und seinen Botschafter einbestellen ließ.[182] Seit diesem Zeitpunkt wurde die NSA-Affäre auch von der deutschen Politik ernster genommen.

Nach Range hat sich der Anfangsverdacht aus einer Vielzahl von Gründen nicht verifizieren lassen: So spielte das Tatortprinzip ebenso eine Rolle, wonach Straftaten nur dann unter deutsches Strafrecht fallen, wenn sie auch in Deutschland begangen worden sind. Genau das nachzuweisen, war schwierig bis unmöglich. Ebenso kann ein solches Verfahren aber auch aus politischen Gründen eingestellt werden.

Im Mai 2014 wurde die Vernehmung Snowdens vor dem Parlamentarischen Untersuchungsausschuss beantragt. Die Regierung blockierte die Einvernahme mit dem Argument, dass sie seine Sicherheit nicht garantieren könne, woraufhin die Opposition vor dem Bundesgerichtshof klagte und in einem Entscheid Mitte November 2016 Recht erhielt. Dies bedeutet jedoch nicht automatisch, dass Snowden tatsächlich als Zeuge erscheinen wird. Dazu bedarf es der Unterstützung durch die Bundesregierung. Die Befürchtungen der Bundesregierung gehen dahin, dass Snowden Asyl in Deutschland beantragen könnte und dies mit Sicherheit zu einer diplomatischen Verwerfung mit den USA führen würde.[183]

Handfeste Beweise konnten nach fast zweijähriger Ermittlung nicht gefunden werden. »Wir brauchen gerichtsverwertbare Beweise. Was bislang vorliegt, reicht noch nicht«, wird Range im Rahmen der Präsentation des Vorabberichtes zitiert.[184] Vieles spricht dafür, dass ernsthafte Ermittlungen erst gar nicht geführt wurden. So wurde von der Ermittlungsbehörde argumentiert, dass man nicht einmal mit Sicherheit davon ausgehen könne, dass die Straftat auf deutschem Boden begangen wurde.

Schon eine oberflächliche Prüfung lässt Zweifel an der Beurteilung der Generalbundesanwaltschaft aufkommen. Nur ein Beispiel aus einer Anzahl vielversprechender Ermittlungsansätze ist der in den Snowden-Dokumenten ersichtliche Hackerangriff auf den Kölner Internetprovider Netcologne. Anders als die ebenso als gehackt gekennzeichneten deutschen Unternehmen wie Telekom, Stella, Cetel und IABG handelt es sich beim diesem Unternehmen um einen rein lokalen Anbieter ohne internationale Niederlassungen. Alle erwähnten Unternehmen werden in den Snowden-Dokumenten als jene ausgewiesen, zu denen die NSA und das britische GCHQ »innerhalb« dieser Netze »Zugangspunkte« für die technische Überwachung habe.[185] Dass der Zugriff auf die Daten des Unternehmens Netcologne lokal, also von Deutschland aus erfolgte, ist höchst wahrscheinlich. Eine Einschätzung, die nicht nur vom *Spiegel* geteilt wird.

Die Ermittlungen wurden vor allem aus zwei Gründen eingestellt: Einerseits waren die US-Behörden nicht bereit, in der Affäre um das Abhören des Handys der Kanzlerin zu kooperieren, andererseits war der Verfassungsschutz unter Einbeziehung sämtlicher in Deutschland verfügbarer Ressourcen technisch nicht in der Lage, einen gerichtsverwertbaren Beweis beizubringen. Am 12. Juni 2015 wurden die Ermittlungen durch die Bundesanwaltschaft eingestellt.

Was die Ermittlungen über die massenhafte Erhebung von Telekommunikationsdaten in Deutschland durch britische und amerikanische Nachrichtendienste anbelangt, so sind diese, nach Darstellung der Bundesstaatsanwaltschaft, noch nicht abgeschlossen. Die Internetplattform Netzpolitik geht davon aus, dass diese Ermittlungen de facto nie eingeleitet wurden.[186]

6. Die Welt der Dienste nach 09/11

Der Angriff auf das World Trade Center am 11. September 2001 veränderte die Ausrichtung der amerikanischen Dienste und der Strafverfolgungsbehörden von Grund auf. Am 22. Juli 2004, mehr als drei Jahre nach dem Anschlag auf das World Trade Center, legte der Ausschuss zur Untersuchung der Terroranschläge seinen Abschlussbericht vor. Er zeigte schwere institutionelle Mängel in der Zusammenarbeit der Dienste auf, vor allem mit dem FBI. Aber auch die Zusammenarbeit der weiteren 16 amerikanischen Dienste, mit einem damaligen Gesamtbudget von 40 Milliarden Dollar jährlich, stand in der Kritik. Mangelnde Kooperation war nicht der einzige Vorwurf, den der Bericht erhob. Ineffizienz und gegenseitiges Konkurrenzdenken zwischen den einzelnen Diensten und besonders mit anderen Behörden, unter anderem mit dem FBI und der U.S. Customs and Border Protection (CBP, eine Art Zoll- und Grenzschutzbehörde), wurden aufgezeigt und kritisiert.

Das Misstrauen zwischen den amerikanischen Behörden war so stark, dass beispielsweise die CIA dem FBI keine Intelligence-Informationen weitergab und eine Zusammenarbeit im Ausland eher die Ausnahme war. Die Agency argumentierte damit, dass diese Informationen von der Strafverfolgungsbehörde in Gerichtsverfahren verwendet würde, was zur Kompromittierung von Quellen führen könne. Der Graben zwischen der Intelligence Community und Strafverfolgungsbehörde FBI war so ausgeprägt, dass sogar die Zusammenarbeit mit lokalen Behörden im Ausland darunter litt. Selbst wenn CIA und FBI im Ausland am selben Fall und mit den gleichen lokalen Behörden arbeiteten, war an gemeinsame Sitzungen und Briefings nicht zu denken. Das Abschottungsprinzip verhinderte jegliche vertikale Zusammenarbeit und gestaltete sich für die lokalen Behörden sehr aufwendig. Erst 09/11 änderte diese gelebte Praxis allmählich.

Der über 500 Seiten starke Abschlussbericht forderte eine grundlegend neue Struktur der Geheimdienste und auch der Bundespolizei. Der Bericht geht sogar so weit, den Geheimdiensten Versagen zu unterstellen. Er liest sich abschnittsweise wie eine Anklageschrift gegen die Intelligence Community, deren Effizienz und Wildwuchs kritisiert wurden. Eine seiner zentralen Forderungen war die Einsetzung eines Gesamtverantwortlichen, zuständig für alle Nachrichtendienste inklusive Budgethoheit.[187] Noch im selben Jahr wurde der Posten des Director of National Intelligence (DNI) geschaffen, der mit dem Auftrag einherging, eine Struktur und eine inhaltliche Neuausrichtung der Intelligence Community umzusetzen. Die stark kritisierte CIA verlor – wie schon erwähnt – ihren bisherigen Stellenwert innerhalb der Community, hatte der CIA-Chef doch bis zu diesem Zeitpunkt gleichzeitig die Position des Gesamtverantwortlichen (bis dahin DCI) inne. Für die CIA ein beträchtlicher Bedeutungsverlust, ist doch der DNI der Berater des Präsidenten und des Nationalen Sicherheitsrates in allen nachrichtendienstlichen Angelegenheiten. Die Trennung lief nicht konfliktfrei und war vor allem seitens der zu koordinierenden Nachrichtendienste umstritten.

Fortan war der DNI nämlich für die Zusammensetzung des »President's Daily Brief« verantwortlich, während er im Hinblick auf die 16 Nachrichtendienste mit keinerlei Befugnissen ausgestattet wurde. 2004 ging diese Funktion an den Berufsdiplomaten John Negroponte, der vorher (Juni 2004 bis Februar 2005) die weltweit größte US-Auslandsvertretung geleitet hatte, die Botschaft im Irak. Negroponte ließ sich die Berichte der CIA vorlegen, kontrollierte den Zugang zum Präsidenten und griff sogar in laufende Operationen der CIA ein, obwohl er zwischen den Diensten nur eine Koordinierungsfunktion hatte. Als sein Stab Einblick in die laufenden Berichte der weltweit stationierten Residenten verlangte, führte dies zu einer merklichen Abkühlung der Zusammenarbeit.

Trotz aller strukturellen Probleme bei der Neuaufstellung war Terrorismusbekämpfung die Priorität der Intelligence Community und weiterhin eine Maxime amerikanischer Innen- und Außenpolitik. Der Zweck der Terrorismusbekämpfung rechtfertigte die Ausweitung der Befugnisse der Dienste, das Engagement im Irak, die Eindämmungspolitik gegenüber dem Iran und auch die Maßnahmen zur Kontrolle des weltweiten

Geldflusses. Die Nachrichtendienste erhielten wieder jenen Stellenwert, der mit dem Ende des Kalten Krieges verloren gegangen schien. Und im Zuge der Restrukturierung wurden auch ihre Legalresidenturen, insbesondere die der CIA, in Europa ausgebaut und mit operativen und teils analytischen Einheiten ausgestattet. Das war vielerorts ein Novum, denn diese Residenturen wurden bis 09/11 sehr schmal gehalten und ihre Leiter fungierten gerade mal als »Verbindungsglieder« zu den jeweiligen nationalen Behörden. Mit nachrichtendienstlichen Operationen waren sie nur am Rande betraut. Solche Operationen wurden weitgehend unabhängig von der jeweiligen Legalresidentur abgewickelt. Schon deshalb, um diplomatischen Verwicklungen auszuweichen.

Mit 09/11 machte sich auch eine Aufbruchsstimmung innerhalb der in Europa stationierten US-Nachrichtendienste breit. Eine solche Aufbruchsstimmung war auch bei den europäischen Nachrichtendiensten erkennbar. Solidarität und Zusammenarbeit mit den amerikanischen Behörden war die politische Vorgabe in Deutschland, aber auch in Österreich und anderswo. Im Gefolge der international eingeforderten Zusammenarbeit – nicht nur der Nachrichtendienste – wurde der Terrorismusbekämpfung nach amerikanischer Leseart absolute Priorität eingeräumt, andere Bereiche, wie die Spionageabwehr, wurden zurückgefahren.

Mechanismen und Abläufe der Zusammenarbeit mit den US-Diensten wurden von den meisten europäischen Staaten nach amerikanischen Vorgaben oder Mustern neu definiert und kritiklos bis naiv in die jeweiligen nationalen und internationalen Strukturen integriert. In vielen Bereichen wurden mit dem Argument der Terrorismusbekämpfung europäische Regelungen den amerikanischen angepasst. Das reichte von der Zurücknahme der Standards im Bereich des Datenschutzes, Intensivierung des Informationsaustausches, Sicherheitsvorleistungen für den Warenverkehr und den Dienstleistungsbereich (sofern die USA als Endabnehmer betroffen war), der Erweiterung der Befugnisse von Polizei und Diensten, bis hin zu Maßnahmen zur Kontrolle des weltweiten Geldflusses im Rahmen des SWIFT-Programms. Und eine Reihe von Regelungen sollte die Arbeit der Banken in Europa transparenter für die US-Dienste machen. Vor allem die amerikanischen Nachrichtendienste haben durch 09/11 in Europa massiv an Aufklärungsmöglichkeiten und damit Einfluss gewonnen.

Terrorismusbekämpfung als Türöffner

Maßnahmen, die bereits im Vorfeld von 09/11 angedacht wurden, erfuhren durch den Terroranschlag eine ungeahnte Dynamik. In diese Zeit fiel auch der Aufstieg des Internets, der zunehmende Einfluss amerikanischer Provider und der Siegeszug von Social Media. Es fiel den US-Diensten nicht schwer, eine gesetzlich gedeckte Zusammenarbeit mit amerikanischen Providern zu vereinbaren, die Entwicklung in der Kryptologietechnik zu »fördern« und mit einer beträchtlichen Anzahl internationaler Telekommunikationsunternehmen vertraglich abgesichert zusammenzuarbeiten.

Ähnliches war in Deutschland der Fall, wo der BND, wie die *Süddeutsche Zeitung* im Oktober 2014 berichtete, mit der Deutschen Telekom einen Vertrag schloss, der den Zugang zu ihren Servern ermöglichte, um Daten aus dem Kommunikationsknoten Frankfurt an die NSA weiterzugeben. Dies erfolgte bereits unter der Regierung Schröder. Zumindest konnte die Regierung damit verhindern, dass die NSA unmittelbaren Zugang zu dem über Deutschland laufenden Datenstrom erhielt. Diese Aufgabe wurde dem BND überantwortet. Wie groß die technische Überlegenheit der USA und ihrer Dienste schließlich werden würde, das wurde den europäischen Regierungen erst nach den Veröffentlichungen durch Snowden vor Augen geführt.

In die Zeit nach 09/11 fällt auch die Operation Eikonal, eine gemeinsame Operation der NSA und des BND zwischen 2004 und 2008 zur Abschöpfung des Kommunikationsknotens Frankfurt, einer der wichtigsten Knotenpunkte für die weltweite Kommunikation via Internet und Telefonie. Die Zusammenarbeit der beiden Dienste wurde erst 2014 durch die Recherchen der *Süddeutschen Zeitung*, NDR und WDR publik und geht auf ein Memorandum of Agreement aus dem Jahre 2002 zurück.[188]

Im Gegenzug zu Eikonal erhielt der BND jene Programme frei Haus geliefert, die mehr als zehn Jahre später durch die Veröffentlichungen Snowdens als Vorläufer von PRISM und XKeyscore bekannt wurden. Es ist bis heute nicht klar, ob durch die damalige Zusammenarbeit zwischen BND und NSA deutsches Recht verletzt wurde, indem die Kommunikation deutscher Staatsbürger an der G-10-Kommission[189] vorbei an die NSA geliefert wurde.

Selbst im BND war das Programm umstritten. Sein damaliger Präsident August Hanning, wird in der *Süddeutschen Zeitung* mit dem Aktenvermerk zitiert:»Die volle Kontrolle durch den BND (in der Zusammenarbeit mit der NSA) ist real nicht möglich.« Hannings Aktenvermerk ist laut Recherchen der Journalisten auf die Erkenntnis zurückzuführen, dass das Versprechen der Amerikaner, sich an deutsche Gesetze bei der Überwachung der Telekommunikation zu halten, schon aufgrund der technischen Unterlegenheit des BND nicht verifizierbar sei. Diese Beurteilung durch deutsche Spitzenbeamte zieht sich wie ein roter Faden durch die gesamte NSA-Affäre. Dies gelte insbesondere, so wird Hanning weiter zitiert, für die verschlüsselte Kommunikation, deren Inhalt zum damaligen Zeitpunkt nur von der NSA entschlüsselt werden konnte.[190] Es ist anzunehmen, dass die weitergegebenen Informationen auch deutsche Bürger betroffen haben, ein Nachweis dafür konnte bisher auch im Parlamentarischen Untersuchungsausschuss nicht erbracht werden.

Es ist nicht anzunehmen, dass sich die NSA nach dem offiziellen Ende der Operation Eikonal 2008 aus der so erfolgreichen Abschöpfung des Kommunikationsknotens Frankfurt zurückgezogen hat. Faktum ist, dass weder der deutsche Verfassungsschutz noch der BND bisher in der Lage waren, einen belastbaren Beweis dafür vorzulegen, dass die NSA andere Wege für das Abschöpfen des Internetknotens gefunden hat. Die Enthüllungen in der Snowden-Affäre lassen jedoch genau das vermuten.

Die Operation Eikonal und seine Vorläufer fallen in eine Periode nach 09/11 und in ein politisches Klima der Vorbereitung auf den zweiten Irakkrieg 2003. In Deutschland regierte die erste rot-grüne Bundesregierung unter Kanzler Schröder. Der politische Druck der USA auf die deutsche Regierung, sich am Irakkrieg zu beteiligen, war enorm.[191] Nach den Anschlägen in New York hatte die Bundesregierung den Amerikanern »uneingeschränkte Solidarität«[192] zugesichert. Die USA forderten von Deutschland jedoch mehr, als nur eine politische Solidaritätsbekundung. Auch der Umstand, dass einer der Attentäter von den Sicherheitsbehörden unentdeckt von Hamburg aus eine Terrorzelle aufbauen konnte, die sich maßgeblich an den Anschlägen in New York beteiligt hatte, war aus der Sicht der USA ein Grund, sich mit mehr als nur einer politischen Solidaritätserklärung in die Allianz einzureihen. Das deutsch-amerikanische Verhältnis war ohnehin angespannt und die rot-grüne Regierung unter Kanzler Schröder für die USA unkalkulierbar. Von 1998 bis 2005 war Frank-Walter Steinmeier Kanzleramtsminister und in dieser Funktion auch für die Nachrichtendienste zuständig. Es lag in seiner Verantwortung, die Zusammenarbeit mit den US-Diensten auf eine solidarische Schiene zu heben.

Das deutsche Nein zur Teilnahme am Irakkrieg schürte weiter das amerikanische Misstrauen in einer politisch aufgeheizten Stimmung nach 09/11. Trotz aller Vorsicht war der Regierung Schröder klar, dass an einer engeren Zusammenarbeit mit den US-Diensten, auch mit der NSA, kein Weg vorbei führt.[193] Zehn Jahre später wird durch die Dokumente Snowdens öffentlich, dass schon damals Schröders Kommunikation von der NSA überwacht wurde. Dokumente aus dem Snowden-Archiv belegen, dass der Kanzler 2002 in die sogenannte National SIGINT Requirement List unter der laufenden Nummer 388 geführt wurde. Diese Liste erfasst jene Personen, deren Kommunikation von der NSA permanent überwacht wird bzw. wurde. Sie zeigt, dass seit 2002 der jeweilige deutsche Bundeskanzler abgehört wurde. Sowohl Text als auch das gesprochene Wort wurden neben den Verbindungsdaten aufgezeichnet und gespeichert. Die deutschen Behörden sprechen von einem gezielten Abhören der Regierungskommunikation, und das nicht nur auf Deutschland beschränkt. Dabei ist die Existenz der National SIGINT Requirement List nichts Neues.

Die Stasi hatte zahlreiche Beweise für die Spionagetätigkeit der Amerikaner in Deutschland gesammelt, die nach der Wende in die Verwaltung der Gauck-Behörde übergingen. Kern der Sammlung war die National SIGINT Requirement List ein 4258 Seiten starkes Dokument, in dem die NSA ihre Abhörprioritäten in Deutschland festlegte. Das Dokument spiegelte das damalige Interessenprofil amerikanischer Dienststellen wider und somit das der amerikanischen Regierung. Es zeigt u. a. auf, wie intensiv die NSA schon damals Westdeutschland und die Bundesregierung ausspionierte.[194] Spätestens seit diesem Zeitpunkt war das Ausmaß der

US-Spionage bekannt. Die Unterlagen wurden 1992 von der Regierung Kohl – nach erheblichem diplomatischem Druck – an die Amerikaner übergeben und gelten seither als verschollen.

Unmittelbar nach 09/11 sollte sich die Zusammenarbeit zwischen BND und NSA nach amerikanischen Vorstellungen an dem Muster der »Five Eyes« orientieren, einer engen Kooperation der fünf englischsprachigen Nachrichtendiensten USA, Australien, Kanada, Neuseeland und Großbritannien. Herzstück dieser Kooperation ist die weltweite Beschaffung und Auswertung technisch gewonnener Informationen. So wurde das Echelon Programm in seinen Ursprüngen von diesen fünf Diensten auf den Weg gebracht.[195] Nach 09/11 wurde das weltweite Netz der Five Eyes unter Führung der NSA wesentlich erweitert. Deutschland sollte unter der Regierung Schröder in diesem Konzept eine zentrale Rolle spielen, führen doch die meisten Glasfaserkabel über deutsches Territorium, und die Abhörstation in Bad Aibling war eine Investition, auf die die USA nicht verzichten konnte.

Die Regierung Schröder hatte dem amerikanischen Ansinnen nach einer engen, technisch ausgerichteten, nachrichtendienstlichen Zusammenarbeit nach 09/11 eine Absage erteilt. Ebenso dem Angebot, Deutschland als Partner im nachrichtendienstlichen Bereich aufzuwerten und stärker als bisher nachrichtendienstlich zu kooperieren. Dem Kanzler wurden Bedenken nachgesagt, in nachrichtendienstliche Operationen verwickelt zu werden, die von deutscher Seite aus nicht beeinflussbar waren.[196]

Die Operation Eikonal war politisch gesehen das Minimum dessen, was die Regierung Schröder glaubte an technischer Kooperation zwischen BND und NSA eingehen zu müssen. Das zwischen NSA und BND am 28. April 2002 unterschriebene »Memorandum of Agreement«[197] sah jedoch ein Sicherheitsnetz vor, um der deutschen Gesetzgebung Genüge zu tun. So sollte der NSA kein direkter Zugang zu dem Kommunikationsknoten in Frankfurt gewährt werden. Vielmehr wurden die Daten auf Basis eines Vertrages mit der Deutschen Telekom abgegriffen und nach Pullach verbracht, wo sie schließlich in Bad Aibling in die gemeinsame, vom BND und NSA betriebenen Anlage eingespeist wurden. Wie bereits erwähnt, wurde die Operation im Jahre 2008 eingestellt, auf deutscher

Seite vermutlich deshalb, weil nicht sichergestellt werden konnte, ob die Übergabe der Daten nicht doch gegen das Grundgesetz verstößt, und seitens der NSA vermutlich deshalb, um der Abhängigkeit vom BND als Zulieferer auszuweichen.

Mit der Übernahme der Regierungsgeschäfte durch Angela Merkel im Jahre 2005 nahm auch die kritische Haltung gegenüber den USA allgemein und auch gegenüber einer intensiveren Zusammenarbeit mit den amerikanischen Diensten ab. Bereits vor dem Auslaufen der Operation Eikonal hatte die NSA damit begonnen, ihr weltweites Netz von Abhöreinrichtungen auf der Basis bilateraler Verträge aufzurüsten.

Unter dem Operationsnamen RAMPART-A war die NSA nach 09/11 dazu übergegangen, Verträge mit Drittstaaten zum Zwecke der weltweiten Kommunikationsüberwachung abzuschließen. Im Wesentlichen erlauben diese »third party-partners« der NSA, auf ihre Fiber-Optic-Glasfaserkabel zuzugreifen und NSA-Ausrüstung zu stationieren. In diesen Zeitraum fallen auch die Verträge zur Aufrüstung der Echelon-Nachfolgeprojekte.[198] Hier liegt der Schlüssel für die Aufklärung der NSA-Affäre und die Prüfung der Authentizität der von Snowden vorgelegten Papiere.

Unter dem Programm RAMPART-A ist es den von Snowden veröffentlichten Dokumenten der NSA nach möglich, den Inhalt von »Telefonkonversationen, FAX, E-Mails, Internet Chats, Data from virtual private networks, and Calls made using Voice over IP software like skype« abzuhören. Insgesamt sind 33 Partnerstaaten in diesem weltweit aufgestellten Netzwerk namentlich aufgeführt, darunter Deutschland.[199]

Die Kooperation des deutschen BND wird von Mitarbeitern der NSA als weitreichend und eng beschrieben. Der frühere NSA-Mitarbeiter Thomas Drake, ebenfalls Zeuge im Untersuchungsausschuss, nannte in der Nacht auf den 4. Juli 2014 den Bundesnachrichtendienst einen »Wurmfortsatz der NSA«. Der BND arbeite eng mit der NSA zusammen und verstoße potenziell gegen die Verfassung, indem er Daten des Partners nutze. Die Behauptung des BND, man habe dort nichts von der massenhaften Datenüberwachung durch die NSA gewusst, sei angesichts dieser Kooperation »jenseits jeder Glaubwürdigkeit«.[200]

7. Gesetzliche Verankerung der Sonderstellung der Alliierten

Um die rechtliche Stellung und die damit einhergehenden Befugnisse der alliierten Geheimdienste in Deutschland richtig einzuordnen, muss man weiter ausholen und zu den Anfängen der Bundesrepublik Deutschlands zurückgehen. In der gesamten NSA-Affäre und in der Diskussion dazu war in keiner Phase davon die Rede, dass die NSA mit ihren Aktivitäten gegen bestehendes deutsches Recht verstoßen würde. Vielmehr wurde von den USA immer wieder argumentiert, dass dies nicht der Fall sei. Auch die Stellungnahmen der deutschen Regierung nach Bekanntwerden der NSA-Affäre waren äußerst zurückhaltend und moderat. Erst als der Verdacht aufkam, dass das Handy der Kanzlerin jahrelang überwacht worden war, reagierte die Bundesregierung heftiger.

Einer der Gründe für die moderate Haltung der Regierung Merkel ist das umfangreiche Regime, das die Alliierten in der Nachkriegszeit hinterlassen hatten, um die Souveränität Deutschlands in vielen Bereichen einzuschränken. Insbesondere im Bereich der Kommunikationsüberwachung, aber auch für die Aktivitäten der alliierten Nachrichtendienste auf deutschem Boden. Mit der deutschen Wiedervereinigung wurde dieses Regime nicht aufgehoben, vielmehr weiter zementiert und den neuen Erfordernisse – aus der Sicht der Alliierten – angepasst.

Während der Verhandlungen über den »Vertrag über die Beziehungen zwischen der Bundesrepublik Deutschland und den Drei Mächten« (Deutschlandvertrag), der im Jahr 1954 unterzeichnet wurde und 1955 in Kraft trat, war den westlichen Besatzungsmächten ein Punkt besonders wichtig: ein innerdeutsches Gesetz, das den Besatzungsmächten auch nach Beendigung der Besatzungszeit die Durchführung allgemeiner Überwachungsmaßnahmen ermöglichte.

Daher drängten die drei Westmächte von Anfang an auf den Aufbau eines deutschen Geheimdienstes, der in der Lage sein würde, sämtliche Formen der alliierten Überwachung des Post- und Fernmeldeverkehrs zu übernehmen. Dazu war aber weder das Bundesamt für Verfassungsschutz noch der BND in der Lage. Außerdem war es für die Regierung zum damaligen Zeitpunkt politisch unmöglich, die Verantwortung für ein derartiges Ansinnen der Alliierten zu übernehmen. In der Bevölkerung, im Parlament und in der Presse wäre ein solches Gesetz auf breiteste Ablehnung gestoßen. Die deutsche Bevölkerung erwartete, dass nach dem Erlangen der Souveränität die alliierte Zensur ihr Ende finden würde. Die berechtigte Befürchtung war, dass sich die Kritik an den Besatzungsmächten künftig gegen die Bundesregierung richten würde, wenn bekannt würde, dass die Bundesregierung auf Druck der Besatzungsmächte die ausländische Überwachung lediglich durch eine deutsche Überwachung ersetzt hatte.[201]

Während der Vertragsverhandlungen in Paris zur Ablösung des Besatzungsregimes befand sich Bundeskanzler Adenauer daher in einer schwierigen Situation. Ein Gesetz, das wie von den Westmächten gefordert, die Überwachung des Post- und Fernmeldeverkehrs erlaubte, konnte er nicht vorweisen. Dies hätte zur Folge gehabt, dass nach dem Ende der Besatzungsherrschaft entweder alle Überwachungsmaßnahmen hätten eingestellt werden müssen oder unter Bruch der Verfassung entweder von den Deutschen alleine oder gemeinsam mit den Alliierten fortgeführt werden können. Nachdem die Siegermächte in dieser Frage besonders unnachgiebig waren, schlug Adenauer vor, die drei Außenminister sollten ihm einen Brief schreiben, in dem sie sich das Recht auf Überwachung des Post- und Fernmeldeverkehrs so lange vorbehalten, bis die Bundesregierung aufgrund eines deutschen Gesetzes ermächtigt sei, eine entsprechende Überwachung durchzuführen.[202] Über den 5. Mai 1955 hinaus behielten sich die Alliierten somit weiterhin das Recht vor, Postsendungen und Fernmeldungen zu überwachen. Dieses Vorbehaltsrecht zum »Schutze der Sicherheit der Streitkräfte« sollte erlöschen, »sobald die zuständigen deutschen Behörden aufgrund einer deutschen gesetzlichen Regelung in der Lage waren, wirksame Maßnahmen zu ergreifen«.[203]

Das Vorbehaltsrecht gilt heute nicht mehr. Es wurde mit dem Erlassen des G-10-Gesetzes im Jahr 1968 abgelöst. Bis zu diesem Zeitpunkt, so das langjährige Mitglied der G-10-Kommission Claus Arndt (SPD), verhielten sich die Amerikaner wie eine Besatzungsmacht und hörten ab, wen sie abhören wollten.[204] Begründet wurde das Vorbehaltsrecht mit dem Zusatzabkommen zum NATO-Truppenstatut, wonach Deutschland zur Zusammenarbeit mit den USA zum Schutze der in Deutschland stationierten amerikanischen Truppen verpflichtet war. In der Praxis haben sich nach 1968 eigentlich nur die Rechtsgrundlagen für das Agieren der Alliierten in Deutschland geändert. Der Datenhunger der USA war auch nach Inkrafttreten des G-10-Gesetzes so gewaltig, dass wöchentlich ein Lkw samt Anhänger, voll beladen mit Bändern vom Telefonknoten in Hamburg, in die BND-Zentrale nach Pullach gebracht und von dort aus an US-Dienststellen weitergeleitet wurde.[205] Nach Pullach deshalb, da nach Inkrafttreten des G-10-Gesetzes 1968 die deutschen Dienste die Aufgabe übernahmen, die Kommunikation zu überwachen.

Letztendlich mussten sich die Abgeordneten Ende der Sechzigerjahre diesem einseitigen Überwachungsvorbehalt der Alliierten unterwerfen und ein den Vorstellungen der Westmächte entsprechendes Gesetz erlassen. Hierbei handelt es sich um eine Ergänzung des Grundgesetzes, das bereits erwähnte G-10-Gesetz[206] zur Beschränkung des Brief-, Post- und Fernmeldegeheimnisses.[207] Mit dem G-10-Gesetz wurde zwar das Vorbehaltsrecht nach dem Vertrag über die Beziehungen zwischen der Bundesrepublik Deutschland und den drei Mächten 1955 abgelöst. Die Verpflichtung zur engen geheimdienstlichen Zusammenarbeit auf beiden Seiten und der strikten Geheimhaltung, vor allem auf dem Gebiet der Überwachung, der Sammlung, des Austausches und des Schutzes aller Nachrichten, die für diese Zwecke von Bedeutung sind, hatte bereits seine rechtliche Verankerung in Art. 4 des Truppenvertrages von 1955 und in Art. 3 des Zusatzabkommens zum NATO-Truppenstatut gefunden und hat bis heute, in abgeänderter Form, Gültigkeit.

Die Arbeitsteilung zwischen amerikanischen Dienststellen und den deutschen Diensten hat sich bis heute im Wesentlichen nicht verändert. Unter Abstützung auf die deutschen Dienste BND und Verfassungsschutz wird auf der Basis gültiger internationaler Verträge oder Arbeitsabkommen zusammengearbeitet. Die Alliierten stellen Anträge zur Überwachung, die vom BND oder dem Verfassungsschutz dann abgearbeitet werden, oder sie arbeiten auf deutschem Boden ohne die Einbindung lokaler Behörden. Lediglich die Zusammenarbeit mit der NSA gestaltet sich unterschiedlich: Die intensive technische Zusammenarbeit zwischen BND und NSA läuft automatisch und gilt als nur eingeschränkt von deutscher Seite her kontrollierbar.

Was dem BND rückblickend und im Lichte der NSA-Affäre vorgeworfen wird, ist der Verdacht, dass der BND technisch nicht in der Lage ist, die amerikanischen Begehrlichkeiten nach Informationen und Daten einer nachhaltigen Kontrolle zu unterwerfen. Schon die damalige Situation wurde vom Abgeordneten Claus Arndt mit der Beobachtung charakterisiert: »Aus amerikanischer Sicht gab es nichts, was nicht für die Sicherheit ihrer Truppen relevant war.«[208] Das war mehr als 20 Jahre, bevor das Projekt Echelon öffentlich wurde, und mehr als 40 Jahre vor den Veröffentlichungen durch Snowden. Im Wesentlichen hat sich im Hinblick auf den Datenhunger der amerikanischen Behörden, allen voran der NSA, nichts geändert, lediglich die technischen Möglichkeiten der Erfassung und der Speicherung übersteigen mittlerweile unsere Vorstellungskraft.

In einer inoffiziellen Zusatzvereinbarung zum G-10 Gesetz vom 28. Oktober 1968 stimmen die Vertragsparteien überein, dass zwar das Vorbehaltsrecht bezüglich Brief-, Post- und Fernmeldeverkehr abgelöst wurde, aber sowohl die deutschen als auch die Behörden der Stationierungskräfte weiterhin verpflichtet bleiben, in gegenseitiger Unterstützung und enger Zusammenarbeit die Sicherheit der Bundesrepublik Deutschland, der Entsendestaaten und deren Truppen in Deutschland zu gewährleisten. Nach NATO-Recht sind also sowohl Deutsche als auch Alliierte weiterhin daran gebunden, alle Nachrichten zum Schutz zu sammeln und die Ergebnisse untereinander auszutauschen und gemeinsame Operationen durchzuführen.[209]

Nach einem geheimen Zusatzabkommen zwischen Deutschland und den Alliierten, das bis heute Geltung hat, wird den drei Mächten Befugnis für eigene Überwachungsmaßnahmen eingeräumt. In einer Note vom 27. Mai 1968 bestätigt das Auswärtige Amt den Alliierten,[210] dass »jeder alliierte Militärbefehlshaber berechtigt ist, im Falle einer unmittelbaren Bedrohung seiner Streitkräfte die angemessenen Schutzmaßnahmen zu ergreifen, die erforderlich sind, um die Gefahr zu beseitigen«.[211]

Der Bündnisfall 09/11

Art. 5 des NATO-Vertrages nimmt Bezug auf Art. 51 der UN-Charta, der das Selbstverteidigungsrecht eines jeden UN-Staates im Falle eines »bewaffneten Angriffs« unterstreicht: »Diese Charta beeinträchtigt im Falle eines bewaffneten Angriffs gegen ein Mitglied der Vereinten Nationen keineswegs das naturgegebene Recht zur individuellen oder kollektiven Selbstverteidigung, bis der Sicherheitsrat die zur Wahrung des Weltfriedens und der internationalen Sicherheit erforderlichen Maßnahmen getroffen hat. [...]«.[212]

Der Sicherheitsrat verabschiedete nach den Anschlägen von 09/11 zwei Resolutionen, die den Terrorakt verurteilen und den betroffenen Staaten das Recht zur individuelle und kollektive Selbstverteidigung einräumen.[213] Damit wurde der Weg frei für die Ausrufung des Bündnisfalls durch die NATO.

Art. 5 des Nordatlantikvertrages ist dessen Kernstück. In diesem Artikel wird von den unterzeichnenden Parteien vereinbart, dass »ein bewaffneter Angriff gegen eine oder mehrere von ihnen in Europa oder Nordamerika als ein Angriff gegen sie alle angesehen wird«. Mit Bezug auf oben genannten Art. 51 der UN-Charta verpflichteten sich die Vertragsparteien außerdem, im Bündnisfall Beistand zu leisten, »indem jede von ihnen unverzüglich für sich und im Zusammenwirken mit den anderen Parteien die Maßnahmen, einschließlich der Anwendung von Waffengewalt, trifft, die sie für erforderlich erachtet, um die Sicherheit des nordatlantischen Gebiets wiederherzustellen und zu erhalten«. Mit welchen

Mitteln der Mitgliedstaat den Bündnispartner unterstützt, liegt in seinem Ermessen.[214]

Als Reaktion auf die Anschläge vom 11. September 2001 traf sich der Nordatlantikrat bereits am 12. September 2001 und stimmte überein, dass »dieser Anschlag, falls festgestellt wird, dass er vom Ausland aus gegen die Vereinigten Staaten verübt wurde, als Handlung im Sinne des Art. 5 des Washingtoner Vertrags angesehen wird.«[215] Offiziell beschlossen wurde der Bündnisfall am 4. Oktober 2001, nachdem die US-Regierung am 2. Oktober 2001 Beweise vorgelegt hatte, die einen bewaffneten Angriff der Taliban beziehungsweise al-Qaidas auf die USA belegen sollten.

Die diplomatischen Vorstöße von UNO und NATO erfolgten etwas überraschend, beinahe synchron. Die UNO verabschiedete bereits einen Tag nach 09/11, also am 12. September 2001, eine erste Resolution, und am selben Tag wurde im NATO-Rat die Option des Bündnisfalles als Reaktion auf 09/11 diskutiert.[216]

Der 2001 ausgerufene Bündnisfall ist weiterhin in Kraft, mit der Begründung, dass »der Angriff im Sinne des Art. 51 der Satzung der Vereinten Nationen mit den Anschlägen des 11. September 2001 nicht abgeschlossen war, sondern fortgesetzt wurde, auch in weiteren Anschlägen und Anschlagsversuchen seinen Ausdruck gefunden hat und bis heute andauert«.[217]

Die Formulierung, wonach der alliierte Militärkommandant im Falle einer Bedrohung die »angemessenen Schutzmaßnahmen«, ergreifen kann, »um die Gefahr zu beseitigen«, wird im Lichte der terroristischen Bedrohung nach Art. 5 zu einer Art Generalbevollmächtigung sämtlicher Aktivitäten alliierter Einrichtungen in Deutschland. Da der Begriff »angemessene Schutzmaßnahmen« sehr offen definiert ist, fallen darunter auch die präventive Überwachung der Kommunikation, sämtliche geheimdienstliche Tätigkeiten sowie der uneingeschränkte Gebrauch von Waffengewalt.[218] Das Regime des Kalten Krieges hat auf deutschem Boden weiterhin Gültigkeit.

Aktualität wird dieser Bestimmung insbesondere nach 09/11 beigemessen, da die USA sich bis heute auf den Art. 5 des Nordatlantikvertrages berufen und darin die Beistandsklauseln auf terroristische Aktivitäten ausgeweitet haben.

Wie politisch heikel dieses Thema für die deutsche Außen- und Sicherheitspolitik zu sein scheint, wird durch folgenden Vorgang deutlich. Am 17. Dezember 2013 stellte die Fraktion Die Linke einen Antrag auf Beendigung des Bündnisfalls an den Bundestag. Nach Auffassung der Antragsteller lagen die Voraussetzungen für den Bündnisfall nicht vor. Der Antrag wurde am 17. Januar 2014 mit den Stimmen der CDU/CSU und der SPD in einer Beschlussempfehlung des Auswärtigen Ausschusses ohne weitere Begründung abgelehnt.[219]

Es versteht sich von selbst, dass angesichts der permanenten terroristischen Bedrohung (auch der US-Truppen in Deutschland) die USA alles vertraglich abgesichert unternehmen darf, um die Sicherheit der eigenen Streitkräfte zu gewährleisten. Was der Claus Arndt als Mitglied der G-10-Kommission bereits in den Sechziger- und Siebzigerjahren konstatierte, um die amerikanischen Begehrlichkeiten auf deutschem Boden zu charakterisieren, das gilt heute umso mehr: »Aus amerikanischer Sicht gab es nichts, was nicht für die Sicherheit ihrer Truppen relevant war.«[220] 50 Jahre später ist es der Krieg gegen den Terror, mit dem die enge Kooperation zwischen Deutschland und den USA begründet wird.

Die Inanspruchnahme des Bündnisfalles nach Art. 5 unter Berufung auf 09/11 erweist sich als eine Möglichkeit, die bereits eingeschränkte deutsche Souveränität aufgrund der geltenden Vertragslage, praktisch ohne Ablaufdatum, weiter einzuengen und den politischen Druck auf Deutschland zur Zusammenarbeit zu erhöhen.

Warum die Bundesregierung weiter mauern wird

Die Sonderstellung der ehemaligen Alliierten, in diesem Fall der USA, besteht aber nicht erst seit der Ausrufung des Bündnisfalls nach Art. 5, sie beruht auf einer Vielzahl von Zielen und Interessen, seit den Fünfziger- und

Sechzigerjahren bestehenden Verträgen, gesetzlichen Regelungen und Zusatzvereinbarungen, die von allen bisherigen deutschen Regierungen respektiert wurden. Dadurch ist ein gewohnheitsrechtlicher Anspruch für die Alliierten entstanden. Dies bedeutet für die Bundesrepublik, »solange es auf deutschem Boden alliierte Truppen, militärische Standorte und Einrichtungen gibt, wird es auf deutschem Boden und von deutschem Boden aus alliierte, insbesondere amerikanische Überwachungsmaßnahmen geben.«[221] Dies ist eine der Erklärungen, warum die Ermittlungen in der NSA-Affäre in Deutschland ins Leere laufen und auch für die verhaltene Reaktion der Politik.

Auch die Wiedervereinigung Deutschlands 1990 brachte nicht, wie von der Opposition gefordert, eine vollständige Einstellung der Überwachung des Post- und Fernmeldeverkehrs durch die Alliierten und eine Überprüfung und Kündigung bestehender Verträge. Im Gegenteil, Helmut Schäfer, damaliger Staatsminister im Auswärtigen Amt, bestätigte stattdessen, dass die Aktivitäten der als militärische Einheiten organisierten US-Geheimdienste aus dem Aufenthaltsvertrag vom 23. Oktober 1954 und den Zusatzvereinbarungen zum NATO-Truppenstatut von 1959 ihre rechtliche Legitimität beziehen und in der revidierten Form von 1994 bis heute gültig sind.[222] Im »Vertrag über die abschließende Regelung in Bezug auf Deutschland« vom 12. September 1990 wurde einzig ein Abzug der sowjetischen Truppen aus Deutschland vereinbart. Mehr noch, zwei Wochen nach Unterzeichnung des Vertrages bekräftigten die drei Westmächte und Deutschland durch Notenaustausch vom 25. und 28. September 1990 die fortwährende Gültigkeit der Verträge und Vereinbarungen aus den Fünfzigerjahren zur Westeinbindung der Bundesrepublik Deutschland. Es bleiben also weiterhin folgende Verträge in Kraft: der Aufenthaltsvertrag von 1955, der die Stationierung nach Besatzungsrecht regelt[223], der Berlin-Vertrag von 1990, der den Aufenthaltsvertrag auf Berlin ausweitet[224], der Überleitungsvertrag von 1955, mit dem die alliierten Gesetze in Kraft bleiben[225], das NATO-Truppenstatut von 1951 zum Beitritt der Bundesrepublik[226], sowie der Zusatzvertrag zum NATO-Truppenstatut von 1959 in seiner revidierten Fassung von 1994[227].

Mit dem Recht auf Stationierung alliierter Truppen in Deutschland sind auch viele Privilegien und Sonderrechte verbunden. Zu diesen Rechten gehört unter anderem die Geltung amerikanischen Rechts auf deutschem

Boden. Dieses Recht umfasst nicht nur die Botschaften und Konsulate, sondern auch alle US-Basen einschließlich des darüber liegenden Luftraums in Fragen der Sicherheit, des Schutzes der Truppen und der US-Geheimdienste.[228] Geblieben ist auch die Generalvollmacht zur Überwachung des Post- und Fernmeldeverkehrs. Unter der »befriedigenden Erfüllung der Verteidigungspflichten« ist es den Amerikanern erlaubt, dazu amerikanische Militärstandorte, eigens dafür eingerichtete bzw. mit deutschen Geheimdiensten genutzte Abhör- und Überwachungsstationen zu diesem Zwecke zu nutzen.[229] Weiterhin besteht ebenfalls die Verpflichtung zur engen Zusammenarbeit[230] sowie das strikte Geheimhaltungsgebot und die Gleichsetzung und Gleichbehandlung amerikanischer und deutscher Amtsgeheimnisse. Beide Seiten sind dazu verpflichtet, Informationen, die die Sicherheit gefährden, weder in der Öffentlichkeit noch vor Gericht jemals bekannt zu geben.[231] Einmal mehr ist dies die Erklärung für die Haltung der Bundesregierung gegenüber dem Parlamentarischen Untersuchungsausschuss im Hinblick auf die Einsichtnahme von Unterlagen.

Das Geheimhaltungsgebot verpflichtet so zum Beispiel die deutsche Kanzlerin vor der Vorlage jeglicher Dokumente (sei es nun dem Parlament, dem Gericht oder einem Untersuchungsausschuss), die ein Amtsgeheimnis der beteiligten Staaten preisgeben könnten, die Einwilligung der USA einzuholen. So war der Versuch der Regierung im Jahre 2003, eine Art »No-Spy-Abkommen« mit den USA zu erreichen, von Anfang an eher eine PR-Veranstaltung zur politischen Entlastung der deutschen Regierung als ein ernst zu nehmender Versuch, die Rechte der Alliierten einzuschränken.

Der USA steht das vertraglich verbriefte Recht zu, in allen Geheimdienstangelegenheiten, so auch bei der Überlassung von sensiblen Informationen, abschließend zu befinden. Diese Vorgehensweise beruht auf Art. 38 des Zusatzvertrages des NATO-Truppenstatus. Gibt es einen Einwand vonseiten der USA, so muss die Bundesregierung alles in ihrer Macht stehende tun, um diesem Einwand zu entsprechen.

Fazit, Deutschland ist bis heute ein besetztes Land. Mehr noch: Der Verdacht ist nicht von der Hand zu weisen, dass die USA im Wege ihrer

vertraglich abgesicherten Zusammenarbeit mit BND und Verfassungsschutz Deutschland zu einer Drehscheibe ihrer elektronischen Aufklärung in Europa ausgebaut haben.

Die Inanspruchnahme der NATO-Beistandsklausel nach Art. 5 für 09/11
wurden von den USA politisch, militärisch und vor allem nachrichtendienstlich weiträumig genutzt, um die Souveränität Deutschlands weiter
zu beschneiden. Verfassungsschutz und BND waren nicht nur die Hände
gebunden, vielmehr wurden beide Institutionen in weitreichende bilaterale Kooperationen einzementiert. Schließlich war die Zusammenarbeit
in der Terrorismusbekämpfung oberste politische Maxime und wird es
trotz Snowdens Enthüllungen weiter bleiben.

Bis zu dem Zeitpunkt des Aufkommens der NSA-Affäre bestand für
Deutschland keine Notwendigkeit zum Aufbau eigener und von den USA
unabhängiger Aufklärungskapazitäten. Das war über die Jahre hindurch
für die deutsche Politik durchaus bequem, schon alleine deshalb, da weder der BND noch der Verfassungsschutz mit den technischen und personellen Erfordernissen auch zum Zwecke der Terrorismusbekämpfung
schritthalten konnten. Dies führte zu einer weitgehenden technischen Abhängigkeit von alliierten Einrichtungen, Know-how und Ressourcen. Ohne die bedingungs- und selbstlose Zusammenarbeit mit den US-Diensten, in und auch außerhalb Deutschlands, schien die deutsche Sicherheit
nicht gewährleistet zu sein. Unter diesen Umständen war von einer funktionierenden deutschen Spionageabwehr nicht mehr die Rede. Das Credo
der absoluten Zusammenarbeit der deutschen Sicherheitsbehörden mit
den USA in der Terrorismusbekämpfung hat jede Sensibilität für die Notwendigkeit einer Spionageabwehr überdeckt.

Ende der Achtzigerjahre waren die deutschen Sicherheitsbehörden mit
einer immer stärker engagierten NSA in Deutschland konfrontiert. Im
Februar 1989 – im Vorfeld der friedlichen Revolution in der DDR, die
im Laufe des Jahres zum Fall der Mauer und in seiner Folge 1990 zur
Wiedervereinigung führen sollte – erschien eine für die damalige Zeit bemerkenswerte und politisch brisante *Spiegel*-Titelgeschichte, die sich mit
den Sonderrechten der alliierten Dienste in Deutschland, allen voran der
NSA, auseinandersetzte. Heute, 28 Jahre später, muss sie wohl in einem

anderen Licht gelesen werden. Der Artikel kommt zum Schluss, dass sich die NSA inzwischen zum »aggressivsten US-Nachrichtendienst« entwickelt hat. »Von alliierten Sonderrechten ermächtigt und durch Gesetze geschützt, von allzeit schussbereiten Sicherheitskräften bewacht, von Kamera-bestückten Stacheldrahtzäunen und elektronischen Schutzschilden umhüllt, hat sich die NSA zu einer Monsterorganisation entwickelt, die in einem politischen Vakuum weitgehend nach eigenem Gutdünken operiert.«[232] Schon damals hatte die deutsche Bundesregierung kaum Einfluss auf die Aktivitäten der amerikanischen Dienste auf deutschem Boden.

Nach der Wiedervereinigung wurde die Rolle der amerikanischen Dienste in Deutschland für die USA noch bedeutender. Nach wie vor begegneten die Vereinigten Staaten Deutschland mit Misstrauen. Aber nicht nur deshalb, sondern auch aufgrund der Tatsache, dass die NSA in Deutschland über verbriefte Rechte verfügte und die Bundesregierung diese auch zu schützen hatte, verstärkte die NSA ihre Einrichtungen in den Neunzigerjahren massiv.

In diese Zeit fällt auch der Siegeszug des Internet, womit sich der NSA und anderen Nachrichtendiensten völlig neue Möglichkeiten boten. Heute wird deutlich, dass Deutschland mehr als nur einen Feldversuch der NSA darstellte, um das Land politisch und wirtschaftlich zu kontrollieren. Es spricht vieles dafür, dass die Agency und ihre amerikanischen Schwesterorganisationen Deutschland als europäischen Brückenkopf für die Überwachung der weltweiten Telekommunikation und der Telefonie ausgebaut haben. Und das unter tatkräftiger Mithilfe deutscher Dienste und anderer Institutionen.

Die Ereignisse rund um 09/11 änderten die offizielle Argumentation im Hinblick auf die immense Dichte der amerikanischen. Kommunikationsüberwachung in Deutschland. Plötzlich stand die bedingungs- und vorbehaltlose Zusammenarbeit in der Terrorismusbekämpfung ganz oben auf der politischen Agenda, allerdings nicht nur in Deutschland. Mit dem Argument, dass vor allem Deutschland auf die Zusammenarbeit mit den USA in der weltweiten Bekämpfung des Terrorismus angewiesen ist, wurde die letzte kritische Stimme in der deutschen Spionageabwehr übertönt. 15 Jahre später, bedurfte es eines E. Snowdens, um überhaupt eine

Vorstellung davon zu entwickeln, wie sehr die deutsche Politik und die deutschen Dienste von den USA kontrolliert und gesteuert werden. Dass dies auf einem soliden rechtlichen Fundament ruht, erklärt, warum die USA bisher sehr gelassen auf die lauen Ermittlungsansätze in der NSA-Affäre reagiert haben, während die deutsche Bundesregierung sich an der Aufklärung nur zögerlich beteiligt.

In all den veröffentlichten Dokumenten fällt nur ein Argument nicht unter das vertraglich garantierte Recht zur (fast) uneingeschränkten Spionage der USA auf deutschem Boden: Dies sind die amerikanischen Ansätze, die deutsche Wirtschaft in das gezielte Sammeln von Daten einzubeziehen, Daten, die einzig dem Zweck der Wirtschafts- und Industriespionage dienen. Die Erodierung von BND und Verfassungsschutz war schon so weit fortgeschritten, dass diesen Organisationen heute vorgeworfen werden kann, Beihilfe zur Spionage der USA gegen deutsche Interessen geleistet zu haben. Es ist daher auch nicht verwunderlich, dass die Ermittlungen des deutschen Verfassungsschutzes in der NSA-Causa zu keinem strafrechtlich relevanten Ergebnis geführt haben und eingestellt wurden.

Terrorismusbekämpfung auch für die NATO ein Glücksfall

Schon vor den Ereignissen des 11. Septembers hatte die Terrorismusbekämpfung für die NATO einen hohen Stellenwert, dies spiegelt sich nicht nur in den Abschlusserklärungen sämtlicher NATO-Gipfel seit 09/11 wider, sondern lässt sich bereits aus dem neuen Strategischen Konzept aus dem Jahre 1999 ablesen. Das von den Staats- und Regierungschefs auf dem Warschauer Gipfel 1999 verabschiedete strategische Konzept nimmt erstmals auch Bezug auf globale Sicherheitsinteressen des Bündnisses. Neben Sabotage, organisiertem Verbrechen sowie den Konsequenzen aus der Unterbrechung der Zufuhr lebenswichtiger Ressourcen ist auch von der vom Terrorismus ausgehende Gefährdungslage des Bündnisses die Rede.[233] Die klassischen Aufgabenbereiche der NATO werden nun auf aktuelle Bedrohungen wie Terrorismus und Cyber-Security ausgeweitet.[234]

Obwohl dieses Konzept Bezug nimmt auf die neuen Bedrohungen, bekannt unter dem Begriff asymmetrische Kriegsführung, zeigt es sich bereits sechs Jahre nach Implementierung als zu wenig weitreichend. Die russische »Kriegsführung« hat spätestens seit der Annexion der Krim einen neuen Begriff geprägt, dem sich die NATO in ihrer konzeptionellen Doktrin bisher noch nicht gestellt hat: Der sogenannten hybriden Kriegsführung. Darunter versteht man »eine flexible Mischform der offen und verdeckt zur Anwendung gebrachten, regulären und irregulären, symmetrischen und asymmetrischen, militärischen und nicht-militärischen Konfliktmittel mit dem Ziel, die Schwelle zwischen den völkerrechtlich angelegten binären Zuständen Krieg und Frieden zu verwischen«.[235]

Direkt nach den Anschlägen von 09/11 wurde der Informationsaustausch zwischen Vertretern militärischer und ziviler Geheimdienste stärker institutionalisiert, um so die Anti-Terror-Kooperation zwischen den national verfügbaren Ressourcen, aber auch zwischen den NATO-Partnern, zu verbessern. So wurde die NATO-Operation im Mittelmeer Active Endeavour (OAE) unter Beteiligung der deutschen Marine mit dem Bündnisfall nach Art. 5 begründet. Diese Operation wurde bereits am 26. Oktober 2001, also unmittelbar nach 09/11, ins Leben gerufen und war bis November 2016 die einzige Art. 5-Operation mit unmittelbarem Bezug auf die maritime Zusammenarbeit der NATO im Mittelmeerraum zum Zwecke der Terrorismusbekämpfung. Interessant ist die neue Rolle, welche die NATO unter dem Schirm des Art. 5 subsumiert:

»This expertise is relevant to wider international efforts to combat terrorism and, in particular, the proliferation and smuggling of weapons of mass destruction, as well as enhanced cooperation with non-NATO countries and civilian agencies.«* [236]

Die Schaffung der Operation Active Endeavour im Mittelmeer führte zu einer engeren Zusammenarbeit der maritim ausgerichteten Nachrichtendienste und der Dienste der nordafrikanischen Anrainerstaaten, denen

---

* »Diese Sachkenntnis ist wichtig für die weiteren internationalen Bemühungen zur Bekämpfung von Terrorismus und besonders der Weiterverbreitung und dem Schmuggel von Massenvernichtungswaffen sowie der vertieften Zusammenarbeit mit Nicht-NATO-Staaten und zivilen Einrichtungen.«

eine besondere Rolle in der Aufklärung beigemessen wurde. In einer Aussendung der NATO wird der italienische Vizeadmiral Cesaretti zitiert, der
die Operation im Lichte der Zusammenarbeit der Nachrichtendienste
hervorhebt:

>»The aim is to develop a much more effective information collection and ana-
lysis system and to change the character of the operation from one that is in-
telligence-supported to one that is intelligence-driven.«** [237]

Die Operation Active Endeavour lief seit Oktober 2001 als Art. 5-Opera-
tion und wurde am 09. November 2016 von der Operation Sea Guardian
abgelöst. Damit endete die einzige Art. 5-Operation der NATO als unmittelbare Folge von 09/11, nicht jedoch der nach wie vor aktive Bündnisfall
nach Art. 5.

Bereits beim NATO-Gipfel 2004 in Istanbul wurde ein Arbeitsprogramm
zur Terrorismus-Abwehr verabschiedet, um primär technische Lösungen zu finden und um die Effekte von terroristischen Anschlägen abzu-
schwächen. Von den zehn laufenden Projekten im Rahmen der NATO
leitet Deutschland das Technologie-Projekt zur Nachrichtengewinnung,
Aufklärung, Beobachtung und Zielerfassung (Technologies for Intelligence, Reconnaissance, Surveillance and Target Acquisition, IRSTA); mit
ihm sollen Systeme zur Frühwarnung und Erkennung terroristischer
Aktivitäten entwickelt werden. [238]

Aber nicht nur die NATO erhielt durch die terroristische Bedrohungslage
neuen Aufwind. Über Jahre hatten institutionalisierte Foren oder Plattformen für den nachrichtendienstlichen Informationsaustausch stagniert.
Die Counter Terrorism Group (CTG) ist eines von vielen Beispielen, die
seit den Anschlägen in New York im Rahmen der EU die Zusammenarbeit der Dienste in Europa vorantreiben soll. Mit den Terroranschlägen in
Paris 2015 erhielten solche Foren abermals Aufwind. Die EU-Kommission

---

** »Ziel ist, eine deutlich effektivere Informationsgewinnung und ein effektiveres
Analysesystem zu entwickeln sowie den Charakter der Operation von ›geheimdienstlich unterstützt‹ in ›geheimdienstlich geleitet‹ zu wandeln.«

startete Mitte 2016 einen erneuten Versuch, den Informationsaustausch zwischen den Trägern der Terrorismusbekämpfung zu intensivieren. Gemeint sind hier Polizeibehörden und Dienste.

Polizeiliches versus nachrichtendienstliches Informationsaufkommen

Seit dem Jahr 1971 existiert der Berner Club. Dabei handelt es sich um ein informelles Konsultationsforum der Inlandsdienstchefs der 28 EU-Mitgliedstaaten plus Schweiz und Norwegen. Der Club hat insbesondere nach 09/11 als Form des Meinungsaustausches zwischen den europäischen Diensten an Bedeutung gewonnen. Ursprünglich streng informell aufgestellt, entwickelte er sich zu einem politisch gut abgesicherten, internationalen Gremium. Ein Sekretariat existiert ganz bewusst auch mehr als 40 Jahre nach der Gründung nicht. Wohl ist man aber mittlerweile dazu übergegangen, mittels Tagungsordnungspunkten und Agenda die mindestens halbjährlichen Treffen zu strukturieren. Man würde vermuten, dass in diesem Gremium der Themenkomplex der amerikanischen Spionage in Europa angesprochen wurde. Bisher war dies nicht der Fall, dafür sorgte sehr konsequent der britische Nachrichtendienst MI5, der es gut verstand, die amerikanische Interessenlage auch in diesem Gremium mit zu vertreten. Im Windschatten seiner Schützenhilfe brauchte die NSA nicht zu befürchten, dass die Inhalte ihrer bilateralen Kooperationen mit den EU-Diensten thematisiert wurden, obwohl die im Berner Club vertretenen Organisationen überwiegend auch für die Spionageabwehr zuständig sind. Einmal mehr zeigt sich, wie fehlende europäische Integration und britische Blockade, hier im Intelligence Bereich, europäische Interessen unterläuft und der NSA – und nicht nur dieser – in Europa weitgehend freie Hand garantiert.

Im Jahr 2002 wurde vom Berner Club die Counter Terrorism Group (CTG) ins Leben gerufen. Erst Mitte 2016, also 14 Jahre später, wird auf europäischer Ebene die Schaffung eines »Fusionszentrums« erwogen, wobei die CTG durch ihre Rolle im Fusionszentrum aufgewertet werden soll. Seit Juni 2016 haben sich die Mitglieder des Berner Clubs zu einer

»Plattform« unter dem Schirm von Europol in Den Haag zusammenge-
schlossen. Ziel ist die Institutionalisierung des Informationsaustausches
zwischen Nachrichtendiensten und Polizeibehörden. Europol soll den polizeilichen Part abdecken und die CTG den nachrichtendienstlichen.[239]

Die Initiative dafür ging von der Europäischen Kommission aus. Es ist
ein notwendiger Schritt, um einem nationalen wie internationalem Manko entgegenzuwirken: der Zurückhaltung beim Austausch von Informationen zwischen Polizeidienststellen und Nachrichtendiensten. Aus
deutscher Sicht wird seitens der Opposition dagegen argumentiert, dass
das verfassungsrechtlich verankerte Trennungsgebot de facto unterlaufen wird, zumal der Verfassungsschutz in einem solchen internationalen Gremium unmittelbaren Zugang sowohl zu polizeilichen als auch zu
nachrichtendienstlichen Informationen hätte. In der Realität der nachrichtendienstlichen Zusammenarbeit – insbesondere für den Bereich der
Terrorismusbekämpfung – ist es allerdings bereits seit Langem geübte
Praxis, nationale Restriktionen (z. B. Trennungsgebot, richterliche Genehmigung für das Abhören von Verdächtigen) durch Auslagerung an Partnerdienste zu umgehen. Denken Sie an die oben zitierte Aussage Thomas
Drakes vor dem deutschen Untersuchungsausschuss in der NSA-Affäre.

Solche und andere internationale Projekte im Intelligence oder polizeilichen Bereich gestalten sich zeit- und personalintensiv und tragen in der
Regel wenig dazu bei, die unmittelbare terroristische Bedrohungslage ab-
zubauen. Im Gegenteil: Die Einbindung nationaler nachrichtendienstlicher Ressourcen in übergeordnete internationale Konzepte bzw. Ansätze der Terrorismusbekämpfung, sei es innerhalb der NATO oder der EU
oder wie in diesem Fall bei Europol, führt in der Regel zur Ausdünnung
von nationalen Ressourcen und damit zu mehr Unsicherheit.

Die Erfahrung seit 09/11 zeigt, dass belastbare Intelligence, auch in kritischen Sicherheitsbereichen wie der Terrorbekämpfung, mit anderen
Partnern nur im Zuge gemeinsamer polizeilicher und nachrichtendienstlicher Operationen in Echtzeit geteilt wird. Die grenzüberschreitenden
Zugriffe nach den Anschlägen in Paris sind Beispiele dafür. Es wäre undenkbar, solche gefährdungsrelevanten Informationen über internationale Plattformen auszutauschen. Daran wird sich auch mit dem Ansatz der

Kommission zur Einrichtung eine »Fusionszentrums« bei Europol nichts ändern. Diese Ansätze der Kommission zur zielgerichteteren Zusammenführung von polizeilichen und nachrichtendienstlichen Informationsaufkommen im Rahmen einer internationalen Plattform bei Europol ist ein langfristiges Projekt. Angebracht ist in diesem Zusammenhang aber der Hinweis, dass die US-Dienste kein Mitglied im Berner Club sind und daher auch nicht in der CTG oder bei Europol. Es bleibt abzuwarten wie sich der bevorstehende Austritt Großbritanniens aus der EU auf die nachrichtendienstliche Einbindung der britischen Dienste auswirken wird. Anzunehmen ist, dass sich Großbritannien einen ähnlichen Status im Berner Club sichern wird wie Norwegen und die Schweiz.

Die strategischen Profiteure solcher multinationalen Kooperationen im Intelligence-Bereich oder bei Projekten der polizeilichen Zusammenarbeit sind in der Regel jene Dienste, die in der Lage sind, grenzüberschreitend zu agieren und dafür auch über genügend Ressourcen verfügen. Dienste von kleineren Ländern und solche, die aufgrund der national angespannten Terrorlage bereits ausgedünnt sind, bringen solche Kooperationen an der Rand ihrer Leistungsfähigkeit. Dies gilt uneingeschränkt auch für die deutschen Dienste.

8. Die deutsche Sicherheitsarchitektur

Nach dem Zweiten Weltkrieg besetzten die Siegermächte Deutschland mit dem Ziel, dass es nie wieder ein Sicherheitsrisiko für Europa darstellen dürfe. Mit dem aufkeimenden Konflikt zwischen der Sowjetunion und dem Westen und dem damit einhergehenden Beginn des Kalten Krieges sahen sich die USA gezwungen, eine neue Doppelstrategie in Europa zu entwickeln, um sowohl die Sowjetunion als auch Deutschland einzudämmen. Das bis heute verfolgte strategische Ziel war es, eine Annäherung zwischen Deutschland und Russland zu verhindern. In dieses Szenario passt das Bild, das sich die Regierung Merkel auf ihre Fahnen geschrieben hat, die Sanktionen gegen Russland Ende 2016 nicht nur zu verlängern, sondern noch weiter auszuweiten. Es stellt sich die Frage, warum Deutschland derart exponiert amerikanischer Politik so uneigennützig folgt?

Im Jahre 2015 sorgte der Politologe und Gründer des einflussreichen und regierungsnahen Think-Tanks STRATFOR (Strategic Forecasting), George Friedman, für weltweites Aufsehen. Auf dem jährlich stattfindenden Chicago Council on Global Affairs führte er am 3. Februar aus, dass das primäre geopolitische Ziel der USA in den letzten 100 Jahren darin bestand, zwischen Deutschland und Russland Zusammenschlüsse, Kooperationen und sonstige freundschaftliche Verhältnisse auf allen Ebenen zu verhindern: »Das primäre Interesse der USA, wofür wir seit einem Jahrhundert die Kriege führen – Erster und Zweiter Weltkrieg und Kalter Krieg – waren die Beziehungen zwischen Deutschland und Russland. Weil vereint sind sie die einzige Macht, die uns bedrohen kann, und unser Interesse war es immer, sicherzustellen, dass das nicht eintritt.«[240]

Ein wichtiger Bestandteil dieser Strategie waren das Führen und die Kontrolle der deutschen Nachrichtendienste.[241] Deutschland wurde zu einem

Frontstaat im Kalten Krieg und zum wichtigsten Standort für US-Geheimdienste in Europa und ist es bis heute geblieben.

Die Zusammenarbeit des BND mit den amerikanischen Diensten hat eine lange Tradition und geht auf die Zeit zurück, als der BND 1956 gegründet wurde. Um die deutschen Geheimdienste schneller aufzubauen, haben diese die bereits von den Amerikanern aufgebaute Infrastruktur samt Technik und Personal übernommen. Der BND ist in seinen Ursprüngen eine amerikanische Gründung und geht auf die 1946 gegründete »Organisation Gehlen« zurück, die unter der Obhut der US-Armee stand. Die USA wollten von Anfang an mit ihr eine deutsche Partnerorganisation aufbauen, die dann 1956 als Bundesnachrichtendienstes weitergeführt wurde. Ironischerweise haben nun ausgerechnet die USA die deutschen Sicherheitsstrukturen ihrer mangelnden Effizienz wegen kritisiert und den Deutschen sogar die Verantwortung für 09/11 zugeschrieben. Schließlich war die Terrorzelle in Hamburg dafür ausreichendes Indiz.[242]

Die noch während der Besatzungszeit aufgebauten Strukturen zur Kontrolle und Überwachung Deutschlands wurden schrittweise in die junge Bundesrepublik übernommen. Die Gründe dafür sind mannigfach: Erstens hätte der Aufbau einer komplett neuen Überwachungsstruktur zu viel Zeit und Ressourcen in Anspruch genommen und zweitens hatten die Alliierten, allen voran die USA, keinerlei Interesse daran ihren neu gewonnenen Einflussbereich wieder aufzugeben.

Bereits in den ersten Nachkriegsjahren hatten die alliierten Mächte ein deutschlandweites Netzwerk zur Überwachung des gesamten Post- und Fernmeldeverkehrs aufgebaut. Auch beim Aufbau der Sicherheitsbehörden standen die Alliierten, allen voran die USA, Pate. Was die USA hier verfolgten, war weniger das deutsche als ihr eigenes Interesse. Das in der Nachkriegszeit eingerichtete Trennungsgebot von Nachrichtendiensten und Polizeibehörden sollte das Entstehen einer allzu effizienten, zentral gesteuerten Behörde verhindern. Aber was in der Nachkriegszeit zur Kontrolle Deutschlands noch opportun war, war es nach 09/11 nicht mehr. Bis heute leidet die deutsche Sicherheitslandschaft unter den Konsequenzen dieser Strukturentscheidung.

Die Entwicklungsgeschichte der deutschen Nachrichtendienste ist äußerst komplex und erklärt auch die bis heute enge Zusammenarbeit der deutschen und amerikanischen Dienste, zumindest bis zur NSA-Affäre Mitte 2013. Trotz dieser noch bei Weitem nicht aufgearbeiteten Affäre ist die Kooperation heute nach wie vor so eng, dass selbst das Kanzleramt als Dienstherr der deutschen Dienste in Erklärungsnotstand gerät, wenn es um die Überwachung deutscher Staatsbürger geht oder die automatische Übermittlung von Inhalts- und Metadaten an amerikanische Partnerdienste oder das Ausleuchten der Kooperation zwischen BND und NSA in den letzten 20 Jahren. Die Intensität der Kooperation wirft mehr als drei Jahre nach den Enthüllungen die politisch brisante Frage auf, ob die deutschen Nachrichtendienste mehr die amerikanische als die deutsche Interessenlage bedient haben.

Beobachter der NSA-Affäre gehen sogar so weit, den deutschen Diensten heute ein zu enges Verhältnis zur NSA und anderen amerikanischen Diensten zu unterstellen. Es wäre zu einfach zu behaupten, dass der BND in dieser Affäre über das Ziel hinausgeschossen ist. Blickt man auf die Entstehungsgeschichte der Dienste zurück, so ist es nicht verwunderlich, dass die Sicherheitsstrukturen in Deutschland bis heute ihr Erbe nicht losgeworden sind. Keine Erklärung allerdings gibt es für die deutsche Sicherheitspolitik, die über Jahre hindurch die transatlantische Karte gespielt hat und in einem Akt von Selbstaufgabe deutsche Interessen hintangestellt hat.

Die US-Dienste und der BND haben schon sehr frühzeitig gelernt, die überaus enge Zusammenarbeit zu beschwören. Im Juli 1999 wurde noch im Rahmen eines Festaktes in Washington die 50-jährige Zusammenarbeit zwischen BND und CIA ausgiebig gefeiert, nichts ahnend, dass sich in Hamburg nahezu zeitgleich jene Terrorzelle formierte, die man zwei Jahre später für den Terroranschlag auf das World Trade Center von deutschem Boden aus verantwortlich machte. Unter den angereisten Gästen befanden sich der damalige amtierende BND-Präsident August Hanning, sein Vorgänger Hansjörg Geiger sowie der Geheimdienstkoordinator im Kanzleramt und spätere BND-Chef Ernst Uhrlau. Unter den Gästen befand sich auch der Sohn des ersten Leiters des BND, Christoph Gehlen, dessen Vater, Reinhard Gehlen, die Organisation aufgebaut und später geleitet hatte.[243]

Bundesnachrichtendienst (BND)

Anders als andere Ministerien und Ämter hatte der BND in der institutionellen Geschichte der Bundesrepublik keine Vorgängerorganisation, die in die Zeit vor Ende des Zweiten Weltkrieges zurückreicht. Seinen Ursprung hat er in der bereits erwähnten und von den USA finanzierten »Organisation Gehlen«.[244] Reinhard Gehlen war Generalmajor der Deutschen Wehrmacht und leitete die Abteilung Fremde Heere Ost im Generalstab des Heeres, die auf Spionage und Spionageabwehr in Osteuropa spezialisiert war. Genau das, was die USA in dieser Qualität nicht aufzuweisen hatten. Der Kalte Krieg warf seine Schatten voraus und Gehlen schien bereit zu sein, mit den USA zusammenzuarbeiten. Natürlich nicht ohne Gegenleistung.

Ob aus reinem Opportunismus oder aufgrund einer realistischen Lagebeurteilung, Gehlen wurde in den letzten Kriegsmonaten klar, dass der Krieg verloren war. Er ließ einen Großteil der Dokumente seiner Abteilung auf Mikrofilme übertragen und bot diese den amerikanischen Vernehmungsoffizieren nach seiner Gefangennahme an. Gehlens Expertise über die Länder Osteuropas, der Sowjetunion und der Roten Armee waren für die USA von großem Interesse und so gründete Gehlen im Sommer 1946 unter der Ägide der USA die »Organisation Gehlen«; »eine nachrichtendienstlich arbeitende Organisation, der Vorläufer des BND.[245] Sie wurde von der US-Armee finanziert und aufgebaut und 1949 vom CIA übernommen. Ob das ein Grund war, die 50 Jahre andauernde Zusammenarbeit der CIA mit dem BND als großen Festakt in Washington im Jahr 1999 zu feiern, bleibt dahingestellt. Die Organisation Gehlen wurde also von der Amerikanischen Armee an die CIA weitergereicht. Es fällt auf, das in der über den NSA-Skandals geführten Debatte die CIA nur eine Nebenrolle spielt. Dabei entwickelte der BND über die Jahre eine wesentlich intensivere Beziehung zur CIA als zur NSA, die erst in den Neunzigerjahren auf der politischen Bühne erschien und nach 09/11 ihre technische Omnipräsenz im Netz ausbaute. Es war aber die Beziehung zur NSA, die in Deutschland im Zuge der Snowden-Affäre eine von der Öffentlichkeit kaum wahrgenommene Revolution auslöste: Das Verhältnis zu den amerikanischen Diensten wurde nach mehr als 70 Jahren auf eine neue Basis gestellt.

Unmittelbar nachdem die Organisation Gehlen von der CIA übernommen wurde, wurden stringente Kontrollmechanismen eingezogen. Man traute den Deutschen nicht. Trotz eines intensiven Netzes persönlicher Verbindungen zwischen den deutschen und den amerikanischen Diensten hat sich dieses Misstrauen bis heute gehalten. Der deutsche Sicherheitsapparat wird von den USA immer noch mit Argwohn beobachtet.

Schon bald nach der Übernahme durch die CIA spitzte sich die politische Lage derart zu, dass man einen bevorstehenden militärischen Vorstoß der sowjetischen Streitkräfte nicht auszuschließen vermochte. Die Organisation Gehlen war inzwischen eine der wenigen Quellen der CIA, die über die Vorgänge im sowjetisch besetzten Territorium Bescheid wussten. Gleichzeitig allerdings misstraute man der Organisation zunehmend.

Mary Ellen Reese setzt sich in ihrem Buch Organisation Gehlen: *Der Kalte Krieg und der Aufbau des deutschen Geheimdienstes* intensiv mit dem Vorgänger des BND auseinander: Anfang der Fünfzigerjahre erreichte das Misstrauen der CIA gegenüber der Organisation seinen Höhepunkt. Reese beschreibt dies so: »Jedem deutschen Mitarbeiter, der eine Abteilung leitete, wurde ein CIA-Mann beigeordnet«, alle Berichte und Auswertungen wurden an ein deutsch-amerikanisches Lagezentrum zur Nachbearbeitung weitergegeben, wodurch die CIA immer im Bilde war. »Mit Hilfe eines raffinierten Systems von Kontrollen und Gegenkontrollen – der Anforderung von Reisepapieren, der Kostenaufstellungen, der Operationsaufträge und so weiter – begann die CIA ein Dossier über das deutsche Personal anzulegen.«[246]

Dieses Kontrollsystem das in 50er-Jahren Intelligence mit und durch Deutsche kontrollierbar machen sollte, existiert in angepasster Form bis heute weiter. Auch heute noch ist es das Tagesgeschäft der CIA, befreundete Nachrichtendienste zu unterwandern und deren Handeln zu beeinflussen, und das nicht nur in Deutschland. Die CIA führt Aufzeichnungen darüber, wer bei den befreundeten Diensten – und nicht nur dort – im besonderen Maße amerikafreundlich ist und wer nicht. Die USA haben ein hohes Interesse daran, in den unterschiedlichsten Organisationen Ansprechpartner und offene Türen vorzufinden. Ein amerikanischer Führungsoffizier für jeden Abteilungsleiter in den Strukturen eines befreundeten Dienstes ist 60 Jahre nach der Gründung des Bundesnachrichtendienstes nicht mehr notwendig. Diese Rolle hat die NSA übernommen.

Über viele Jahre hinweg war der Öffentlichkeit die Existenz der Organisation Gehlen nicht bekannt. Erst am 1. April 1956 wurde der deutsche Bundesnachrichtendienst offiziell ins Leben gerufen und gilt auch wegen der personellen Kontinuität als Nachfolgeorganisation. Gehlen war von 1956 bis 1968 ihr erster Präsident.[247] Nachdem der BND mit der Aufgabe der Auslandsaufklärung sowie der Beschaffung von Informationen über ausländischer Vorgänge betraut wurde, schien man zum damaligen Zeitpunkt der Auffassung gewesen zu sein, dass eine Eingliederung in das deutsche Rechts- und Behördensystem nicht notwendig sei.[248] Eine gesetzliche Grundlage, ähnlich der des BfV und des Militärischen Abschirmdienstes (MAD) erhielt der BND erst im Jahr 1990.

Schon aufgrund dieser Entstehungsgeschichte wird die enge Bindung des BND an die amerikanische Schwesterorganisation CIA deutlich, eine Bindung, die nach wie vor enger nicht sein kann. Es wäre jedoch zu einfach, den BND ausschließlich in die amerikanische Ecke stellen zu wollen. Im Zuge der NSA-Affäre 2013 wurde er immer wieder mit dem Vorwurf konfrontiert, ineffizient, inhomogen und unkontrollierbar zu sein, und außerdem gegen die eigene deutsche Interessenlage zu agieren – sei es nun mit oder ohne Absicht. Tatsächlich ist der BND bis heute ein Sammelsurium unterschiedlich ausgerichteter Interessenlagen. Die transatlantische Schiene dürfte die am stärksten ausgeprägte Richtung sein, gefolgt von jener Gruppierung, die der Meinung ist, dass die deutsche und/oder europäische Interessenlage künftig stärker Berücksichtigung finden müsste.

Die Aufarbeitung der Snowden-Affäre hat sehr viel zu einem neuen Selbstverständnis innerhalb des BND beigetragen. Denn die deutschen Dienste, allen voran der BND, waren überrascht, mit welcher Intensität die US-Dienste Deutschland observieren. Das unterstreicht, dass das amerikanische Misstrauen gegenüber Deutschland nach wie vor ungebrochen hoch ist.

Bundesamt für Verfassungsschutz (BfV)

Auch der heutige Verfassungsschutz, der eine Sammelbezeichnung für 17 Behörden des Bundes und der Länder ist (Bundesamt für Verfassungsschutz sowie die Landesämter für Verfassungsschutz) wurde 1950 unter direkter Einflussnahme der Alliierten Hohen Kommission gegründet. Da die Bildung einer neuerlichen Gestapo unbedingt verhindert werden sollte, bestanden die Alliierten auf eine strikte Trennung zwischen Verfassungsschutz und Exekutive.[249] Diese Trennung beruht auch auf einer strikten Ablehnung der Alliierten gegen eine zu starke Zentralisierung nachrichtendienstlicher Tätigkeiten beim Bund. Daher wurde der Verfassungsschutz als Landesaufgabe betrachtet, dem Bund wurde gerade mal die Einrichtung einer Zentralstelle zum Zwecke der Koordination genehmigt.[250] Bis zum Ende des Besatzungsstatus 1955 unterlag die strenge Personalkontrolle des BfV der Alliierten Hohen Kommission.

Heute ist der Verfassungsschutz die Speerspitze gegen politischen Extremismus, Terrorismus und Spionageabwehr. Die damaligen Auflagen der Alliierten, wie das Trennungsgebot und die Bundes- und Landeszuständigkeiten, machen der Behörde allerdings noch schwer zu schaffen. Ein Aspekt sei jedoch besonders hervorgehoben: Anders als der BND hat der Verfassungsschutz keine ausgeprägten Verbindungen zur NSA, obwohl auch er Software der NSA nutzt. Er ist aber jene Behörde, die für die Spionageabwehr bundesweit zuständig ist und gleichzeitig auch für die Terrorbekämpfung in Deutschland. In dieser ganz wesentlichen Sicherheitsaufgabe ist der Verfassungsschutz auf Informationen angewiesen, die nur die NSA oder die CIA – entweder direkt oder indirekt über den BND – liefern kann, wie sicherheitskritische Informationen über geplante Anschläge, Reisebewegungen und andere sicherheitsrelevante Indikatoren. Diese Informationen kommen auch aus den technischen Überwachungsmaßnahmen, die die NSA nicht nur in Deutschland betreibt. So berichtete die deutsche Presse bereits 2013 unter Bezugnahme auf den Vorsitzenden des Innenausschusses Wolfgang Bosbach, dass die NSA dazu beigetragen hätte, zumindest sieben Terroranschläge in Deutschland zu verhindern.[251] Auch BKA-Präsident Holger Münch hob am 29. März 2016 die Rolle der NSA bei der Verhinderung von Anschlägen in Deutschland hervor. Seinen Angaben zufolge hat die NSA seit dem Jahre 2000 elf Terroranschläge verhindert. Eine Liste der geplanten Anschläge wurde der Internetplattform *Netzpolititik.org* durch das BKA zur Verfügung gestellt und veröffentlicht.[252] Alleine daraus wird deutlich, wie schwierig es für eine Behörde wie den Verfassungsschutz ist, wenn sie auf die Kooperation mit US-Behörden angewiesen ist, gleichzeitig aber auch jene Behörde ist, in deren Kompetenz Ermittlungen für Spionageverdachtsfälle fallen.

Die Abhängigkeit deutscher Behörden – auch des Verfassungsschutzes – von den amerikanischen Sicherheitsbehörden in der Terrorismusbekämpfung ist enorm. Bei seiner Einvernahme vor dem Parlamentarischen Untersuchungsausschuss zur NSA-Affäre brachte der inzwischen ausgeschiedene BND-Präsident das Verhältnis der deutschen Sicherheitsbehörden zu den amerikanischen Diensten auf den Punkt: Demnach sei der BND von der NSA abhängig, und nicht umgekehrt.[253]

Der Verfassungsschutz ist mit den Ermittlungen rund um die NSA-Affäre betraut. Die Ermittlungen laufen seit Mitte 2013. Der Verdacht, dass die NSA in Deutschland spioniert, wurde durch die von Snowden öffentlich gemachten Unterlagen zwar erhärtet, aber mehr als drei Jahre später bestätigt der BfV-Präsident, dass die Behörde nach wie vor keine belastenden Informationen hätte, die für eine strafrechtliche Verfolgung der NSA-Aktivitäten ausreichen würden. Das ist sogar glaubhaft und unterstreicht den hohen technischen Standard der NSA, zumal sie ein ganzes Netz von Überwachungseinrichtungen in Europa betreibt, die Ermittlungen des Verfassungsschutzes sich jedoch auf Deutschland beschränken. Das Grundproblem allerdings bleibt. Spionageabwehr sowie Extremismus- und Terrorismusabwehr in einer Organisation vereint zu haben, ist ein Widerspruch, der angesichts der derzeitigen Bedrohungslage nicht leicht aufzulösen sein wird.

Amt für den Militärischen Abschirmdienst (MAD)

Das Amt für den Militärischen Abschirmdienst (MAD) ist der organisatorisch kleinste Nachrichtendienst. Ebenso wie der BND wurde das MAD im Jahr 1956 offiziell eingerichtet. Nach der Gründung der Bundeswehr ging das MAD aus einer im früheren Amt Blank (dem Vorläufer des

Bundesministeriums der Verteidigung) unterhaltenen Verbindungsstelle zwischen den Alliierten und der Bundesregierung hervor. Ursprünglich als Amt für die Sicherheit der Bundeswehr (ASBw) bezeichnet, wurde es 1984 zum MAD umgebaut.[254]

Stay-Behind-Organisationen (SBO)

Der Aufbau von Stay-Behind-Organisationen begann bereits kurz nach dem Ende des Zweiten Weltkrieges und wurde während des Kalten Krieges fortgeführt. Um für den Ernstfall einer sowjetischen Invasion gewappnet zu sein, betrieben CIA und der britische MI6 in den westdeutschen Besatzungszonen ab 1948 gezielt den Aufbau von Nachrichtenbeschaffungs- und Schleusungsorganisationen. Wie aus einem CIA-Dokument aus dem Jahre 1950 hervorgeht, handelte es sich hierbei um hauptsächlich aus Deutschen bestehende Gruppen, die unter US-Führung und Kontrolle agierten.[255] In der Bundesrepublik wurden so das Kibitz-Netzwerk und der Bund Deutscher Jugend (BDJ) mit seinem Technischen Dienst (TD) etabliert und von den beiden alliierten Geheimdiensten mit umfangreichen finanziellen Mitteln, Waffen und Munition versorgt.[256]

Während dieser Zeit entstanden auf deutschem Territorium auch Stay-Behind-Netzwerke der niederländischen, dänischen und französischen Dienste. Nachdem im Jahr 1952 das Kibitz-Netzwerk scheiterte und der BDJ-TD aufflog, beschlossen die USA, der Organisation Gehlen das Monopol für die Stay-Behind-Strukturen in Deutschland zu übertragen. Die Organisation übernahm nicht nur die von CIA und MI6 aufgebauten Netzwerke, sondern auch die der anderen Dienste. Diese Organisationen wurden in weiterer Folge ab 1956 vom BND übernommen[257], wodurch der Auslandsgeheimdienst illegal im Inland tätig wurde. Die Kontrolle oblag aber weiterhin der CIA, die diese Stay-Behind-Organisationen bis in die sechziger Jahre hinein finanzierte.[258] Ideologisch wurde die Kontrolle durch die CIA damit begründet, dass die Stay-Behind-Netzwerke nicht einer Regierung unterstellt werden könnten, in die der »kommunistische Feind« jederzeit durch Wahlen Einzug halten könnte.

Daher wurde die Existenz der Stay-Behind-Operationen geheim gehalten und war nur einem kleinen Kreis von Regierungsmitgliedern bekannt.[259] Die Öffentlichkeit erfuhr erst von deren Existenz durch den italienischen Ministerpräsidenten Giulio Andreotti im Jahr 1990. Mit der Aufdeckung des italienischen Stay-Behind-Netzwerkes »Gladio« wurde einer der größten Skandale in der europäischen Nachkriegsgeschichte losgetreten. Wie sich herausstellte, hatten die geheimen Untergrundarmeen Terrorakte gegen die eigene Bevölkerung verübt und »Operationen unter falscher Flagge« organisiert, um so die politische Landschaft gemäß den Interessen der Betreiber zu formen.[260]

Als die Gladio-Affäre ans Licht kam und die Stimmen nach Untersuchungsausschüssen europaweit laut wurden, um zu ermitteln, ob es auch in anderen Ländern solche Organisationen gäbe, hüllte sich die Bundesregierung erst einmal in Schweigen. Der damalige Verteidigungsminister Gerhard Stoltenberg behauptete, von nichts zu wissen, und beauftragte sein Haus mit der Spurensuche. Erste Anfragen des Parlaments wimmelte Verteidigungsstaatssekretär Karl-Heinz Carl ab und verwies aufs Kanzleramt. Dessen Geheimdienst-Koordinator Lutz Stavenhagen schob den heiklen Fall zurück auf die Hardthöhe. Eine von der SPD verlangte Sondersitzung des Verteidigungsausschusses wurde mit der Begründung Stoltenbergs, »sein Haus habe nichts mitzuteilen«, wieder abgesagt. Auch nach Durchforstung der Akten seien keine Hinweise gefunden worden, so das Verteidigungsministerium.[261]

Um den innenpolitischen Druck abzumildern, verwies Andreotti mehrfach darauf, dass solche Einheiten in allen westeuropäischen Ländern existieren und der Koordination eines geheimen Nato-Ausschusses unterstellt sind. Um seiner Aussage mehr Nachdruck zu verleihen, präzisierte er, das letzte Stay-Behind-Treffen habe am 23. und 24. Oktober 1990 in Brüssel stattgefunden. Wohl oder übel mussten nun andere Regierungen, darunter die deutsche und französische, die Existenz von Stay-Behind-Organisationen einräumen.[262] Am 22. November 1990 wurde die Parlamentarische Kontrollkommission durch die Bundesregierung umfassend über Existenz und Operationen der deutschen Stay-Behind-Organisation ins Bild gesetzt. »Mit Stay-Behind sollte sichergestellt werden, dass die geheime Informationsbeschaffung auch aus solchen Gebieten funktioniert, die in einem eventuellen

Kriegsfall vom Gegner besetzt werden würden. Die nachrichtendienstlichen Verbindungen wurden dafür ausgebildet, sich in einem Kriegsfall gegebenenfalls ›überrollen‹ zu lassen, um dann aus dem besetzten Gebiet heraus unerkannt Informationen – vor allem Beobachtungen über militärische Maßnahmen der Besatzungsmacht – in die Zentrale des BND zu funken, darüber hinaus hatte die SBO keine weitergehenden Befugnisse.«[263] Die Zusammenarbeit mit den Partnerdiensten war laut Bundesregierung sowohl bilateral wie auch multilateral durchgeführt worden und hatte sich auf gemeinsame Übungen, die Beschaffung einer einheitlichen Funkausrüstung, den Austausch von Ausbildungsverfahren und die Vereinheitlichung der nachrichtendienstlichen Terminologie beschränkt.[264] In einer weiteren Stellungnahme der Bundesregierung aus dem Jahr 2013 zu diesem Thema liest man dann, dass die SBO »in Abstimmung mit den alliierten Partnern« 1991 vollständig aufgelöst wurde.[265]

Die Stay-Behind-Organisation ist historisch gut aufbereitet, Erkenntnisse daraus wissenschaftlich dokumentiert und von namhaften Medien der Öffentlichkeit zugänglich gemacht.[266] Sie im Zusammenhang mit der Geschichte der deutschen Dienste darzustellen, erscheint auf den ersten Blick wie eine Provokation. Tatsächlich bestand zwischen den deutschen Diensten, allen voran dem BND, und der SBO eine enge personelle Verflechtung. Die Stay-Behind-Organisation existiert nicht mehr in der bekannten Form. Die Idee, eine Struktur in Europa – vor allem in Deutschland – aufrechtzuerhalten, die jenseits bekannter Organisationen und Plattformen angesiedelt ist und deren Ziel es ist, die amerikanischen Interessen als »vierte Kolonne« im Staat im Bedarfsfall zu vertreten bzw. zu verteidigen, wurde seitens der USA jedoch nie aufgegeben.

Was hier im Raum steht, ist eine Art »Deep State« und scheint eher an Verschwörungstheorien und Anti-Amerikanismus zu erinnern als an Realpolitik. Und doch: Kein Thema wird in Europa so emotional diskutiert wie die derzeitige und zukünftige Beziehung zu den USA. Gleichzeitig ist der Einfluss der USA auf die europäische Sicherheits- und Wirtschaftspolitik über die NATO, die EU und multilaterale Handelsverträge von essenzieller Bedeutung. Die Kontroverse um den amerikanischen Einfluss auf dem alten Kontinent wird mit aller Härte unter Einbeziehung europäischer und amerikanischer Eliten geführt. Wirft man einen Blick auf die Akteure der pro-amerikanischen Zivilgesellschaft in Europa, so spannt sich der Bogen über Exponenten politischer Parteien, der Wirtschaft und der Industrie, von Banken, Versicherungen und Energieunternehmen, NGOs und natürlich des Militärs und der Geheimdienste. Vieles allerdings spricht dafür, dass die Stay-Behind-Organisation Pate und Blaupause war für eine weiter existierende amorphe Interessengemeinschaft zur Aufrechterhaltung der transatlantischen Ausrichtung Europas – insbesondere in Deutschland, aber auch in Österreich. Mit dem Aufkommen der NSA-Affäre erhält diese Hypothese neue Nahrung.

Struktur und Aufbau der deutschen Dienste

Die Struktur der deutschen Dienste beruht auf einer strikten Trennung zwischen Nachrichtendiensten und exekutiven Befugnissen. Dieses Trennungsgebot von Diensten und Exekutive bedeutet, dass die Dienste gewisse Informationen zusammentragen und auswerten, die Polizei aus diesen Informationen Konsequenzen zieht und gegebenenfalls polizeiliche Maßnahmen ergreift. Dieses Trennungsgebot ist eine deutsche Besonderheit und findet seinen Ursprung ebenfalls in den Nachkriegsjahren: Die Alliierten ließen zunächst nur Polizeibehörden zu die für die Gefahrenabwehr und die Strafverfolgung zuständig waren. Als gegen Ende der vierziger Jahre von den Alliierten über die Aufstellung von Nachrichtendiensten für die entstehende Bundesrepublik Deutschland diskutiert wurde, war klar, dass die künftige Bundesregierung eine »Stelle zur Sammlung und Verbreitung von Auskünften über umstürzlerische, gegen die Bundesregierung gerichtete Tätigkeiten« einrichten würde. Im »Polizeibrief« vom 14. April 1949 hielten die Militärgouverneure allerdings fest, dass »diese Stelle« keine Polizeibefugnisse haben werde.[267]

Um den horizontalen Informationsaustausch zwischen den Behörden daher überhaupt zu ermöglichen, mussten nach 09/11 erst Informationsplattformen gegründet werden. Darunter fallen das Gemeinsame Extremismus- und Terrorismusabwehrzentrum (GETZ), das Gemeinsame Internetzentrum (GIZ), das Gemeinsame Abwehrzentrum gegen Rechtsextremismus (GAR) sowie die Koordinierte Internetauswertung (KIA), die beim BfV in Köln angesiedelt ist. Zu diesen Plattformen zählt auch das

Gemeinsame Melde- und Lagezentrum (GMLZ), das den Informationsaustausch zwischen Ländern und Bund bei Katastrophen verbessern soll.[268]

Alle diese Datenbanken und Plattformen sollen den erkannten Defiziten beim Behördenaufbau und deren Zuständigkeiten entgegenwirken,
ohne an Föderalismus oder Trennungsgebot zu rütteln. Dadurch soll die
weit verstreute Expertise zwischen Bund und Ländern, aber auch Polizei und Diensten und anderen Dienststellen wieder zusammengeführt
werden. Wie schwierig sich die Zusammenführung von sensiblen Informationen gestaltet, wird anhand der Aufbauorganisation des im Jahre
2004 eingerichteten Anti-Terrorzentrums im Bundesinnenministerium
deutlich. Das beim Bundeskriminalamt in Berlin angesiedelte Anti-Terrorzentrum (GETZ) musste aufgrund verfassungsrechtlicher Bestim-
mungen in ein polizeiliches Informations- und Analysezentrum und ein
nachrichtendienstliches Informations- und Analysezentrum geteilt werden. Der BND wollte sich anfangs nicht einmal in vollem Umfang am
Anti-Terrorzentrum beteiligen, zu groß waren die Bedenken hinsichtlich
des Quellenschutzes.

Das Trennungsgebot wirkt sich auf verschiedenen Ebenen aus:[269]

➤ Es besteht ein Angliederungsverbot der Nachrichtendienste an jede
Polizeidienststelle (organisationsrechtliche Dimension). Damit allerdings werden Parallelitäten zwischen Polizei und Nachrichtendiensten in Kauf genommen.

➤ Den Nachrichtendiensten sind polizeiliche Befugnisse strikt untersagt (funktionelle Dimension). Dies würde aber eine enge Zusammenarbeit zwischen Polizei und Diensten erfordern.

➤ Diese befugnisrechtliche Trennung hat auch Auswirkungen auf den
Umgang mit Informationen. Demnach dürfen die Nachrichtendienste keinen Zugang zu polizeilichen Informationen haben, die unter dem Einsatz polizeilicher Zwangsbefugnisse erhoben wurden.
Das ist eines der größten Mankos für die öffentliche Sicherheit in
Deutschland und ist auch der Grund für die Einrichtung von polizei-
und dienstübergreifenden Datenbanken.

> Beiden Einrichtungen werden unterschiedliche Aufgabenbereiche zugestanden. Während sich die Polizeibehörden um die Prävention und Aufklärung von Straftaten kümmern, konzentriert sich das Tätigkeitsfeld der Nachrichtendienste auf das sogenannte Vorfeld: Die Nachrichtendienste beobachten Bestrebungen, deren Verhaltensweisen (noch) nicht strafbar sind, das heißt die sich am Rande der Legalität bewegen (Vorfeldaufklärungsfunktion). De facto ist die Grenze eine fließende, wie die vielen öffentlich gewordenen Affären und Misserfolge des Verfassungsschutzes in den letzten Jahren erkennen lassen.[270]

> Damit das Trennungsgebot effektiv seine Wirkung entfalten kann, ist eine Personalunion zwischen Polizei und den Nachrichtendiensten untersagt (personelle Trennung).

Tatsächlich ist das Trennungsgebot und der föderalistische Ansatz des Aufbaus der deutschen Sicherheitsbehörden eine Erblast aus der Vergangenheit. Anders als in Österreich, ist in Deutschland die Aufgabe »Polizei« Landessache, während in Österreich »Polizei« Bundessache ist. Auch das Trennungsgebot zwischen Diensten und Polizei gibt es so in Österreich nicht. Das Bundesamt für Verfassungsschutz und Terrorismusbekämpfung mit Sitz in Wien, das im Bundesministerium für Inneres angesiedelt und mit exekutiven Befugnissen ausgestattet ist, hat ein unmittelbares Durchgriffsrecht auf die neun im Bundesland angesiedelten Landesämter.

Die deutschen Sicherheitsbehörden waren 2001 noch so sehr von der Richtigkeit des Trennungsgebotes überzeugt, dass der Vertreter des BND in Wien im Innenministerium vorstellig wurde, um darauf zu drängen, dass der in Aufstellung begriffene österreichische Verfassungsschutz keinesfalls mit exekutiven Befugnissen ausgestattet wird.

Die Vielzahl der nach dem Zweiten Weltkrieg entstandenen Sicherheitsbehörden sowie das Trennungsgebot bringen vor allem in der Terrorismusbekämpfung Probleme mit sich: Macht dabei diese Vielzahl an Behörden noch Sinn? Ist es tatsächlich effizient, neben einem Bundesnachrichtendienst (BND) und einem Militärischen Abschirmdienst (MAD) ein

Bundesamt für Verfassungsschutz (BfV) sowie 16 Landesämter (LfV) zu unterhalten – selbstverständlich neben dem Bundesgrenzschutz (BGS), dem Zollkriminalamt (ZKA), dem Bundeskriminalamt (BKA) und 16 Landeskriminalämtern (LKA)? Kann eine Strategie der orts- und problemnahen Aufklärungsarbeit überhaupt noch umgesetzt werden, wenn manche Landesämter für Verfassungsschutz derart klein sind, dass sie ihre Aufgaben nicht mehr wirksam erfüllen können. Eine solche Behördentrennung setzt auch eine reibungslose Zusammenarbeit der einzelnen Stellen voraus und bedingt sie zugleich. Speziell im Sicherheitsbereich lassen sich in den deutschen Behörden Defizite feststellen, wenn einzelne Abteilungen oder Zweigstellen bewusst Information zurückhalten, um so ihre Unentbehrlichkeit zu demonstrieren und die eigenen Erkenntnismöglichkeiten auszubauen. Noch gravierender tritt diese Problemstellung zwischen unterschiedlichen Sicherheitsbehörden auf, die Teilaspekte von Risiko- und Gefahrenlagen bearbeiten, ohne sich dabei gegenseitig ausreichend über die Zusammenhänge zu informieren.[271]

Was die Sicherheitsarchitektur in Deutschland anbelangt, wird das Land eine Baustelle bleiben. Allein die Ausrichtung des Verfassungsschutzes zwischen Trennungsgebot und Kooperation ist ein Spagat, der kaum zu schließen ist. Im Lichte der NSU-Morde wurde die Arbeit des Verfassungsschutzes und die Zusammenarbeit mit anderen Behörden massiv kritisiert. Eine im Dezember 2011 von der Ständigen Konferenz der Innenminister und -senatoren eingesetzte Kommission, die Bund-Länder-Kommission Rechtsterrorismus (BLKR), kommt in ihrem Abschlussbericht zur Aufarbeitung der NSU-Morde im Mai 2013 zu einer weitreichenden Einschätzung. Zwar wird den Behörden kein generelles Systemversagen konstatiert, doch erhebliche Defizite, insbesondere in der Zusammenarbeit zwischen Zentral- und Landesbehörden. Die Behebung von Defiziten wurden auch darüber hinaus in der Kommunikation zwischen Polizeibehörden, Staatsanwaltschaft und Verfassungsschutz angemahnt. Der NSU-Untersuchungsausschuss des Bundes legte am 22. August 2013 seinen Abschlussbericht vor. Der einstimmig verabschiedete Bericht enthält 47 Reformvorschläge. Alleine zwölf richten sich ausschließlich an die Verfassungsschutzbehörden.[272]

Die deutsche Sicherheitsarchitektur ist trotz einiger Reparaturversuche – wie die Neuausrichtung des Verfassungsschutzes nach der NSU-Affäre oder die Einführung von Datenbanken – horizontal über die Polizei- und Dienstelandschaft kaum reformierbar. Trennungsgebot und die systemimmanente Abschottung der Dienststellen untereinander sorgen für irreparable Sicherheitsrisiken, und das in einer Zeit, in der Deutschland vor enormen Sicherheitsherausforderungen im Inneren steht. Diese Herausforderungen sind dreifacher Natur: (1) Entstehung rechts- und linksradikaler Bewegungen mit der Tendenz, den sozialen Frieden herauszufordern. (2) Die Bewältigung des Integrationsproblems von Flüchtlingen und Asylanten, deren Strom nach Europa auch in den kommenden Jahren anhalten wird. Und schließlich (3) der Umgang des Rechtsstaates mit dem islamischen Extremismus und den unmittelbaren terroristischen Auswirkungen.

Es scheint, dass die Sicherheitsbehörden den auf sie zukommenden Anforderungen strukturell, legistisch und auch personell nur eingeschränkt gewachsen sind.

Deutschland steht aber auch noch vor einer anderen großen Herausforderung, und zwar den Schutz des Wirtschaftsstandortes sicherzustellen. Spätestens seit den Veröffentlichungen rund um die Snowden-Affäre wird deutlich, dass die deutsche Wirtschaft und Industrie seit Langem nicht nur im Fokus der russischen und chinesischen Dienste stehen, sondern vor allem auch im Fokus der ehemaligen Alliierten USA und Großbritannien. Dies ist ein Thema, das vor der NSA-Affäre die Sicherheitsbehörden nur peripher beschäftigt hat. Nun rückt dieses Thema in den Fokus der deutschen Sicherheitsbehörden.

9. BND-Gesetz soll den Schlusspunkt in der NSA-Affäre setzen

Der Untersuchungsausschuss hat noch nicht einmal seinen Abschlussbericht vorgelegt, da verabschiedet die Bundesregierung am 21. Oktober 2016 bereits das umfassendste Gesetz über die Befugnisse eines Geheimdienstes, das jemals in Deutschland beschlossen wurde. Für die Regierung scheint die Verabschiedung dieses Gesetzes auch das Ende der NSA-Affäre zu sein. De facto ist es der Startschuss, den BND technisch und auch legistisch so auszustatten, dass die Abhängigkeit von der NSA nach und nach zurückgefahren werden kann. Das Problem liegt aber im Detail:

Zwar wird das BND-Gesetz von der Regierung mit dem Argument politisch vermarktet, dass die Mitarbeiter des BND damit einen Rechtsrahmen erhalten. Ihnen wurde vorgeworfen im gesetzlichen Graubereich zu operieren. Verfolgt man die politischen Stellungnahmen aus dem Kanzleramt, wird sehr bald klar, dass die Regierung den BND für den größten Spionageskandal der deutschen Nachkriegsgeschichte zum Sündenbock gestempelt hat. Das Kanzleramt hat wiederholt jede politische Verantwortung für die zu enge Zusammenarbeit zwischen BND und NSA zurückgewiesen, obwohl es für die Dienstaufsicht über den BND zuständig ist. Entlassungen waren im Zuge der Aufarbeitung der Affäre eher selten. Lediglich der erst 2012 ins Amt berufene BND-Präsidenten Schindler wurde von der Regierung in den vorzeitigen Ruhestand versetzt. Er hatte in der Affäre eine fundamental andere Linie verfolgt als die Bundesregierung und war mit strukturellen Konsequenzen, die im BND-Gesetz ihren Niederschlag fanden, nicht einverstanden. Ihm gingen die geplanten Kontrollbefugnisse des Kanzleramtes, aber auch des Datenschutzbeauftragten, zu weit, er befürchtete eine Lähmung der Behörde.

Das neue BND-Gesetz hat drei Schwerpunkte:

> Legalisierung von bis dato praktizierten, illegalen oder fragwürdigen Verfahren vor allem im Hinblick auf die Internet- und Telekommunikationsüberwachung, Speicherung und Verarbeitung von Daten.

> Der Versuch, politische Verantwortung für die Arbeit des Dienstes auch tatsächlich im Bundeskanzleramt anzusiedeln und diese Verantwortung belastbar zu dokumentieren.

> Die Abhängigkeit von der NSA kontinuierlich zu reduzieren und langfristig eigene Kapazitäten aufzubauen.

Was hier entstehen soll, ist so etwas wie eine eigene deutsche CIA/NSA, zusammengefasst in einer Behörde mit definierten Schnittstellen zu anderen Nachrichtendiensten, zum Beispiel der NSA oder dem britischen GCHQ. Damit hat die deutsche Politik die Latte sehr hoch gelegt, jedoch in personeller Hinsicht nicht gleichermaßen reagiert. Der BND erhält für die Umsetzung des Gesetzes eine überschaubare Anzahl zusätzlicher Planstellen, ebenso wie das Kanzleramt. Dem BND werden zusätzliche Ressourcen erst in den kommenden Jahren in Aussicht gestellt. Alleine an diesem minimalistischen Ansatz ist ablesbar, dass an eine ernsthafte Kontrolle des BND durch das Kanzleramt gar nicht zu denken ist.

Vielsagend, geradezu beunruhigend für das Kanzleramt und den BND, ist der Umstand, dass die Beauftragte für die Kontrolle des BND in der Umsetzung des BND-Gesetzes, die Bundesdatenschutzbeauftragte (BfDI), einen Mehraufwand an Personal und Sachmitteln in der Höhe von zusätzlich sechs Planstellen einfordert. Das ist zumindest mehr, als das Kanzleramt aus dem BND-Gesetz zu generieren beabsichtigt. Probleme zwischen BND und BfDI hat es bereits in der Vergangenheit mehrfach gegeben. So wurde der streng geheime Prüfungsbericht der Bundesdatenschutzbeauftragten in der NSA-Affäre illegalerweise im Netz veröffentlicht.[273] Eine stärkerer Einbindung des BfDI in die tägliche Arbeit des BND war Anlass für BND-interne Kritik.

Die Beharrlichkeit, mit der sich die Bundesdatenschutzbeauftragte (seit 2014 Andrea Voßhoff) in die Arbeit des BND einbringen will, sorgte nicht nur im BND für Beunruhigung. Ein künftiges Szenario, wonach die Bundesdatenschutzbeauftragte auch das Recht zu Einblicken in die Details der Kooperation mit Partnerdiensten, z. B. der NSA, aus den gesetzlichen Rahmenbedingungen ableitet, ist bisher ungelöst und ein Albtraum für die Führung eines Nachrichtendienstes. Der im Internet veröffentlichte BfDI-Bericht zeigt einmal mehr, wie schwer sich Transparenz und Geheimhaltung sinnvoll miteinander vereinbaren lassen.

Der gesetzliche Auftrag an den BND hat sich auch im neuen BND-Gesetz nicht geändert und ist weit gesteckt. Er soll Erkenntnisse über das Ausland liefern, die von außen- und sicherheitspolitischer Bedeutung für Deutschland sind. Bisher war es überwiegend dem BND selbst überlassen, was er für bedeutsam hielt. Zwar gab es ein Interessenprofil, abgesegnet durch das Kanzleramt, es war jedoch so allgemein gehalten, dass der BND weitgehend freie Hand hatte und das Kanzleramt politisch nicht in die Verantwortung genommen werden konnte. Mit dem neuen BND-Gesetz soll sich dies ändern.

Einer der Kernpunkte der technischen Informationsgewinnung durch den BND ist die »Ausland-Ausland-Fernmeldeaufklärung«. Darunter versteht man die strategische Fernmeldeaufklärung vom Inland aus, also das Abgreifen von Kommunikation jeglicher Art über das Ausland innerhalb Deutschlands. Zentrum der Ausland-Ausland-Fernmeldeaufklärung war und ist vor allem der Kommunikationsknoten Frankfurt. Aufgrund der Datendichte, die diesen Knoten passiert, wird Frankfurt gerne als die Welthauptstadt des Datenverkehrs bezeichnet und ist auch deshalb für die NSA von großem Interesse.

Frankfurt ist aber nicht der einzige Internet- und Telefonknoten, der Daten an das Verarbeitungszentrum in Bad Aibling übermittelt. In diesem Netzwerk sind die BND-Außenstellen in Gablingen, Schöningen, Rheinhausen ebenfalls wichtige Zulieferer von Meta- wie auch Inhaltsdaten.[274] Bad Aibling ist das Zentrum und die Schnittstelle der Speicherung und der Weiterverarbeitung des vom BND abgegriffenen Internet- und Kommunikationsverkehrs. Teile von Bad Aibling gehören zum technischen

Zentrum der Zusammenarbeit mit der NSA. Dazu erhielt nicht einmal die Bundesdatenschutzbeauftragte Zugang.

Zwar wurde der NSA der unmittelbare Zugriff auf den Kommunikationsknoten Frankfurt schon in der Vergangenheit verwehrt. Aber die Begehrlichkeit der NSA, was den Zugriff anbelangt, war im Rahmen der BND-NSA-Kooperation Eikonal zwischen 2004 und 2008 bereits ein heißes Thema. Der damalige Kanzleramtsminister Frank-Walter Steinmeier bestand jedoch darauf, dass die an die NSA gelieferten Daten aus Frankfurt vom BND abgegriffen und erst dann der NSA zur Verfügung gestellt wurden.

Auch das BND-Gesetz gewährt der NSA keinen unmittelbaren Zugriff auf Telekommunikationseinrichtungen oder Provider in Deutschland. Das erledigt der BND selbst und stützt sich dabei auf heimische Provider und Telekommunikationsunternehmen. Das Abgreifen des Kommunikationsknotens Frankfurt läuft jedoch auch nach Inkrafttreten des BND-Gesetzes weiter, es wird sogar intensiviert. War man davor noch auf die Kooperationswilligkeit von Internetprovidern, wie z.B. der Deutschen Telekom, angewiesen, verpflichtet das neue BND-Gesetz Anbieter von Telekommunikationsdiensten nun zur Zusammenarbeit mit dem BND. Hier wiederholt sich jene, in den USA viel kritisierte Praxis der Zusammenarbeit der NSA mit Google, Amazon, Oracle oder Facebook und Twitter etc.

BND weit mehr als ein Juniorpartner der NSA

Am 21. Oktober 2016 wurde das BND-Gesetz vom Parlament verabschiedet und trat am 1. Januar 2017 in Kraft. Was der Parlamentarische Untersuchungsausschuss über die Arbeit des BND ans Licht brachte, übertraf selbst die Befürchtungen jener deutschen Politiker, die eigentlich für die Kontrolle des BND verantwortlich waren.

Vor allem was die weitreichende und enge Kooperation mit der NSA in den letzten 15 Jahren anbelangt, konnte bisher der Vorwurf nicht entkräftet werden, dass der BND nicht nur im rechtlichen Graubereich, sondern weit darüber hinaus operierte. Bundesdatenschutzbeauftragte Andrea Voßhoff kommt in ihrem Sachstandsbericht[275] vom 30. Juli 2015 zu den Praktiken des BND aus der Sicht des Datenschutzes zu einem vernichtenden Urteil. Sie wirft dem BND vor, geltendes Recht bewusst zu missachten, und der Politik wirft sie vor, dass sie die Kontrolle über den BND verloren hätte.

Noch während der Prüfung der Datenschutzbeauftragten in der BND-Außenstelle in Bad Aibling beschloss die Bundesregierung ein Investitionspaket für die technische Ausstattung dieser Abhöreinrichtung in Höhe von 300 Millionen Euro. Im Rahmen des Projektes »Strategische Initiative Technik« (SIT) liegt der Schwerpunkt auf der Überwachung von Sozialen Medien.[276] Das neue BND-Gesetz legalisiert die bisherige Praxis des BND und weitet sie sogar noch aus. Die technische Aufrüstung von Bad Aibling geht Hand in Hand mit dem BND-Gesetz und schafft die Voraussetzung dafür, den BND unabhängiger neu auszurichten. Auch das ist eine Schlussfolgerung aus der NSA-Affäre.

Wenn der Parlamentarische Untersuchungsausschuss bisher eines zutage förderte, dann war es die Erkenntnis, dass die Arbeit des BND in der Vergangenheit aus dem Ruder gelaufen war. Und es war niemand bereit, die politische Verantwortung dafür zu übernehmen. Zu komplex waren die technischen Abläufe innerhalb des BND und zu stark der politische Druck seitens der USA, diese enge Partnerschaft mit dem BND aufrechtzuerhalten. Die Snowden-Dokumente machten es der deutschen Bundesregierung allerdings unmöglich, zur Tagesordnung überzugehen.

Die bisherige Aufarbeitung der NSA-Affäre hat gezeigt, dass sowohl die Dimension der Zusammenarbeit des BND mit der NSA, als auch die enormen Datenmengen, die zwischen Deutschland und den USA automatisiert und täglich ausgetauscht wurden, schlichtweg von den politischen Kontrollinstanzen unterschätzt worden waren.[277] Der BND war, so scheint es, mehr als drei Jahre nach Bekanntwerden der NSA-Affäre nicht der Juniorpartner der NSA, sondern eher eine sehr gut funktionierende NSA-Außenstelle.

Der BND hatte also über Jahre hindurch weit enger mit der NSA kooperiert, als dies die deutsche Politik wahrhaben wollte. Die Kooperation nahm Formen an, die weit über den Auftrag des BND hinausgingen und auch vom Memorandum of Agreement aus dem Jahre 2002 mit der NSA nicht gedeckt waren. In diesem Memorandum wurde die Zusammenarbeit des BND mit der NSA zum Zweck der Terrorismusbekämpfung festgelegt. Mit Terrorismusbekämpfung hatte diese Zusammenarbeit jedoch nicht mehr viel zu tun.

Der bereits erwähnte BfDI-Sachstandsbericht belegt dutzende Rechtsbrüche des BND einschließlich der Verwendung von mindestens 460.000 illegalen Suchbegriffen.[278] Die Datenschutzbeauftragte stellt in ihrem 60 Seiten umfassenden Bericht 18 schwerwiegende Rechtsverstöße fest und spricht zwölf offizielle Beanstandungen aus. Abgesehen davon, beklagt sich die Datenschutzbeauftragte darüber, dass sie in ihrer Arbeit vom BND massiv behindert wurde. Es wird u. a. auch der Vorwurf erhoben, dass der BND ohne Rechtsgrundlage personenbezogene Daten erhoben und systematisch weiterverarbeitet hat. Der BfDI-Bericht erstreckt sich allein auf Bad Aibling und spricht von täglich mehr als 220 Millionen in aller Welt abgegriffenen Metadaten, die im Inland weiterverarbeitet werden. Die BND-Außenstellen in Gablingen, Schöningen und Rheinhausen[279] wurden erst gar nicht geprüft. Der Bericht zeigt aber, dass die Aktivitäten des BND zur Erfassung und Verarbeitung von Daten weit umfangreicher sind als ursprünglich angenommen. So werden in Bad Aibling nicht nur Satelliten abgehört, die Kommunikation aus Krisengebieten weiterleiten, die Datenschutzbeauftragte spricht auch davon, dass der BND an mindestens zwölf außereuropäischen Stellen Glasfaserkabel abhört. Unter dem Operationsnamen »Smaragd« werden die Daten in Bad Aibling zusammengeführt und verarbeitet. Es werden dort also auch Informationen aus Kabeln verarbeitet. Der in den Ruhestand versetzte BND-Präsident Schindler hatte dies gegenüber dem Untersuchungsausschuss noch ausgeschlossen.[280]

Bad Aibling ist das Zentrum der Kooperation zwischen NSA und BND, seit die USA in der Nachkriegszeit den BND installiert hatten. Hier befindet sich, abgetrennt vom Rest, das Verbindungsbüro zur NSA. Der Ort wird vom BND derart abgeschirmt, dass selbst der Bundesdatenschutzbeauftragten der Zutritt verwehrt wurde. Unter der Bezeichnung SUSLAG[281] (Special U.S. Liaison Activity Germany) logiert das Zentrum der NSA-BND-Kooperation. Von dort aus bestehen leistungsfähige Verbindungen zum U.S. European Technical Center (ETC) Wiesbaden. Ob die

Daten direkt von Bad Aibling ins NSA-Hauptquartier übermittelt werden oder über den Umweg Wiesbaden, bleibt unklar.

Die eigentliche Problematik der Zusammenarbeit bestand darin, dass der BND hinter den technischen Fertigkeiten der NSA zurückgeblieben war, und die NSA nicht ohne Weiteres über Zugänge zu den stark frequentierten Kommunikationsknoten wie jenen in Frankfurt verfügte. Das war die Grundlage der Kooperation zwischen BND und NSA – eine Art Arbeitsteilung: Zugang zu den Knotenpunkten gegen Überwachungsinfrastruktur und Überwachungssoftware. Der grundsätzliche Irrtum der BND-Verantwortlichen bestand darin anzunehmen, dass die NSA sich mit dieser Arbeitsteilung zufrieden geben würde.

Der Höhepunkt der Zusammenarbeit fand zwischen 2004 und 2008 im Rahmen der Operation Eikonal statt. Eine Zusammenarbeit, die so weitreichend war, dass das Kanzleramt mehr als acht Jahre nach Auslaufen dieser Operation sich immer noch in Erklärungsnot befindet. Bei dieser Operation handelte es ich um eine BND-NSA-Kooperation, die der NSA den Zugriff auf Internet- und Telefondaten des Kommunikationsknotens Frankfurt einräumte, und zwar über den BND, der wiederum eng mit der Deutschen Telekom kooperierte.

Zielgerichtete technische Informationsbeschaffung

Das BND-Gesetz setzt dem breiten Abgreifen von Inhaltsdaten durch den BND ein Ende. Künftig ist das Abgreifen, Speichern und das Verarbeiten von Daten selektiver und durchläuft mehrere Genehmigungsinstanzen. Das bedeutet, dass Inhaltsdaten nur mehr mittels Selektoren (Suchbegriffen) abgegriffen werden dürfen und nicht, wie in der Vergangenheit, im Wege von Massendatenspeicherung. Das heißt aber nicht, dass der BND auf die mächtigen Suchinstrumente wie XKeyscore künftig verzichten muss. Dieses Tool wird weiter sowohl zur Nachrichtenverarbeitung als auch zur Nachrichtengewinnung eingesetzt. Die durch XKeyscore gewonnenen Inhalts- und Metadaten werden automatisiert an die NSA weitergeleitet – G-10 bereinigt. Genau in dieser automatisierten Weitergabe sieht die Bundesdatenschutzbeauftragte die Fortsetzung von schwerwiegenden

Grundrechtsverstößen[282] und begründet dies damit, dass es in der Praxis unmöglich ist, unbegründet erfasste deutsche Staatsbürger vollständig herauszufiltern. Genau das aber soll die G-10-Bereinigung leisten.

Zumindest in der Theorie folgen solche Suchbegriffe allgemein definierten Kriterien, wie z. B. das frühzeitige Erkennen von Gefahren oder »sonstige Erkenntnisse von außen- und sicherheitspolitischer Bedeutung«. Solche Suchbegriffe können E-Mail-Adressen, IP-Nummern, Telefonnummern oder Personen sein. Entscheidend ist auch, wie lange solche Selektoren im System aktiv sind. Während die abgegriffenen Inhalts- und Metadaten im Hinblick auf die Dauer der Speicherung zeitlich begrenzt sind, kann das nicht mehr garantiert werden, wenn die Daten erst einmal deutschen Boden verlassen haben.

Die sehr allgemein gehaltene Definition solcher Selektoren garantiert dem BND einen weitreichenden Ermessensspielraum, schränkt ihn in der Erfassung der Daten aber kaum ein. Wer im neuen Gesetz Einschränkungen erwartet hätte, was die Metadaten betrifft, der wird enttäuscht. Deren Abgreifen und Verarbeitung werden auch künftig zu den Kernaufgaben der Ausland-Ausland-Fernmeldeaufklärung zählen. Metadaten bilden das Rückgrat der Zusammenarbeit zwischen BND und NSA.[283] An dem massiven Datenfluss zwischen BND und NSA wird sich also nichts ändern, vielmehr wurde er per Gesetz im Nachhinein legitimiert.

Dem BND wird auch die Aufklärung von Einrichtungen der Europäischen Union, von öffentlichen Stellen ihrer Mitgliedstaaten und von EU-Bürgern eingeräumt, wenn auch unter bestimmten Auflagen, z. B. bei Verdacht auf Straftatbestände des G-10-Gesetzes. Damit wird das legalisiert, was der BND ohnehin seit Jahren praktiziert. Es gibt aber Modifikationen zur Praxis der letzten Jahre: So soll die Auswahl der Selektoren durch das Bundeskanzleramt genehmigt werden, ebenso wie die Datenerhebungen in Telekommunikationsnetzen genehmigungspflichtig ist.

Das System der Selektoren ist in der Praxis kaum überschaubar. Jeder von den USA übermittelte Selektor muss begründet werden. Wie das in der Praxis angesichts der Masse von Selektoren gewährleistet werden kann, ist eine Herausforderung. Kenner der technischen Abläufe wissen, dass der BND täglich mit neuen Selektoren der NSA überflutet wird. Insgesamt soll es inzwischen mehr als 14 Millionen solcher Selektoren im System des BND geben.

Angesichts gut gemeinter Kontrollbefugnisse durch das Kanzleramt stellt sich die Frage, wie Tausende von Selektoren des BND, eigene und solche von befreundeten Diensten, überhaupt auf ihre Rechtmäßigkeit geprüft werden können. Hierzu bedarf es einer eigenen Struktur, über die das Kanzleramt nicht verfügt. Hinzu kommt, dass die Kooperation mit der NSA bei Weitem nicht die einzige technische Kooperation darstellt, und dass neben BND-eigenen auch Selektoren in das System eingegeben werden, die von weiteren Kooperationspartnern übermittelt werden.

Das Gesetz verbietet es dem BND, Wirtschaftsspionage im Sinne von Konkurrenzspionage zu betreiben. Bei genauerer Betrachtung bedeutet diese Einschränkung jedoch nicht, dass sich der BND künftig nicht mit diesem Thema auseinandersetzen wird. Das bedeutet im Wesentlichen nur, dass der BND nicht gezielt darauf angesetzt werden darf, deutsche Unternehmen so zu unterstützen, dass sie daraus einen Konkurrenzvorteil ziehen können. Deutschland hat somit einen der wenigen Auslandsnachrichtendienste, dem es per Gesetz untersagt ist, Konkurrenzspionage zugunsten der eigenen Wirtschaft zu betreiben, auch nicht als Abfallprodukt. Die meisten vergleichbaren Dienste sehen gerade darin eine gefragte Rolle und hier insbesondere die russischen, chinesischen und französischen Dienste, die schon seit Jahrzehnten Deutschland als zentrales Operationsgebiet für Wirtschaftsspionage sehen. Für die US-Dienste gelten jedoch andere Kriterien. Auch sie haben keine Einschränkung im Hinblick auf Wirtschaftsspionage, argumentieren jedoch, wie wir gesehen haben, anders im Hinblick auf die Rechtmäßigkeit ihrer Aktivitäten. Nichtsdestotrotz ist und bleibt Deutschland für alle Nachrichtendienste – auch für die amerikanischen – ein lohnendes Ziel von Wirtschaftsspionage.

Für den BND bedeutet das, dass er sich im Bereich der Konkurrenzspionage zurückzuhalten hat. Trotzdem, die Formulierung, dass das außen- und sicherheitspolitische Interesse Deutschlands den Rahmen für die Aktivitäten des BND absteckt, räumt ihm ausreichend Handlungsspielraum ein, weiterhin wirtschaftspolitische Themen aufzugreifen.

Die Ausland-Ausland-Fernmeldeaufklärung

Bei der Ausland-Ausland-Fernmeldeaufklärung handelt es sich um den Kernbereich jener Zusammenarbeit zwischen BND und NSA, die rund um die NSA-Affäre öffentlich geworden ist und zu massiver Kritik am BND und dem Kanzleramt geführt hat. Natürlich geht es nicht nur um die NSA, sondern auch um die Zusammenarbeit mit anderen technischen Diensten, wie z. B. dem britischen GCHQ. Das BND-Gesetz regelt nun, unter welchen Voraussetzungen eine solche Zusammenarbeit möglich ist, und soll außerdem sicherstellen, dass die übermittelten Daten und deren Verwendung durch die Partnerdienste nachvollziehbar sind und sich an den deutschen Datenschutzbestimmungen und sicherheitspolitischen Interessen orientieren. Eine gewaltige Aufgabe angesichts der weitgehend automatisierten Übermittlung durch den BND. Was intern am BND-Gesetz am stärksten kritisiert wird, ist die enorme Zunahme des Verwaltungsaufwandes sowohl auf deutscher als auch auf Seite des Partnerstaates. So muss für jede Operation im Rahmen der Ausland-Ausland-Fernmeldeaufklärung künftig eine schriftliche Absichtserklärung von beiden Partnern unterschrieben werden. (Bisher waren allgemein strategisch gehaltene Absichtserklärungen, wie das 2002 unterzeichnete Memorandum of Agreement zwischen BND und Kanzleramt, ausreichend.) Eine solche Absichtserklärung erläutert die Kooperationsziele, die Kooperationsinhalte und die Kooperationsdauer begleitet von einer Reihe von Datenschutzbestimmungen im Hinblick auf die Weiterverwendung der erhobenen Daten. Das Gesetz spricht im Hinblick auf die Verwendung der erhobenen Daten von einer zutreffenden »Absprache, dass die im Rahmen der Kooperation erhobenen Daten nur zu dem Zwecke verwendet werden dürfen, zu dem sie erhoben wurden, und die Verwendung mit grundsätzlichen rechtsstaatlichen Prinzipien vereinbar sein muss«. Eine sehr schwache Formulierung, die in der Praxis ohnedies nicht verbindlich einzufordern sein wird, ebenso wenig, wie sie kontrollierbar ist. Das Gesetz sieht eine Reihe von standardisierten Abläufen vor, bevor die Absichtserklärung einer solchen Kooperation mit einem Partnerdienst umgesetzt werden kann. So hat der Chef des Bundeskanzleramtes zuzustimmen, ebenso ist vorgesehen, dass das Parlamentarische Kontrollgremium über die Absichtserklärung informiert wird.

Mit dem Einbeziehen der politischen und parlamentarischen Ebene für operative Abläufe soll sichergestellt werden, dass solche zielgerichteten und zeitlich befristeten Operationen nicht aus dem Ruder laufen. Gleichzeitig aber sind damit auch gravierende nachrichtendienstliche Nachteile verbunden. Nicht nur, dass die Entscheidungsabläufe in die Länge gezogen werden, es besteht immer die Gefahr, dass sensible Daten öffentlich werden. Der öffentlich gewordene BfDI-Bericht über die BND-NSA-Kooperation in Bad Aibling hat nicht nur die deutsche Regierung in Verlegenheit gebracht.

Im Hinblick auf die Kooperationsinhalte der Zusammenarbeit mit ausländischen Diensten hat der BND weitgehend freie Hand erhalten. Der Bogen spannt sich von der Abwehr des internationalen Terrorismus über proliferationsrelevante Abwehr bis hin zu sehr allgemein gehaltenen Formulierungen wie »Informationen zu politischen, wirtschaftlichen oder militärischen Vorgängen im Ausland, die von außen- oder sicherheitspolitischer Bedeutung sind«. Die Zusammenarbeit mit ausländischen Nachrichtendiensten erstreckt sich also über den gesamten Zuständigkeitsbereich des BND. Die eingezogenen Transparenzkriterien, wie die Einbindung von Kontrollmechanismen für operative Aktivitäten und auch die neue Rolle des BfDI, sind alarmierende Signale für nachrichtendienstliche Kooperationspartner. Befürchtet wird, dass Transparenz zulasten der Geheimhaltung gehen könnte. Befürchtungen, die ihre Berechtigung haben.

Auf Basis der Kooperationsziele werden die Selektoren definiert, die nur zulässig sind, wenn sie der Erreichung der definierten Ziele dienen. Gemeint sind hier tatsächlich die Kooperationsziele und nicht die viel präziseren Kooperationsinhalte. Dies setzt jedoch eine permanente Prüfung der Selektoren voraus, was in der Praxis unmöglich erscheint. Dasselbe Kriterium gilt auch für Inhaltsdaten. Auch hier definieren die Kooperationsziele die zu verwendenden Selektoren. Künftig haben die verwendeten Selektoren im Einklang mit dem außen- und sicherheitspolitischen Interesse Deutschlands zu stehen. Man scheint aus der NSA-Affäre gelernt zu haben und versucht jetzt auf diese Art, den Wildwuchs übermittelter und unkontrollierbarer Selektoren in den Griff zu bekommen. Im Zuge des Parlamentarischen Untersuchungsausschusses hat sich nämlich herausgestellt, dass 460.000 der von der NSA übermittelten Selektoren keine Deckung mit der deutschen außen- und sicherheitspolitischen Interessenlage aufwiesen.

Wie ist das Gesetz im Lichte der NSA-Affäre zu beurteilen

Es ist offensichtlich, dass das BND-Gesetz die Reaktion der Bundesregierung auf die NSA-Affäre darstellt. Politisch ausgestanden ist die Affäre jedoch damit nicht.

Auf den ersten Blick legitimiert das Gesetz die bisherigen Aktivitäten des BND und weitet die Befugnisse sogar noch aus.

Kernstück sind die Regelungen für die Zusammenarbeit mit anderen Partnerdiensten in der Ausland-Ausland-Fernmeldeaufklärung. Ohne im Detail die intensive Kooperation mit dem BND anzusprechen, wird ein ganzes Regiment von Kontrollmechanismen eingezogen. Das Kanzleramt wird politisch wie operativ so stark in die tägliche Arbeit des BND eingebunden, dass der Dienst dadurch wie gelähmt aus der Reform hervorgeht. Die starken Genehmigungs- und Kontrollmechanismen führten bereits in der jüngeren Vergangenheit dazu, dass laufende Operationen zurückgefahren und neue erst gar nicht auf den Weg gebracht wurden. Es sind vor allem die Mechanismen, die Transparenz auch im operativen Bereich garantieren sollen, die bei den Partnerdiensten starkes Misstrauen hervorrufen. Man befürchtet ein Zuviel an Öffentlichkeit und damit schädliche Auswirkungen auf das Klima der Zusammenarbeit generell.

Alles in allem schränkt dieses Gesetz den BND in der Kooperation mit ausländischen Diensten, wie der NSA oder dem britischen GCHQ, sehr stark ein. Keiner dieser Dienste ist gewillt, sich hier nachhaltig in die Karten blicken zu lassen. Der BND wird längerfristig daher an Attraktivität im Rahmen der Ausland-Ausland-Fernmeldeaufklärung verlieren.

Für das eigene nachrichtendienstliche Aufkommen ist das Gesetz jedoch eine Chance, die NSA-Umklammerung nach und nach zu lockern und stärker auf die eigenen nationalen Interessen zu schauen. Das birgt für die derzeitige sicherheitspolitische Lage allerdings erheblich Risiken. Deutschland ist nämlich mangels eigener Aufklärungsaufkommen nach wie vor stark von den Kapazitäten der USA abhängig. Der BND und die deutsche Regierung befinden sich daher in einer sehr sicherheitskritischen Situation. Ein Weg zurück in die technische Abhängigkeit der NSA ist politisch nicht mehr möglich. Die Eigenständigkeit des BND ist jedoch noch lange nicht erreicht und wird noch Jahre intensiver Investitionen erfordern. Und eine europäische Lösung ist nicht in Sicht.

10. Die sicherheitspolitischen Herausforderungen an der Peripherie

Die anhaltende Instabilität im Nahen Osten und auf dem afrikanischen Kontinent stellt in ihren Auswirkungen kaum zu bewältigende, sicherheitspolitische Herausforderungen für den europäischen Kontinent dar. Wie kein anderes Thema stellt die Flüchtlingsproblematik die Homogenität und den Wertekanon der EU in Frage. Importierte soziale Spannungen zwischen den Flüchtlingen, aber auch zwischen den Flüchtlingen und der einheimischen Bevölkerung, fördern das Aufkommen von Parteien mit rechtem Gedankengut europaweit. Das Gegensteuern politisch etablierter Parteien kommt viel zu spät.

Ein gemeinsamer europäischer Politikansatz in jenen Regionen, die den europäischen Kontinent in vielfacher Hinsicht fordern, ist nicht erkennbar oder bleibt in Ansätzen stecken. So richtig es noch 2003 war, dass sich Deutschland nicht militärisch an der Destabilisierung des Nahen Ostens beteiligt hat, so wichtig ist es heute, in dieser Region präsent zu sein. Dies erfordert jedoch ein Engagement, das über den engen Bereich der Terrorismusbekämpfung und -prävention hinausgeht und sowohl wirtschaftliche als auch humanitäre Ansätze mit einschließt. Es zeigt sich aber auch, dass kein europäischer Staat alleine in der Lage ist, diese Vorfeldstabilisierung zu leisten. Was aber national zu leisten sein wird, ist die Fähigkeit der Nachrichtendienste, wie z. B. des BND, die Entwicklung in dieser Region mitzuverfolgen und über die Politik mitzugestalten. Genau das wurde über die vergangenen Jahre vernachlässigt.

Und auch heute, nach der Anpassung des BND-Gesetzes, kommt dem Dienst nicht jener Stellenwert in der Beurteilung sicherheitspolitischer Entwicklungen im Ausland zu, die er der eigenen Regierung eigentlich schuldig ist. Wohl aufgrund der internen Entwicklungen der letzten Jahre wurde eine Distanz zwischen BND und Regierung geschaffen. Einer der Gründe ist, dass die Regierung die politischen Einschätzungen des eigenen Dienstes weniger als Politikberatung wahrnimmt denn als Hemmschuh und Belastung. So wird dem Kanzleramtsminister Peter Altmaier nachgesagt, den BND im Vorzimmer der Regierung in Warteschleife zu halten.

In den folgenden Kapiteln wollen wir einige der für Europa und Deutschland so entscheidenden Regionen betrachten. Dort braut sich ein Sturm zusammen, der Europa mitzureißen droht. Diese Entwicklung hat lange vor 2003 eingesetzt, dem Beginn der militärischen Intervention im Irak.

Irak – Syrien – Türkei

Auslöser der anhaltenden Instabilität im Nahen Osten war der militärisch erzwungene Regimewechsel im Irak im März 2003. Die militärische Intervention im Irak hat das Land nachhaltig destabilisiert und 13 Jahre später an den Rand eines Bürgerkrieges gebracht. Das von den USA proklamierte Nation-Building-Konzept für das Land hat ebenso versagt, wie in Libyen und anderswo. Maßnahmen zur Stabilisierung haben nur so lange oberflächlich gegriffen, solange die Besatzungsmacht USA vor Ort präsent war. Mit dem (Teil-)Abzug der alliierten Streitkräfte 2011 unter der Führung der USA haben sich schon immer vorhandene, ethnische und religiöse Gräben neu geöffnet. Die Regierung unter Ministerpräsident al-Maliki von 2006 bis 2014 war der Wegbereiter für den Aufstieg des IS. Unter seiner Regierung kam es zu einer beispiellosen Verdrängung der sunnitischen Eliten in Militär, Verwaltung und Wirtschaft und zu einer Drangsalierung der sunnitischen Bevölkerung landesweit, Nährboden für die Rekrutierung durch den IS.

Während die USA sich noch in der Besatzungszeit für einen multiethnischen Irak und eine ebensolche Regierung einsetzten, war nach Jahren unter al-Maliki davon nichts mehr zu sehen. Stattdessen glitt das Land in Korruption und Terrorismus ab. Die Regierung war 2012 durch ihre restriktive Politik gegenüber den Sunniten in eine politische Sackgasse geraten, nur ein Jahr, nachdem sich die im Irak verbleibenden US-Truppen im Dezember 2011 zurückgezogen hatten. Seitdem versinkt das Land im Chaos.

Europa hat in jüngerer Geschichte im Nahen Osten kaum eine Rolle gespielt, auch Deutschland nicht. Erst mit dem Aufkommen des Terrorismus und der Gefahr des Exports nach Europa rückte dieser Raum verstärkt in das Interessenfeld der EU und der europäischen Dienste. Es fehlen jedoch nach wie vor tragfähige Ansätze, um die Region zu stabilisieren. Ebenso ist der politische Wille dazu nicht erkennbar. Im Gegenteil, die militärische Rückeroberung der vom IS kontrollierten Stadt Mossul, der zweitgrößten Stadt im Irak, im Oktober 2016 führte zu einem humanitären Desaster und zu einer weiteren Flüchtlingswelle.

An der Operation zur Befreiung Mossuls beteiligten sich neben Großbritannien und Frankreich auch die USA mit Luftunterstützung, letztere ebenfalls mit einem dichten Stab an Beratern, eingebettet in reguläre irakische Verbände. An der militärischen Aktion waren irakische Streitkräfte, schiitische Milizen, Einheiten der kurdischen Peschmergas, Einheiten und Berater aus dem Iran und auch türkische Verbände beteiligt, die in der autonomen kurdischen Region inzwischen einen festen Stützpunkt errichtet haben. Das neue türkische Selbstverständnis, uneingeladen Truppen im Irak zu stationieren und sich an der Operation zur Befreiung Mossuls gegen den Willen der irakischen Regierung zu beteiligen, hat zu schweren diplomatischen Verstimmungen zwischen den beiden Ländern geführt. Es zeigt aber auch, dass die irakische Regierung über Rhetorik hinaus wenig dazu beitragen kann, die Türkei daran zu hindern, militärisch im Irak aktiv zu werden.

Die von Irak und Syrien ausgehende Instabilität beeinflusst insoweit die europäische Sicherheit, da auch noch in den nächsten Jahren mit einem nicht abreißenden Flüchtlingsstrom zu rechnen ist. Es ist nicht davon auszugehen, dass die Türkei unter Erdoğan auf sicherheitspolitische Befindlichkeiten der EU Rücksicht nehmen wird: Im Gegenteil. Die damit verbundene terroristische Bedrohungslage und einhergehende Radikalisierung der eigenen Bevölkerung ist ein realistisches Szenario, das Regierungen und Sicherheitsbehörden gleichermaßen herausfordert und künftig noch mehr herausfordern wird. Anzunehmen, dass der

Flüchtlingsstrom aus den Krisengebieten Richtung Europa auch in Zukunft kontrollierbar sein wird, wird sich als Illusion erweisen.

Ähnlich entwickelt sich die Situation in Syrien. Wie schon im Irak, so wurden auch in Syrien der Bürgerkrieg von außen befeuert. Im Unterschied zum Irak hat die Regierung Obama jedoch eine militärische Intervention vermieden, war doch die Situation in Syrien wesentlich komplexer. Unterschiedliche Gruppierungen, anfänglich als Freiheitskämpfer gegen Baschar al-Assad vom Westen gefeiert, wurden überwiegend von den USA, aber auch von der Türkei und von arabischen Staaten mit Waffen und Ausrüstung versorgt. Bis heute gibt es nur Spekulationen darüber, warum westliche Staaten, wie die USA oder auch die Türkei den IS anfänglich logistisch unterstützt haben. Mit einer Politik, die sich auf die Ablösung des syrischen Präsidenten konzentrierte, ist die logistische Unterstützung von Terrorgruppierungen alleine nicht zu erklären.

Der seit 2011 eskalierte Bürgerkrieg in Syrien war nicht, wie oft dargestellt, eine verspätete Reaktion auf den Arabischen Frühling, sondern folgte geopolitischen Interessenlagen. Die USA wollten einen Regimewechsel herbeiführen, koste es was es wolle. Die Türkei wollte unbedingt verhindern, dass die syrischen Kurden mit ihrem militärischen Arm der Volksbefreiungseinheiten – YPG – vor ihrer Haustür ein zusammenhängendes kurdisches Territorium errichten. Die Türkei ist ein vehementer Gegner eines kurdischen Staates, schon deshalb, weil innerhalb der Türkei 10 bis 12 Millionen Kurden ansässig sind, etwa 18 Prozent der türkischen Gesamtbevölkerung.

Zwischen der Türkei und den USA zeichnete sich schon frühzeitig eine handfeste diplomatische Krise ab, da die USA die YPG unterstützen, die von der Türkei aufgrund ihrer Kontakte zur kurdischen PKK als Terroristen eingestuft werden. Die CIA hatte schon frühzeitig im Jahre 2013 damit begonnen, gemäßigte syrische Gruppierungen auszubilden und im Kampf gegen die syrischen Regierungstruppen aufzurüsten. Das Pentagon folgte mit einem eigenen Programm 2014 und unterstützte unter anderem eben auch die YPG. Die Türkei verurteilte die Waffenlieferungen auch deshalb, da diese Waffen nach türkischer Darstellung auch der Aufrüstung der PKK dienten.[284] Die Situation ist sehr unübersichtlich, weil in diesem Konflikt eine Vielzahl von Gruppierungen militärisch involviert sind. Darunter auch solche, die als terroristische Vereinigungen gelten, wie al-Qaida, IS und die al-Nusra-Front.

Der Syrienkonflikt hat sich Anfang 2017 zu einem Stellvertreterkrieg entwickelt. Nicht unbeträchtliche Gelder aus den arabischen Emiraten kommen den sogenannten Freiheitskämpfern zugute, was auch immer mehr Söldner und Freiwillige aus Europa, aber auch aus Russland anzieht. Die ursprüngliche Motivation, die Demokratisierung Syriens durch einen Regimewechsel zu erreichen, ist in weite Ferne gerückt. Heute spielt sie kaum noch eine Rolle, heute steht der Kampf aus religiösen und ethnischen Gründen im Vordergrund. 2015 sollen nach Angaben aus Geheimdienstkreisen etwa 27.000 ausländische Kämpfer im Irak und Syrien aufgehalten haben. Mitte 2014 waren es nur etwa 8000.[285] Die Erfolge der Allianz gegen den IS, wozu auch Russland, die USA und die Türkei zählen, haben zur Folge, dass die ausländischen Söldner entweder in ihre Heimatstaaten zurückkehren oder in andere, vom IS besetzte Gebiete ausweichen. Die rückkehrenden Dschihadisten stellen für die europäischen Sicherheitsbehörden eine der am schwersten einzuschätzenden Sicherheitsbedrohungen dar.

Seit dem 30. September 2015 engagiert sich Russland militärisch aufseiten der Regierung im syrischen Bürgerkrieg. Vor allem durch die Einsätze der Luftwaffe und einem umfangreichen Beraterstab in den regulären syrischen Streitkräften ist es gelungen, die gegen die Regierung kämpfenden Gruppierungen zurückzudrängen. Die Strategie zielt auf massive militärische Stärke ab, unterbrochen von Feuerpausen und dem Angebot, sich am Wiederaufbau des Landes unter dem amtierenden Präsidenten zu beteiligen. Das Angebot schließt jedoch terroristische Vereinigungen wie den IS aus. Die Lage ist auch deshalb so unübersichtlich, da Koalitionen laufend wechseln und Grenzen zwischen Opposition und terroristischen Gruppierungen verschwimmen. Wie erwartet, hat das russische Engagement zu einer Konsolidierung der Regierung Assad geführt. Ebenso wie zu einer Flüchtlingswelle der Zivilbevölkerung in angrenzende Regionen, hauptsächlich in die Türkei und weiter nach Europa.

Durch sein militärisches und politisches Engagement in Syrien ist es Russland gelungen, im Nahen Osten politisch und militärisch wieder Fuß zu fassen. Inwieweit der Präsidentenwechsel in den USA Einfluss darauf haben wird, ist noch nicht absehbar. Der öffentlich ausgetragene Konflikt zwischen dem neu ins Amt gewählten Präsidenten und der CIA macht die unterschiedlichen Auffassungen zwischen Präsident und der Agency deutlich. So forderte Trump einen Stopp der Aufrüstung der syrischen Opposition durch die CIA.[286] Es ist jedoch zu erwarten, dass das amerikanische Engagement im Nahen Osten an Profil verlieren wird, selbst angesichts einer deutlich stärkeren russisch-türkischen Rolle in der Region. Ein europäisches Profil ist derzeit weder wirtschaftlich noch politisch und schon gar nicht militärisch erkennbar. Daran ändert auch die Beteiligung Deutschlands an Aufklärungsoperationen in Syrien vom türkischen Stützpunkt Incirlik aus nichts. Oder Waffenlieferungen und Ausbildungshilfe an die Peschmerga im Nordirak.

Irak und Syrien werden auf Jahre hinaus ein Unsicherheitsfaktor für Europa bleiben. Sollten die USA ihr Interesse in der Region unter einem Präsidenten Trump zurücknehmen, so ist die EU wohl nicht in der Lage, diese Rolle kurz- oder langfristig zu kompensieren. Ein völliger Rückzug der USA aus der Region gilt jedoch als unwahrscheinlich, da sie auch weiterhin die Sicherheit Israels mit allen ihr zur Verfügung stehenden Mitteln garantieren wird und daher auch längerfristige Interessen in der Region zu verteidigen haben. Auch unter einem Präsidenten Trump.

Das Engagement Russlands in der Region schafft auch neue geostrategische Allianzen. Die Spannungen zwischen den USA und der Türkei führen dazu, dass die Türkei unter Präsident Erdoğan zunehmend auf die russische Karte setzt, womit die USA als Akteur im Syrienkonflikt an Boden verliert. Dies wird besonders daran deutlich, dass Russland gemeinsam mit der Türkei die Vermittlerrolle im Konflikt übernommen hat.[287] Die EU und auch die USA müssen eine neue geostrategische Komponente im Nahen Osten zur Kenntnis nehmen: eine russisch-türkische Allianz. Inwieweit dies auf die NATO-Mitgliedschaft der Türkei Einfluss haben wird, werden die kommenden Jahre zeigen.

Das Schlüsselland für die europäische Sicherheit bleibt weiterhin die Türkei. Dessen ist sich Erdoğan bewusst. Geostrategisch betrachtet, hat das Land sowohl eine Brückenfunktion zwischen dem Nahen Osten und Europa, wie auch eine Torwächterfunktion für die Flüchtlingsbewegung. Was das realpolitisch bedeutet, hat der türkische Außenminister gegenüber der *Neuen Zürcher Zeitung* Anfang November 2016 präzisiert.[288] Er drohte mit der Aussetzung des im März 2016 zwischen der EU und der Türkei abgeschlossenen Flüchtlingsabkommens, falls die EU die Visabeschränkungen für türkische Staatsbürger nicht aufhebt. Europa hat sich mit dem unter deutscher Federführung ausgehandelten Flüchtlingsabkommen in eine Sackgasse manövriert. Zum damaligen Zeitpunkt, im März 2016, war die innertürkische Entwicklung natürlich noch nicht absehbar gewesen. Die EU wird die Visabeschränkungen für türkische Staatsbürger so lange nicht aufheben, solange die Türkei ihre innenpolitische Stabilität nicht zurückerlangt hat, wofür es keinerlei Anzeichen gibt. Die derzeitige Außenpolitik unter Erdoğan spricht jedoch dafür, dass sich das Land längerfristig neu orientiert und von den europäisch geprägten Wertvorstellungen abrückt.

Die EU beruft sich bei ihrer Zurückhaltung bezüglich der Aufhebung der Visabeschränkungen darauf, dass die Forderungen nach Änderung der Antiterrorgesetze bisher nicht erfüllt wurden. De facto geht es aber vor allem darum, dass mit der Einführung der Visafreiheit mit einer Ausreisewelle türkischer Staatsbürger Richtung EU zu rechnen sein wird. Die EU geht auch davon aus, dass in einem solchen Fall sowohl politisch Verfolgte, als auch Angehörige der kurdischen Minderheit aufgrund der Repressionspolitik der Regierung das Land verlassen werden. Wie stark die politischen Divergenzen zwischen Deutschland und der Türkei Ende 2016 tatsächlich sind, wird auch dadurch deutlich, dass Deutschland als erster europäischer Staat politisch verfolgten Personen aus der Türkei den Asylstatus in Aussicht gestellt hat.[289]

Der deutsche Staatsminister im Auswärtigen Amt, Michael Roth, wird in der deutschen Presse mit den Worten zitiert: »Alle kritischen Geister der Türkei sollen wissen, dass die Bundesregierung ihnen solidarisch beisteht«, und weiter: »Sie können in Deutschland Asyl beantragen«.[290] Die offen ausgesprochene Einladung an politisch Verfolgte, nach Deutschland zu kommen, wird die Spannungen zwischen Deutschland und der Türkei weiter verschärfen. Neben der Festnahme von Journalisten und Regimekritikern sowie Oppositionspolitikern der prokurdischen HDP wurde eine in der türkischen Geschichte beispiellose Säuberungswelle nach dem Putschversuch Mitte 2016 gestartet. Nur Stunden nach dem gescheiterten Putsch begannen umfangreiche Verhaftungen gegen weite Teile der Gesellschaft. Betroffen waren nicht nur Militär und Justiz, sondern vor allem auch der Bildungsapparat. Innerhalb nur eines Monats wurden insgesamt 40.000 Menschen festgenommen, 79.000 Beschäftigte des öffentlichen Dienstes mussten ihre Posten räumen und nach Angaben des türkischen Ministerpräsidenten wurden über 4200 Firmen und Einrichtungen geschlossen. Ihnen wird vorgeworfen, mit dem Prediger Fethullah Gülen zusammengearbeitet zu haben. De facto handelte es sich um vorbereitete Enteignungen.

Der Putschversuch kam Präsident Erdoğan mehr als gelegen. Nach weniger als fünf Stunden wurde der Putsch von der Regierung als gescheitert erklärt, in einer ersten Stellungnahme sprach der Präsident von einem Geschenk des Himmels. Noch am selben Tag, dem 16. Juli 2016, setzte eine umfangreiche Verhaftungswelle ein.

Der Konflikt Erdoğans mit dem Prediger Gülen geht in seinen Ursprüngen auf das Jahr 2002 zurück. Der AKP unter Erdoğan war es als fundamentalistische Partei erstmals gelungen, die Alleinregierung in Ankara zu stellen. Der AKP fehlte jedoch das gut ausgebildete Personal, um die Schlüsselfunktionen im laizistisch organisierten Staat zu übernehmen. Dazu ging Erdoğan ein Zweckbündnis mit der Gülen-Bewegung ein, die zwar keine politische Partei war, der es aber gelungen war, ihre gut ausgebildeten Kader im Justizapparat und in der öffentlichen Verwaltung zu etablieren. Mittels dieser Kader und den Antiterrorgesetzen wurden Kritiker der AKP und vor allem Personen aus kemalistischen Militärkreisen inhaftiert. Die damalige Anklage lautete auf Bildung einer Putschistenloge gegen die AKP-Regierung mit dem Namen Ergenekon. Dieses Schicksal traf auch Tausende Gewerkschafter, kurdische Kommunalpolitiker und Gülen- bzw. AKP-kritische Journalisten.[291]

> Der Einfluss der Gülen-Bewegung im Staatsapparat, weniger im Mi-
litär, war so ausgeprägt, dass Beobachter von einem »tiefen Staat«
hinter den sichtbaren türkischen Verwaltungsstrukturen sprachen.
2013 zerbrach das Zweckbündnis zwischen Erdoğan und Gülen im
Streit darüber, welche Gefolgsleute mit welchen Posten betraut werden sollten. Erdoğan reagierte mit der Schließung von Bildungsein-
richtungen der Gülen-Bewegung und Gülen ließ gegen ihn aufgrund
eines Korruptionsskandals in seinem unmittelbaren privaten Umfeld
ermitteln. Erdoğan sah darin einen Justizputsch und stempelte die
Gülen-Bewegung als Gefahr für die Türkei und als Staat im Staate
ab. Der Nationale Sicherheitsrat erklärte sie schließlich zur terroristischen Organisation, Gülen floh ins Ausland und lebt heute in Penn-
sylvania, von wo aus er sein Netzwerk pflegt. Wenige Stunden nach
dem Ende des dilettantischsten Putsches in der türkischen Geschichte, meldete sich der Präsident über den türkischen CNN-Sender und
bezeichnete den Putsch als »Gunst Gottes«, ein Geschenk Allahs.[292]
Unmittelbar nach dem Putschversuch wurde der Ausnahmezustand
ausgerufen und der Präsident regiert mit temporären »außergewöhn-
lichen Befugnissen«. Die Dauer des Ausnahmezustandes wird vom
Parlament bestimmt, in dem die AKP nach dem Auszug der HDP
faktisch alleine regiert.

> In außenpolitischer Hinsicht hat sich die Situation für die Türkei
stark verändert. Türkische Außenpolitik war davon geprägt, eine Brückenfunktion im positiven Sinne auszuüben. Nicht erst seit Ende
2016 hat sich dieses Bild verändert. Es gibt keinen Nachbarstaat, mit
dem die Türkei nicht ein angespanntes Verhältnis hätte.

> Seit August 2016 interveniert die Türkei mit Truppen im Syrienkon-
flikt. Unter dem Operationsnamen »Schutzschild Euphrat« plant
die türkische Regierung schon seit mehr als zwei Jahren, eine ent-
militarisierte Schutzzone auf syrischem Gebiet einzurichten. Diese
Schutzzone soll durch eine Flugverbotszone abgesichert werden und
der Rückführung syrischer Flüchtlinge dienen, wobei die Türkei die
erforderliche Infrastruktur errichten möchte. Für die Installierung einer solchen Flugverbotszone benötigt die Türkei jedoch internationale Unterstützung, die insbesondere Russland verwehrt. Russland

sieht in der Einrichtung einer Schutzzone eine Verletzung der territorialen Integrität Syriens, das bereits heute massiv gegen die türkische Militärintervention protestiert. Bisher reagierte die internationale Staatengemeinschaft verhalten auf den türkischen Plan. Die Schutzzone soll nämlich überwiegend im kurdisch dominierten Grenzstreifen entlang der türkisch-syrischen Grenze eingerichtet werden, und die von den USA unterstützten Kurden sehen in diesem Plan vor allem die Absicht, ihre Unabhängigkeitsbestrebungen zu unterlaufen.

➤ Im Nordirak unterhält Ankara gegen den Willen der Zentralregierung in Bagdad ein Ausbildungslager für Anti-IS-Kämpfer.[293] Der türkische Militäranalytiker Metin Gurcan sieht die Stationierung des 400 Soldaten umfassenden Bataillon inklusive 25 Panzern in der Nähe von Mossul als einen ersten Schritt für eine permanente Militärbasis der Türkei im Nordirak.[294] Die Aufforderung der irakischen Regierung im Oktober 2016, die türkischen Streitkräfte aus dem Nordirak abzuziehen[295], sowie eine Beschwerde vor dem UN-Sicherheitsrat in Dezember 2015 haben wenig bewirkt[296]. Die türkische Regierung begreift sich im Irak, wie auch in Syrien, als Schutzmacht der Sunniten und Turkmenen und erhofft sich dadurch, einen möglichen militärischen Korridor zwischen der PKK im Nordirak und ihrem syrischen Ableger PYD zu blockieren[297]. Auch reklamiert die Türkei für sich ein Mitspracherecht bei der Neugestaltung des zukünftigen Iraks[298]. Die Türkei hat zu allen Kurdenfraktionen auch im angrenzenden Ausland ein angespanntes Verhältnis. Nur die Kurden im Nordirak unter dem Präsidenten der autonomen Region Kurdistan, Masud Barzani, sind eine Ausnahme. Die Kurden im Nordirak kommen mit der türkischen Regierungspartei AKP gut aus.[299] Schon sehr frühzeitig hat man sich darauf verständigt, dass beide Seiten, die Türkei und die Kurden im Nordirak, am Ölreichtum verdienen. Eine der größten Pipelines passiert den Nordirak Richtung Türkei und endet in Ceyhan, einem der größten Ölterminals am Mittelmeer.

➤ Das Mitwirken der Türkei an der militärischen Offensive zur Rückeroberung der nordirakischen IS-Hochburg Mossul hat zu einer Eskalation des Konflikts zwischen der Türkei und dem Irak geführt. Ministerpräsident Haider al-Abadi hatte im staatlichen Fernsehen erklärt, dass eine weitere Einmischung der türkischen Regierung in Belange des Iraks in einem regionalen Krieg mit dem Nachbarstaat enden könnte.[300] Die Türkei vertritt jedoch weiterhin die Auffassung, dass sie sich keine Erlaubnis dafür holen werde, um gegen Terroristen »sowohl im Land als auch außerhalb des Landes vorzugehen«, wie der türkische Ministerpräsident Binali Yildirim verlauten ließ.[301]

Nordafrika und Ägypten

Neben dem Nahen Osten ist Afrika ein wichtiger Faktor für die europäische Sicherheit, aber auch für die Energieversorgung. Die hohe Bedeutung Nordafrikas für Europa ergibt sich aus den vitalen Interessen, die vor allem die EU-Mittelmeerstaaten haben. Dabei geht es nicht nur um das Thema Migrationsproblematik, sondern auch um Terrorexport und um die Sicherung der Transportwege inklusive des Mittelmeers. Nordafrika ist aber auch bedeutend für die europäische Wirtschaft im Hinblick auf Ressourcen und Absatzmärkte. Ein instabiles Nordafrika bedroht alle diese Interessen in höchstem Ausmaß und damit direkt oder indirekt auch die Sicherheit und Stabilität Europas.

Die größte Problematik für Europa ist der Migrationsdruck vom afrikanischen Kontinent und der damit verbundene Export des islamischen Dschihadismus.[302] Bis Ende 2016 haben 300.000 Flüchtlinge aus Nordafrika die EU erreicht und in Libyen, so der deutsche Innenminister, warten mehr als 200.000 auf die Überfahrt nach Europa.[303] Der Flüchtlingsstrom wird in den kommenden Jahren weiterhin zunehmen, davon gehen alle europäischen Dienste aus. Ursachen dafür liegen nicht nur in den zahlreichen ungelösten Konflikten, sondern vor allem auch in der Demografieentwicklung in den afrikanischen Staaten.[304] Diese Länder werden aus derzeitiger Sicht einfach nicht in der Lage sein, die explodierende Bevölkerung zu versorgen. Aus dieser Sicht kommt den Maghreb-Staaten eine besondere Rolle für die europäische Sicherheit zu, aber eben nicht nur. Eine längerfristig greifende Strategie, diese unterschiedlich instabilen Staaten zu stabilisieren, ist entscheidend für die Bewältigung des anhaltenden Migrationsdrucks aus Afrika. Eine Stabilisierung der afrikanischen

Mittelmeeranrainer kann den Druck vorübergehend zwar etwas mindern, wird aber das Problem an sich nicht lösen.

Bislang hat es die EU nicht geschafft, für ihr Vorgehen in Nordafrika eine Strategie zu entwickeln. Sie müsste Schwerpunkte setzen. Aufgrund der erkennbaren Entwicklungen wären Ägypten und Tunesien erfolgversprechende Kandidaten. Ägypten ist mit Abstand der »gefährlichste« Staat in der Region. Eine fortwährende Instabilität oder gar ein Bürgerkrieg im bevölkerungsstärksten arabischen Land hätte nicht nur nachhaltige negative Auswirkungen in Bezug auf die Migration in Richtung Europa, sondern könnte die gesamte Region weiter destabilisieren.

Tunesien hat seit dem Arabischen Frühling einige bemerkenswerte Fortschritte gemacht. Allerdings hat sich die sozioökonomische Situation für weite Teile der Bevölkerung nicht wirklich verbessert und in einigen Gegenden sogar verschlechtert. Die Wirtschaft des Landes muss dringend umstrukturiert und angekurbelt werden, da sonst ein Scheitern des Demokratisierungsprozesses zu erwarten ist. Tunesien kann – mit relativ geringem Aufwand – noch immer zu einem Modell für andere Staaten in der Region gemacht werden.

Die kommenden zehn Jahre und wohl darüber hinaus bleibt der afrikanische Kontinent zusammen mit dem instabilen Nahen Osten die größte Herausforderung für die europäische Sicherheit. Bereits kurzfristig sind Strategien sowie personelle und finanzielle Mittel in beträchtlichem Ausmaß erforderlich, um stabilisierend wirken zu können. Dafür ist seitens der EU derzeit jedoch nur marginales Interesse erkennbar. Das Hochfahren eines europäischen Grenzregimes – zu Lande, zu Wasser und in der Luft – wird den Flüchtlingsstrom nur kurzfristig beruhigen können. Es steht zu befürchten, dass der afrikanische Kontinent, aber auch der Nahe Osten, durch den anhaltenden Migrationsdruck in Richtung Europa zum Einfallstor für islamisch motivierten Extremismus und auch Terrorismus wird.

II. Ursache und Wirkung – der Flüchtlingsstrom

Nach Angaben von UNHCR sind 64 Millionen Menschen weltweit auf der Flucht.[305] Nach Angaben von Eurostat wurden 2015 in der EU mehr als 1,2 Millionen Asylbewerber registriert, fast 500.000 allein in Deutschland, gefolgt von Ungarn, Schweden und Österreich.[306] Bis Ende 2016 erwartete die EU laut Eurostat allein aus Afrika weitere 300.000 Flüchtlinge, Tendenz steigend.[307] Global gesehen schultert die EU einen verhältnismäßig kleinen Teil des weltweiten Flüchtlingsaufkommens, nämlich 4,4 Millionen, alleine 2,5 Millionen davon fallen auf die Türkei, andere Schätzungen gehen von bis zu 3 Millionen Menschen aus.[308] Und trotzdem, noch nie in ihrer Geschichte stand die EU vor so substanziellen Herausforderungen aufgrund der Krise in der Flüchtlingspolitik. So scheiterte der von Deutschland forcierte Lösungsansatz zur EU-weiten Aufteilung von Flüchtlingen nach einer Quote.

Schaut man auf die Herkunftsländer, aus denen die Asylbewerber kommen, so sind es 2016 überwiegend Syrer, gefolgt von Afghanen und Menschen aus dem Irak. Sechs von zehn Asylanträgen werden in Deutschland gestellt. Allein im Irak sind mehr als 4,4 Millionen Menschen innerhalb der Grenzen des Landes auf der Flucht, und dabei sind die Flüchtlinge aus Mossul infolge der Rückeroberung der Stadt noch gar nicht berücksichtigt.[309]

Seit dem Mauerfall hat kein Ereignis Europa nachhaltiger verändert, als die Öffnung der österreichisch-ungarischen Grenze im September 2015.

Zu Tausenden strömten die Flüchtlinge Richtung Wien und weiter nach Deutschland. Die wenigsten beantragten in Österreich politisches Asyl.

Auf diesen Ansturm waren weder die Regierungen noch die Infrastruktur der beiden Länder vorbereitet. Die Flüchtlinge traten den Weg von Budapest zur österreichischen Grenze zu Tausenden als Fußmarsch an oder wurden von der ungarischen Regierung dorthin gebracht. Von dort ging es mit der Bahn oder mit Bussen weiter nach Wien. Wer von der überlasteten Logistik nicht gleich transportiert werden konnte, verbrachte Zeit in Notquartieren. Auch zu Fuß waren Kolonnen von Flüchtlingen in Österreich Richtung deutsche Grenze unterwegs. Die überwiegend männlichen Flüchtlinge misstrauten den Behörden und befürchteten, nach Ungarn und weiter in ihre Herkunftsländer abgeschoben zu werden und zogen es deshalb vor, die angebotenen Transportmöglichkeiten nicht zu nutzen und den Weg Richtung deutscher Grenze zu Fuß zurückzulegen. In Wien wurden die ankommenden Flüchtlinge von einer Welle der Hilfsbereitschaft empfangen und versorgt. Bis zu 3400 Flüchtlinge hielten sich zeitgleich am Zentralbahnhof auf. In den darauffolgenden Tagen wurden sie an die österreichisch-deutsche Grenze weitertransportiert, wo sie von den deutschen Behörden übernommen wurden. Der Entscheidung, die österreichische Grenze für Flüchtlinge auf dem Weg nach Deutschland zu öffnen, war ein Gespräch der deutschen Kanzlerin mit ihrem österreichischen Amtskollegen vorausgegangen. Diesem Gespräch waren schwere politische Verstimmungen zwischen dem ungarischen Ministerpräsidenten Viktor Orbán mit der deutschen Kanzlerin gefolgt. Die über die sozialen Netzwerke und über andere Kanäle verbreiteten Bilder über die sozialen und humanitären Bedingungen Zehntausender in Ungarn gestrandeter Flüchtlinge, brachte die ungarische Regierung schließlich unter Druck. Die Regierung Orban wurde massiv dafür kritisiert, dass sie als Außengrenze der EU an den Einreisebestimmungen des Schengener Abkommens festhielt. Weniger als ein halbes Jahr danach folgte Österreich dem Beispiel Ungarns und diskutierte halbherzig die Errichtung von Zäunen zu Slowenien innerhalb des Schengen-Raumes. Und Deutschland führte Ende 2016 wieder temporäre Grenzkontrollen zu Österreich ein. De facto wurde in Europa bereits mit der ersten Flüchtlingswelle 2015 das Schengener Abkommen unterlaufen.

Innerhalb eines Jahres ab Öffnung der Schengen-Grenze für Flüchtlinge veränderte sich die sogenannte Willkommenskultur in den Gastländern Deutschland und auch Österreich. Die Bevölkerung nimmt nach und nach wahr, welche sozialen und integrationspolitischen Probleme damit verbunden sind. Auch die Angst vor eingeschleppter Kriminalität und Terrorismus führt dazu, dass die Stimmung in der deutschen Bevölkerung gekippt ist. Zu diesem Ergebnis kommt eine Studie vom Institut für interdisziplinäre Konflikt- und Gewaltforschung der Universität Bielefeld. Die Studie untersuchte, inwieweit sich die Einstellung der deutschen Bevölkerung zwischen 2013/14 und 2015/16 verändert hat.[310] Der Studie zufolge sieht ein Drittel der Befragten die Zukunft durch Migration in Gefahr und fast die Hälfte bringt die steigende Anzahl von Flüchtlingen mit einer steigenden Bedrohung durch den Terrorismus in Verbindung.

Die Ereignisse in Köln als Wendepunkt öffentlicher Wahrnehmung[311]

Die Medien, aber auch die Sicherheitsbehörden, haben massiven Anteil am Stimmungswandel in der Bevölkerung. Von einer Willkommenskultur 2015 scheint fast zwei Jahre später nur mehr Skepsis übrig geblieben zu sein. Einer der Katalysatoren für diesen Schwenk waren die Ereignisse in der Silvesternacht 2015 auf 2016 in Köln, von denen die Sicherheitsbehörden im Nachhinein davon ausgehen, dass die Ausschreitungen gegen Frauen organisiert waren. Als Täter und Tatverdächtige wurden Personen aus der Migranten- und Asylszene identifiziert.

Wie prekär die Sicherheitslage in deutschen Städten tatsächlich ist, kann nach Köln auch politisch nicht mehr negiert werden. Das Bild, das die Bundesregierung in der Vergangenheit von der innerdeutschen Gefährdungslage der eigenen Bevölkerung suggerierte, war von Humanität, Solidarität und Hilfsbereitschaft gegenüber den Neuankömmlingen in Deutschland geprägt und hat die Schattenseiten der Migration negiert. Die Ereignisse in Köln und das Bekanntwerden immer neuer Fakten und Hintergründe einer außer Kontrolle geratenen Migrationsszene hat die Bevölkerung wach gerüttelt. Bisher konnte sich die Bundesregierung weitgehend auf die Medien stützen, dass Flüchtlingsthema in seinen negativen Auswirkungen auf die deutsche Sicherheitslage schlicht und einfach zu ignorieren oder kleinzureden. Das war nach Köln vorbei. Auch die

Leitmedien beginnen sich nach und nach mit diesem Thema zu befassen. Es war kein Zufall, sondern gängige Praxis der Mainstream-Medien, solche und andere, wenig präsentable Kriminalitätsphänomene rund um die aktuelle deutsche Flüchtlingspolitik weitgehend zu ignorieren.

Es ist daher nicht erstaunlich, dass überregional erst Tage nach den Ereignissen der Silvesternacht in Köln darüber breit in den Medien berichtet wurde. Dieser Umstand ist nur zum Teil darauf zurückzuführen, dass die verantwortliche Sicherheitsbehörde in Köln die dokumentierten Vorfälle am liebsten intern abgehandelt hätte, um eigene Fehlbeurteilungen und Defizite der Einsatzleitung nicht öffentlich werden zu lassen. Das ungeheure Echo der deutschen Bevölkerung auf diese und ähnlich gelagerte Vorfälle, auch in anderen deutschen Städten, hat selbst die Bundesregierung überrascht und zum Handeln gezwungen.

Bei einer genaueren Betrachtung dieser neuen Gewaltphänomene müssen Politik und auch die Sicherheitsbehörden zur Kenntnis nehmen, dass sie es hier mit einer neuen Qualität von Kriminalität zu tun haben. Der Fokus der Sicherheitsbehörden war bisher klar und auch berechtigt auf die Abwehr und Verhinderung von terroristischen Angriffen ausgerichtet. Phänomene, wie jene in Köln zur massenhaften Verabredung von Gewalttaten durch Personen mit Migrationshintergrund, sind in dieser Qualität neu und kommen politisch zur Unzeit. Bisher war es unausgesprochene Praxis, die Themen Terrorismus und Flüchtlingskriminalität tunlichst nicht in einen Topf zu werfen. Es war plausibel und auch gängige Praxis, immer wieder zu betonen, dass es sich bei den Themen Terror und Anschlagsgefahr und den Themen der aktuellen deutschen Flüchtlingspolitik um zwei völlig unterschiedliche und nur marginal zusammenhängende Themenkomplexe handelt.

Die Botschaft war klar: Ein Zusammenhang zwischen Flüchtlingen und Asylanten mit dem Thema Kriminalität und Terrorismus ist politisch und medial unerwünscht. Vor allem aber galt es, das Argument zu entkräften, dass unkontrollierte, massenhafte Migrationsbewegungen auch für terroristische Zwecke missbraucht werden könnten. Wie kurzsichtig und falsch das war, haben nicht nur die Anschläge in Paris gezeigt. Köln geht in seinen Konsequenzen weit darüber hinaus. Köln legt die Defizite einer gesellschaftspolitischen langfristigen Dimension der Integrationspolitik offen. Genau darin liegt der Unterschied. Köln zeigte, dass die gesellschaftspolitischen Probleme, ausgelöst durch eine offene und weitgehend unkontrollierte Einwanderungswelle, so nicht weiter ignoriert werden können.

Köln ist auch ein prominentes Beispiel dafür, wie politische Vorgaben auf die tägliche Arbeit der Sicherheitsbehörden und der Nachrichtendienste durchschlagen. Noch Tage nach den Ereignissen war nur vereinzelt und verhalten davon die Rede, dass die meisten Identitätsfeststellungen in der Silvesternacht in Köln einen Migrationshintergrund bzw. einen Asylbewerber-Status belegten. Dieses zögerliche Verhalten der Exekutive, genau dieses Faktum zu verschweigen, hatte bisher Methode. Der Rücktritt des Kölner Polizeipräsidenten Wolfgang Albers neun Tage nach den Ereignissen mag aufgrund von einsatztaktischen Fehlern, vor allem aber aufgrund der viel kritisierten Informationspolitik seiner Behörde, seine Berechtigung haben. Es zieht sich allerdings wie ein roter Faden durch alle sicherheitsrelevanten deutschen Behörden, dass der Migrationshintergrund von Straftätern tunlichst gegenüber der Öffentlichkeit nicht erwähnt werden soll. Dies hat auch dazu geführt, dass die Sicherheitsbehörden von diesem Kriminalitätsmuster in Köln, sowohl im Hinblick auf die Quantität, als auch auf Qualität, überrascht wurden: Nämlich die Verabredung zu Massentreffen, überwiegend von Personen mit Migrationshintergrund, zur Begehung von Straftaten, wie dies in Köln und auch in anderen Städten in dieser Nacht registriert werden konnte.

Ob die bisherige Praxis des Verschweigens des Migrationshintergrundes von Straftätern aufgrund politischer Opportunität erfolgte, oder um eine frühzeitige politische Polarisierung der Bevölkerung damit zu verhindern, darüber kann nur spekuliert werden. Diese Praxis war polizeiintern nicht unumstritten und war auch der Grund dafür, dass interne Einsatzberichte die Öffentlichkeit erreichten.

Wie restriktiv die Informationspolitik der Sicherheitsbehörden tatsächlich ist, wird durch die Aussage des Bundesvorsitzenden der Deutschen Polizeigewerkschaft, Rainer Wendt deutlich: »Die Lageberichte der Polizei erfolgen intern, und die Öffentlichkeit bekommt davon nur einen Bruchteil mit, um sie nicht unnötig in Schrecken zu versetzen«.[312] Heute, nach

Köln, scheint die Bundesregierung in ihrer Informationspolitik die Flucht nach vorne angetreten zu haben. Dies war wohl auch deshalb notwendig, da offensichtlich ist, dass es sich um breitenwirksame gesellschaftspolitische Phänomene handelt, die in unmittelbarem Zusammenhang mit der deutschen Flüchtlingspolitik stehen und die nicht mehr schöngeredet werden können.

Noch im November 2015 hatte Bundesinnenminister de Maizière bei der Absage des Länderspiels Deutschland – Niederlande in Hannover Informationen zurückgehalten, weil er, wie er sagte, »die Bevölkerung nicht beunruhigen wollte«. Nach Köln hört sich das ganz anders an. Nun sprach er sich in einem *FAZ-Interview* am 08. Januar 2016 für das Ende der Tabuisierung der Herkunft von Kriminellen aus und gegen eine Schweigespirale, die schon gar nicht von der Polizei auszugehen hat.[313] Ein später Paradigmenwechsel einer bisherigen Bundespolitik, die Informationen über die Begleiterscheinung der Kriminalität durch die Migration bisher gegenüber der eigenen Bevölkerung unterdrückte. Dieser Wechsel in der Informationspolitik erfolgte nicht von heute auf morgen, sondern gewissermaßen in kleinen Portionen. Es war offensichtlich, dass die Migrationspolitik der Kanzlerin auch in der eigenen Partei zunehmend auf Kritik stieß und dies nicht nur aufgrund sinkender Umfragewerte. Strategisch geschickt wurde der Bundesinnenminister nach den Ereignissen in Köln als medialer Gegenpol zu einer kaum mehr haltbaren, aber weiter praktizierten Politik der Kanzlerin etabliert, die zunehmend von einem Teil der Bevölkerung als Gefährdung der innerdeutschen Sicherheit (und darüber hinaus) wahrgenommen wurde. Beobachter halten es durchaus für wahrscheinlich, dass nur eine nachhaltige Revision der praktizierten Migrationspolitik die Kanzlerin politisch in ruhigeres Fahrwasser bringen kann. Köln hat diese Entwicklungen nachhaltig beschleunigt.

12. CHRONOLOGIE DER ANSCHLÄGE UND SCHLUSSFOLGERUNGEN DARAUS

19. Dezember 2016: Ein LKW rast am Abend in den Weihnachtsmarkt am Breitscheidplatz in Berlin, tötet dabei zwölf Menschen und verletzt 48. Der Fahrer flüchtet anschließend vom Tatort. Einer der Opfer wird auf dem Beifahrersitz gefunden, wie sich später herausstellte, der ursprüngliche Fahrer des LKW. Als Täter wird Anis Amri identifiziert, er wird am 23. Dezember 2016 bei einer Polizeikontrolle in Mailand erschossen.

Wie sich herausstellte, war Anis Amri 2011 über die Mittelmeer-Flüchtlingsroute von Tunesien nach Europa gekommen und hatte in Italien Asyl beantragt. Aufgrund einer versuchten Brandstiftung war er in Italien vier Jahre in Haft. Wie vermutet wird, geschah die Radikalisierung während der Haftzeit. Nach seiner Entlassung 2015 sollte er aus Italien abgeschoben werden. Diese Abschiebung scheiterte aber an der Verweigerung Tunesiens, ihn wieder aufzunehmen. Im Juli 2015 reiste Amri in Deutschland ein und beantragte Anfang 2016 Asyl, das im Juli 2016 abgelehnt wurde. Die Abschiebung scheiterte abermals an Tunesien, das die Rücknahme verweigerte. Anis Amri war zum Zeitpunkt der Tat in Deutschland geduldet. Im März 2016 wurde er erstmals aufgrund seiner Kontakte zu salafistischen Kreisen von den Behörden als Gefährder eingestuft und stand bis 21. September 2016 unter Observation. Danach wurde diese wegen mangelnden Terrorverdachts eingestellt. Der marokkanische Geheimdienst hatte den BND zweimal darauf hingewiesen, dass Amri als »inbrünstiger Unterstützer des IS« identifiziert worden sei. Der IS reklamiert den Anschlag für sich.[314]

26. Juli 2016: Angriff mit Stichwaffen in einer Kirche in Saint-Étienne-du-Rouvray (Frankreich); der »Islamische Staat« reklamiert den Anschlag für sich; 3 Tote (2 Täter), 1 Verletzter;

24. Juli 2016: Sprengstoffanschlag durch Selbstmordattentäter in Ansbach (Bayern); der Attentäter gibt sich als Sympathisant des IS zu erkennen; der IS reklamiert den Anschlag für sich; 1 Toter (Täter), 14 Verletzte;

18. Juli 2016: Angriff mit Hieb- und Stichwaffe in einem Regionalzug bei Würzburg (Bayern); der IS reklamiert den Anschlag für sich; 1 Toter (Täter), 5 Verletzte;

14. Juli 2016: Anschlag mittels Kraftfahrzeug (LKW) auf der Promenade des Anglais in Nizza (Frankreich); der IS reklamiert den Anschlag für sich; 86 Tote, über 70 Verletzte;

13. Juni 2016: Mordanschlag auf einen Polizisten und eine Polizeisekretärin in Magnanville (Frankreich); der Täter bekennt sich in einem Livestream auf Facebook zum IS; dieser übernimmt am Folgetag auf einer Internetplattform die Verantwortung für die Tat; 2 Tote;

20. April 2016: Anschlag auf einen Tempel der Sikh-Gemeinde in Essen; die Tatverdächtigen sind mutmaßliche IS-Sympathisanten; 3 Verletzte;

22. März 2016: Zwei tödliche Anschläge in Brüssel (Belgien). Sprengstoff- und Bombenanschlag durch Selbstmordattentäter im Flughafen Zaventem sowie Sprengstoffanschlag durch Selbstmordattentäter in der Metrostation Maelbeek. Der IS bekennt sich zu den Anschlägen; insgesamt 38 Tote, über 340 Verletzte;

26. Februar 2016: Messerattacke in Hannover auf einen Polizeibeamten; die Tatverdächtige ist mutmaßliche IS-Sympathisantin; 1 Verletzter;

7. Januar 2016: Angriff mit einem Messer und einer Sprengstoffweste (Attrappe) auf die Polizeiwache im 18. Arrondissement in Paris; 1 Toter;

6. Dezember 2015: Messerattacke auf Passanten in Londoner U-Bahn; wird vorbehaltlich des endgültigen polizeilichen Ermittlungsergebnisses dem IS zugerechnet; 3 Verletzte;[315]

13. November 2015: Am 13. November 2015 kommt es zu weiteren verheerenden Anschlägen in Paris. Ein Fußball-Länderspiel, Restaurants, Cafés und ein von vielen jungen Menschen besuchtes Konzert sind die gezielt ausgewählten Anschlagsorte. Das perfide Ziel der Attentäter: Niemand soll sich in der Öffentlichkeit mehr sicher fühlen. Im Verlauf dieser Anschlagsserie werden 130 Menschen getötet und mehr als 350 Personen zum Teil schwer verletzt. Die koordinierten Attentate werden von drei Tätergruppen verübt. Zwei der Täter, mutmaßlich irakische Staatsangehörige, reisen mit gefälschten syrischen Pässen als Flüchtlinge getarnt nach Europa. Die anderen Täter sind belgische beziehungsweise französische Staatsangehörige. Sieben der Täter kommen bei den Anschlägen ums Leben. Zwei weitere, darunter der mutmaßliche Drahtzieher, werden bei einer polizeilichen Maßnahme in St. Denis nahe Paris am 18. November 2015 erschossen. Schließlich wird am 18. März 2016 in Brüssel (Belgien) ein weiterer Täter festgenommen. Nahezu alle Täter waren Mitglieder des IS und hielten sich zuvor in der Region Syrien/Irak auf. Der IS bekennt sich am 14. November 2015 zu den Anschlägen;[316]

21. August 2015: Versuchter Anschlag auf den Thalys (in Belgien); der Anschlag wird dem IS zugerechnet. Koordinator des Anschlags ist vermutlich Abdelhamid Abaaoud, Planer der Anschläge von Paris am 13. November 2015; 2 Verletzte;[317]

26. Juni 2015: Am 26. Juni 2015 fährt ein als Lieferant beschäftigter Mann mit seinem Lieferfahrzeug auf das Gelände einer Gasflaschenfabrik in der Nähe von Lyon (Frankreich) und führt dort eine Explosion eines Gasbehälters herbei, durch die mehrere Menschen verletzt wurden. Bei dem anschließenden Versuch, weitere Explosionen mittels Gasflaschen zu erzeugen, kann er von herbeieilenden Feuerwehrleuten überwältigt werden. Zuvor hat der Attentäter eine männliche Person mit einem Messer enthauptet und deren Kopf am Absperrgitter des Industriegeländes neben zwei Fahnen befestigt, die nach dschihadistischem Vorbild das islamische Glaubensbekenntnis enthielten. Der Attentäter sympathisiert mit dem IS;[318]

14./15. Februar 2015: Am 14. Februar 2015 wird auf ein Kulturzentrum in Kopenhagen (Dänemark) ein Anschlag verübt. Ein dänischer Dokumentarfilmer wird getötet und drei Polizisten werden verletzt. Ziel des

Anschlags ist eine Diskussionsveranstaltung zum Thema »Kunst, Blasphemie und Meinungsfreiheit«.

Einen Tag später verübt derselbe Mann einen weiteren Anschlag auf eine Kopenhagener Synagoge, bei der ein jüdischer Wachmann erschossen und zwei Polizisten verletzt werden. Der mutmaßliche Täter wird kurz darauf von der Polizei gestellt und bei einem Schusswechsel getötet. Er bekannte sich auf Facebook zum IS;[319]

8./9. Januar 2015: Am Morgen des 8. Januar 2015 eröffnet ein Attentäter das Feuer auf Polizisten, die zu einem Unfall in einem Pariser Vorort gerufen worden sind. Eine Polizistin erliegt ihren Verletzungen. Einen Tag später überfällt derselbe Täter einen jüdischen Supermarkt, verschanzt sich mit den Geiseln und erschießt vier von ihnen. Nach Stürmung des Marktes durch die Polizei kommt der Attentäter ums Leben. Er bekannte sich zum IS;[320]

7. Januar 2015: Anschlag auf die Redaktion des Satiremagazins *Charlie Hebdo*, hierzu bekennt sich wenige Tage später die »al-Qaida auf der arabischen Halbinsel« (AQAH); 12 Tote.[321]

Nach Angaben des Verfassungsschutzes bestehen die Anschlagrisiken in Deutschland vor allem durch:

➤ sich selbst radikalisierende Einzeltäter oder Kleinstgruppen,

➤ Rückkehrer aus Dschihad-Gebieten, oder

➤ an der Ausreise gehinderte Personen und

➤ langfristig lancierte Schläfer von Terrororganisationen.[322]

Betrachtet man die Täterprofile der Anschläge bis Ende 2016, so sieht man, dass ein Großteil davon von radikalisierten Einzeltätern verübt wurden. Hierbei handelt es sich zur Mehrheit um europäische Staatsbürger, die auf dem Kontinent geboren wurden und auch aufwuchsen, ihre Wurzeln aber in den arabischen Ländern, dem Nahen Osten oder Nordafrika finden. Die Anschläge von Paris und Brüssel haben aber auch gezeigt, dass die nach Europa führenden Flüchtlingsströme von Terrororganisationen gezielt genutzt werden, um Sympathisanten oder Schläfer in Europa einzuschleusen.

Die Anschläge zeigen, dass Europa ins Visier des IS geraten ist. Aufgrund der Entwicklung im Nahen Osten und in Nordafrika ist von einer anhaltenden terroristischen Bedrohung auszugehen, die die Gesellschaft, die Politik und auch die Sicherheitsbehörden noch über Jahre beschäftigen wird. Das Problem ist schwer in den Griff zu bekommen, da weder die Nationalstaaten, noch die EU als Gesamtheit über Lösungsansätze verfügen. Zwar haben die Sicherheitsbehörden etliche Erfolge in der Verhinderung von Anschlägen aufzuweisen – nach Angaben des BKA wurden seit dem Jahr 2000 elf Terroranschläge in Deutschland verhindert[323] –, richtig ist aber auch, dass damit das zunehmende Problem eines aufkommenden radikalen Islams in Europa nicht gelöst werden kann. Es ist, dessen sind sich die Sicherheitsbehörden bewusst, bis zum nächsten Anschlag in Europa nur eine Frage der Zeit. Deshalb stocken Sicherheitsbehörden europaweit ihre Ressourcen nachhaltig auf, die Legislative stattet die Behörden, die für die Terrorbekämpfung zuständig sind, mit immer weitreichenderen Befugnissen aus und die Politik bereitet die Bevölkerung scheibchenweise auf künftige Szenarien vor. Schon heute zeichnet sich ab, dass mit dieser Entwicklung eine so noch nicht gekannte gesellschaftliche Polarisierung einhergeht. Das Ende der sozialen Harmonie zeichnet sich am europäischen Horizont ab.

Integration und Radikalisierungstendenzen

Knapp ein Fünftel der deutschen Bevölkerung hat mittlerweile einen Migrationshintergrund, ein großer Teil davon ist gut in die Gesellschaft integriert. Die Kaum-Integrierten sind zwar als Kinder ins Land gekommen oder wurden sogar hier geboren, fühlen sich aber aufgrund einer fehlenden Identität immer noch als Fremde. Hauptursachen für Integrationsprobleme sind die Faktoren Nationalität, Kultur und Religion, die für die Prägung der Ich- und Wir-Identität verantwortlich sind. Strukturen wie die Einheit von Staat und Religion, Glaube und Gesellschaft sowie

Gruppenorientierung mit starker Betonung von Ehre und Scham, stehen in einem starken Kontrast zur postmodernen Individualkultur, wie sie in Europa gelebt wird.[324]

Als dynamischste islamistische Bewegung gilt in Deutschland und international der Salafismus. Laut Verfassungsschutzbericht 2015 verzeichnet der Salafismus in Deutschland steigende Mitgliederzahlen. Wurde 2011 das Personenpotenzial noch auf etwa 3800 geschätzt, so stieg diese Zahl bis Ende 2015 auf 8350. Salafismus kann als eine extremistische moderne Gegenkultur mit alternativem Lebensstil gesehen werden, die auf einem einfachen Regelwerk aufbaut, das das tägliche Leben bis ins Detail bestimmt.

Angesprochen werden dadurch vor allem Menschen, die sich von der Gesellschaft marginalisiert fühlen und auf der Suche nach dem Sinn des Lebens, Orientierung und Sicherheit sind.[325] Die Akquirierung neuer Mitglieder erfolgt über das Internet, aber auch im persönlichen Kontakt. Mit den hereinbrechenden Flüchtlingsströmen haben sich auch in Deutschland neue Wege für die salafistischen Organisationen eröffnet, um Mitstreiter zu werben. Der deutsche Verfassungsschutz warnt vor Islamisten, die unter dem Deckmantel humanitärer Hilfe in Flüchtlings- und Asylheimen versuchen, Neuankömmlinge zu missionieren und Anhänger zu rekrutieren.[326] Unter dem Schein einer legitimen Religionsausübung erfolgt zuerst eine systematische Indoktrinierung, die oft in weiterer Folge zu einer Radikalisierung über den dschihadistischen Salafismus hin zum militanten Dschihad führt. Das Internet wird hierbei nicht nur professionell als Mittel zur Verbreitung salafistischer Ideologie und Propaganda benutzt, sondern auch als Hauptkommunikationsmittel zwischen den einzelnen Akteuren.[327] Wie hoch das Radikalisierungspotenzial dieser Strömung ist, kann man an der Aussage Hans-Georg Maaßens erkennen, der ausführt: »Der Salafismus ist die Durchgangsstation zum Terrorismus.«[328]

Lange galt das Hinterland im pakistanischen Grenzgebiet zu Afghanistan als Hauptausbildungsstätte für deutsche Islamisten. Dies hat sich aber in der Zwischenzeit geändert. Heute ist für die salafistische Szene vor allem Syrien von Bedeutung.[329] Den deutschen Behörden sind 780 deutsche Islamisten[330] bekannt, die in Richtung Syrien und Irak gereist sind, um dort an der Seite von IS oder anderen terroristischen Gruppierungen zu kämpfen.[331] Hierbei handelt es sich hauptsächlich um in Deutschland geborene männliche Muslime mit Migrationshintergrund. Eine vom Verfassungsschutz durchgeführte Studie zu Herkunft, Bildungsgrad und Altersstruktur von 378 deutschen Islamisten kam zu folgenden Ergebnissen:[332] Alle radikalisierten sich fast ausschließlich in der salafistischen Szene, unbemerkt vom eigenen Umfeld und den Sicherheitsbehörden. 89 Prozent davon waren Männer und jeder Dritte kam aus der Altersgruppe der 21- bis 25-Jährigen. 60 Prozent der Befragten waren in Deutschland geboren worden, die restlichen 40 Prozent kamen aus Syrien (8 Prozent), der Türkei (6 Prozent), dem Libanon, der Russischen Föderation und weiteren Staaten. Ein Großteil der deutschen Islamisten war bereits Muslime, nur 14 Prozent waren zum Islam konvertiert. 26 Prozent hatten einen Schulabschluss, 6 Prozent eine abgeschlossene Ausbildung und 2 Prozent ein Studium. Nur 12 Prozent der Befragten hatten zum Zeitpunkt ihrer Ausreise aus Deutschland eine Beschäftigung (geringqualifiziert und im Niedriglohnsektor) und 20 Prozent waren arbeitslos. Über den Rest liegen keine Angaben vor. Ein Drittel war schon vor der Radikalisierung aufgrund von Straftaten aktenkundig.[333]

Die Vorzeichen für die deutsche Sicherheitslage sind daher nicht günstig. So wurden in Deutschland seit der Jahrtausendwende bereits elf Anschlagsversuche vereitelt, so der BKA-Chef Holger Münch. Die letzten waren 2012 und 2013 am Bonner Hauptbahnhof geplant gewesen.[334] Einer Aussage des Vorsitzenden des Innenausschusses, Wolfgang Bosbach (CDU), zufolge, konnten dank der Hinweise der NSA sieben mögliche Terroranschläge verhindert werden.[335] Der wohl spektakulärste Fall dieser deutsch-amerikanischen Zusammenarbeit ist die Aufdeckung der von der Sauerlandgruppe geplanten Morde.

Die sogenannte Sauerlandgruppe war eine bis zum Jahre 2007 aktive Terrorzelle der im Grenzgebiet von Pakistan und Afghanistan ansässigen »Islamischen Dschihad Union«.[336] Die Gruppe hatte Anschläge auf US-Einrichtungen in Deutschland geplant. Eingeleitet wurden die Ermittlungen gegen die Gruppe, nachdem die NSA im Oktober 2006 über die CIA Erkenntnisse über intensiven Mailverkehr zwischen Deutschland und Pakistan an den BND weitergeleitet hatte. Daraus folgte eine Zusammenarbeit, die nach den Worten des US-Heimatschutzministers Michael Chertoff

»so eng wie nie zuvor« war.[337] Unter dem Namen »Operation Alberich« arbeiteten deutsche und amerikanische Dienste an der Aufdeckung der Gruppe. Im September 2007 kam es zur Festnahme der vier Hauptverdächtigen und in weiterer Folge zur Verurteilung der Mitglieder.[338]

Deutschland konnte sich in der nachrichtendienstlichen Zusammenarbeit immer auf die USA verlassen. (Erst im Zuge der Snowden-Affäre wurde deutlich, dass die NSA die Zusammenarbeit mit den deutschen Behörden nicht nur als Partnerschaft verstanden hat. Wie sich herausstellte, wurde Deutschland kontrolliert, überwacht, gesteuert und ausspioniert.) Das Problem, das sich daraus für deutsch-amerikanischen Beziehungen ergibt, zeigt sich am deutlichsten in der Zusammenarbeit im Rahmen der Terrorismusbekämpfung. Deutschland hat bewusst darauf verzichtet, vergleichbare und unabhängige Kapazitäten und Fähigkeiten in der Fernmeldeaufklärung aufzubauen. Eine Änderung dieser bisherigen Praxis wurde zumindest durch die technische Aufrüstung des BND und durch die Modifizierung des BND-Gesetzes Mitte/Ende 2016 eingeleitet. Die Anstrengungen seit Bekanntwerden der NSA-Affäre, hier international aufzuschließen und unabhängiger zu werden, kommen jedoch zu spät oder sind aufgrund der technischen Unterlegenheit der deutschen Ressourcen schlichtweg zum Scheitern verurteilt. Nicht umsonst kommentiert der ehemalige BND-Präsident Schindler das Verhältnis zur NSA mit den Worten: »Wir brauchen die Zusammenarbeit mit der NSA. Wir profitieren am meisten von dieser Zusammenarbeit und nicht umgekehrt.«[339]

Jenseits aller politischen Diskussionen funktioniert die Zusammenarbeit der Dienste im Rahmen der Terrorismusabwehr reibungslos. Es ist undenkbar, dass Anschlagshinweise, seien sie französischen oder amerikanischen Ursprungs, nicht an die dafür verantwortlichen ausländischen Sicherheitsbehörden weitergegeben werden. Die Hinweise der USA zur Verhinderung von Anschlägen in Deutschland werden von der Regierung gerne als Gewinn der Kooperation mit der NSA in Deutschland dargestellt. Übersehen wird dabei, dass die Weitergabe gefährdungsrelevanter Informationen zum Kerngeschäft der Zusammenarbeit der Nachrichtendienste zählt. Eine nachweisliche Nichtweitergabe käme einem Kollaps in den bilateralen Beziehungen gleich und ist undenkbar.

Trotzdem, die Erkenntnisse aus der NSA-Affäre in Deutschland und der Austausch gefährdungsrelevanter Informationen sind zwei unterschiedliche Seiten einer Münze. Ein Unterlaufen von politischen, wirtschaftlichen und gesellschaftspolitischen Abläufen und Strukturen durch die NSA kann durch einen funktionierenden Informationsaustausch in Sachen Terror nicht gegengerechnet werden. Speziell im Rahmen der Snowden-Affäre wurde die reibungslos funktionierende Zusammenarbeit zwischen deutschen und amerikanischen Behörden in der Terrorismusbekämpfung als Rechtfertigung für die bedingungslose Zusammenarbeit genannt.[340] Diese Beurteilung greift zu kurz.

Terrorismus und der Flüchtlingsstrom

Die größte unmittelbare Gefahr für die europäische Sicherheit ist der islamische Extremismus. Die Sicherheitsbehörden gehen europaweit von einer anhaltenden schleichenden Radikalisierung aus. Anschlagsszenarien, wie jenen in Berlin (Dez. 2016), Paris (Nov. 2015), Nizza (Juli 2016) und Messerattacken wie in Hannover (Feb. 2016) oder London (Dez. 2015) werfen ein Schlaglicht darauf, womit Europa in den kommenden Jahren zu rechnen hat.

Seit Mitte 2016 reißt die Anschlagsserie in Europa nicht ab, und Politik und Sicherheitsbehörden werden nicht müde, die Bevölkerung medial auf die zunehmende terroristische Bedrohungslage vorzubereiten. Über ein Jahr nach den Terroranschlägen vom 13. November 2015 ist der Ausnahmezustand in Frankreich nach wie vor in Kraft. Er ist mehrfach verlängert worden und gilt vorerst bis Juli 2017. Die jüngste Verlängerung des Ausnahmezustandes ist auch im Lichte des Ende November 2016 angelaufenen Präsidentschaftswahlkampfs zu sehen.

Der französische Premier Manuel Valls ging im Rahmen des 1. Jahrestages des Terroranschlages vom 13. November 2015, bei dem 130 Menschen getötet und mehr als 350 zum Teil schwer verletzt wurden, von einer maximalen Terrorbedrohung für Frankreich aus. In einem Interview, das er am Jahrestag der Anschläge am 13. November 2016 gegenüber dem Radiosender *Europe 1* gab, zeichnete er ein dramatisches Bild: Valls spricht davon, dass 15.000 radikalisierte Personen unter Beobachtung stünden. Gegen 1350 Personen wurde Ende 2016 ermittelt, davon stünden 293 im Verdacht, in direktem Kontakt mit einer terroristischen Vereinigung zu stehen. Insgesamt werden in Frankreich 10.000 Personen als eine Gefahr für die öffentliche Sicherheit eingestuft.[341] Die Situation in Frankreich sei, so Valls, Anfang 2017 äußerst angespannt, fast täglich würden Dienste, Polizei und Gendarmarie Anschläge verhindern und irakisch-syrische Netzwerke aufdecken.[342] Bemerkenswert an diesen Aussagen ist der bis dahin nie so stark herausgestrichene Bezug zu Irak und Syrien und damit zum IS. Bis dato wurden die in Frankreich durchgeführten Anschläge fast durchweg durch Selbstradikalisierung bereits in Frankreich aufgewachsener Staatsbürger verübt, obwohl sich entweder die Täter oder der IS im Nachhinein zur Tat bekannt hatten.

Auch für Österreich zeichnen aktuelle Analysen des Bundesamts für Verfassungsschutz und Terrorismusbekämpfung kein rosiges Bild. Die militärischen Auseinandersetzungen Ende 2016 in Syrien um Aleppo und im Irak um Mossul haben zur Erodierung der IS-Strukturen geführt und auch zu einer Fluchtbewegung vor allem ausländischer Söldner. Die meisten dieser Kämpfer strömen nach Libyen, wo sie eine sichere Basis erwartet. Andere ausländische Kämpfer kehren in ihre arabischen Ursprungsländer zurück. Es sind die Rückkehrer nach Europa, die den Sicherheitsbehörden Probleme bereiten.

Der österreichische Verfassungsschutz geht Ende 2016 von 287 namentlich bekannten Kämpfern aus Österreich aus, die sich in den Kriegsgebieten im Nahen Osten und in Libyen aufhalten und unter Beobachtung der österreichischen Sicherheitsbehörden stehen. 40 Prozent dieser Extremisten seien ursprünglich als Flüchtlinge nach Österreich gekommen und asylberechtigt.[343] Bis zum 30. September 2016 waren 87 Rückkehrer erneut in Österreich eingereist, 44 starben während der Kampfhandlungen im Kriegsgebiet und 50 konnten an der Ausreise aus Österreich gehindert werden.[344]

Hier ist allerdings zu bemerken, dass man die Dunkelziffern nicht einmal ansatzweise einzuschätzen vermag. Das Risiko – auch in Deutschland, Frankreich und Österreich – ist längst nicht mehr kalkulierbar. Die

Anzahl jener Personen, die als Gefährdung der öffentlichen Sicherheit beurteilt werden und dabei unter Beobachtung stehen sollten, geht bei Weitem über die dafür notwendigen personellen Ressourcen des Verfassungsschutzes hinaus. Sind es in Frankreich vorwiegend Zuwanderer der 2. Generation aus den ehemaligen Kolonien in Nordafrika, so rekrutieren sich die sogenannten Foreign Fighters aus Österreich überwiegend aus tschetschenischen Asylbewerberkreisen.

Wie aus der Antwort des österreichischen Innenministeriums einer parlamentarischen Anfrage hervorgeht, sind 38.939 illegal eingereiste Personen sowie Schlepper zwischen 1. Januar bis 31. August 2016 in Österreich aufgegriffen worden. Die meist vertretenen Nationalitäten sind Afghanistan mit 10.080, Syrien mit 3541, Pakistan 3121, Nigeria 2797, Irak mit 2377, Iran mit 2142 und Marokko mit 2031 Personen.[345]

Wie auch in Deutschland, befürchtet man, dass speziell Flüchtlinge und Asylanten für die dschihadistische Propaganda anfällig sind und rekrutiert sowie radikalisiert werden. Dies passiert entweder über das Internet oder durch überwiegend salafistischen Strukturen, die sich im Land bereits verfestigt haben. Der österreichische Verfassungsschutz beurteilt solche Strukturen insbesondere in Wien und in Graz als hoch aktiv und gefährlich.

Das Anschlagsrisiko wird auch vom österreichischen Verfassungsschutz Anfang 2017 nach wie vor als hoch eingeschätzt, denn die Anschläge der letzten Monate in Europa haben gezeigt, dass Anschläge selbst dann nicht verhindert werden können, wenn die Täter amtlich bekannt sind oder sogar von den Behörden überwacht werden. Der österreichische Außenminister Sebastian Kurz äußerte sich zum Thema Radikalisierung folgendermaßen: »Es gibt eine hohe Zahl an radikalisierten Personen, die in Österreich lebt und mit dem IS sympathisiert.«[346] Im Juni 2016 befanden sich 270 mutmaßliche Dschihadisten im Visier der Behörden.[347] In Österreich laufen Anfang 2017 dutzende Ermittlungsverfahren nach dem Straftatbestand »Mitgliedschaft in einer terroristischen Vereinigung«.[348]

Auch in Deutschland verhält sich die Lage ähnlich. Hans-Georg Maaßen spricht am 23. Juni 2016 in München von 820 deutschen Islamisten, die in die Kampfgebiete ausgereist sind. Etwa ein Drittel dieser Personen ist nach Deutschland zurückgekehrt, mehr als 140 Personen kamen im Irak und Syrien ums Leben. Bei Ausreisenden und Rückkehrern handelt es sich hauptsächlich um Personen aus der Salafistenszene. Bedenklich, findet der BfV-Präsident auch den rapiden Anstieg an Salafisten in den letzten Jahren, deren Anzahl sich in Deutschland fast verdreifacht hat.[349] Der Verfassungsschutz rechnet mehr als 43.000 Menschen zur islamistischen Szene in Deutschland, rund 7000 werden inzwischen der Salafistenszene zugerechnet.[350]

Die Einschätzung des tatsächlichen Personenpotenzials der Islamisten in Deutschland ist selbst für den Verfassungsschutz schwierig, da zu den bundesweit aktiven Organisationen und Gruppierungen keine konkreten Anhängerzahlen vorliegen. Insbesondere die Millî-Görüş-Bewegung umfasst Zehntausende Mitglieder. Die Anhängerschaft mit salafistischen Bestrebungen wird vom Verfassungsschutz auf 8350 Personen geschätzt, die der »Muslimbruderschaft« auf 1040, die anderer Organisationen jeweils auf unter 1000. Allein diese Zahlen verdeutlichen, welche Probleme die deutschen Sicherheitsbehörden, aber auch die deutsche Gesellschaft in den kommenden Jahren zu bewältigen haben.

In Sicherheitskreisen wird befürchtet, dass radikalisierte Einzeltäter, neben Terrorzellen mit Verbindung zum IS, die größte Gefahr für Deutschland darstellen. Laut Angaben des BKA gibt es in Deutschland rund 400 Personen, die unter Beobachtung stehen. Ähnlich wie in Österreich beurteilen auch die deutschen Sicherheitsbehörden, dass von den Rückkehrern aus den Kampfgebieten im Nahen Osten und aus Nordafrika die größten Gefahren ausgehen. Beobachtet wird deren Vernetzung, eine Gefahr liegt in bisher unbekannten Netzwerkstrukturen gewaltbereiter Einzeltäter.[351]

Sorgen bereitet auch die hohe Zahl an Migranten, deren Identität nicht sicher festgestellt werden kann. Den deutschen Behörden liegen 300 Hinweise auf mutmaßliche Dschihadisten vor, die, als Migranten getarnt, nach Deutschland eingereist sind.[352] Auch die Anzahl der Anwerbungen in Flüchtlingsheimen durch Salafisten ist besorgniserregend gestiegen. Dem Verfassungsschutz liegen 340 Fälle vor, die Dunkelziffer ist sicher höher.[353] Erst im Mai 2016 warnte der BfV-Präsident vor IS-Angriffen in

Deutschland, da sich die Hinweise auf geplante Terrorangriffe häufen. Um eine weitere Radikalisierung in Deutschland zu vermeiden, stehen über 90 Moscheen unter ständiger Beobachtung der Behörden.[354]

Flüchtlingsströme und die sicherheitspolitischen Konsequenzen[355]

Unisono sahen noch Mitte 2015 sowohl BfV-Präsident Hans-Georg Maaßen als auch sein österreichischer Kollege Peter Gridling keine belastbaren Hinweise, dass sich unter den Flüchtlingen Angehörige des IS oder Kämpfer anderer Terrororganisationen befinden.[356] Mit den Anschlägen in Paris haben sich diese Einschätzungen als überholt erwiesen. Diese Lagebeurteilung des österreichischen und deutschen Behördenleiters für die Terrorabwehr sollte eigentlich beruhigen, das Gegenteil war der Fall. Es zeigt insbesondere auf, wie unvorbereitet und hilflos europäische Sicherheitsbehörden und Nachrichtendienste diesem Phänomen gegenüberstehen.

Interne Papiere[357] zeigen dagegen eine andere Sicht. Mehrere Medien[358] berichteten von einem Geheimpapier der österreichischen Behörden, das auch den deutschen Behörden vorliegt. Darin heißt es, es drohe eine »Gefahr interethnischer und interreligiöser Konflikte unter den Migranten« bis hin zu einer »Außerkraftsetzung der gesetzlichen Strukturen«.

Dabei ist diesen Behörden keine Naivität zu unterstellen. Bisher ist man davon ausgegangen, dass sich einzelne terroristische Zellen radikalisiert haben und aktiv werden. Auch mit den Hunderten aus Syrien und dem Irak zurückkehrenden Dschihadisten sind die Sicherheitsbehörden mehr als beschäftigt. Alleine dieses Phänomen unter Kontrolle zu halten, bedarf eines enormen personellen und materiellen Aufwandes.

Zumindest waren die Gefährder überwiegend amtlich bekannt und das Risiko einschätzbar. Das hat sich radikal geändert. Mit der unkontrollierten Flüchtlingswelle greifen bisherige Ermittlungsansätze nicht mehr. Man weiß schlicht nicht, wer ins Land kommt. Bisher wurden Screenings in speziellen Verdachtsfällen durchgeführt. Dies war jedoch beim enormen Flüchtlingsansturm 2015 und 2016 nur eingeschränkt möglich, zumal die spärlichen Angaben der Flüchtlinge kaum überprüfbar sind.

Der Bürgerkrieg in Syrien und der Konflikt im Irak haben die Zusammenarbeit mit den dortigen Behörden auf ein Minimum reduziert. Das Gleiche gilt für die Zusammenarbeit mit den nordafrikanischen Staaten. Die vielstrapazierte internationale Vernetzung der Behörden greift hier ins Leere. Wir haben es mit einem sicherheitspolitischen Blindflug bisher unbekannten Ausmaßes zu tun. Befürchtet wird, dass terroristische Akteure auf europäischem Boden auf sich allein gestellt agieren könnten und für die Sicherheitsbehörden bis zum Anschlag unsichtbar bleiben. Genau diese Strategie wird vom IS verfolgt und zeigt sich in der Anschlagsserie auf europäischem Boden. Der Umstand, dass deutsche und österreichische Sicherheitsbehörden bis Ende 2015 keine belastbaren Hinweise finden konnten, ist daher höchst beunruhigend. Das hat sich inzwischen geändert. Nach Angaben der deutschen Sicherheitsbehörden, wird in mehr als 400 Fällen im Umfeld der Neuankömmlinge wegen Terrorverdachts ermittelt. In 59 Fällen wird wegen des Verdachtes der Verwicklung in terroristische Strukturen ermittelt. Darüber hinaus beobachteten die deutschen Behörden nach eigenen Angaben bis Mitte 2016 500 islamistische Gefährder. Was hier besonders auffällt, die meisten dieser 500 Gefährder sind deutsche Staatsbürger.[359]

Wie schwierig es für die Sicherheitsbehörden ist, lässt sich zwischen den Zeilen der Aussagen des BfV-Präsidenten lesen, der die innerdeutsche Kooperation ebenso lobt, wie die intensive Zusammenarbeit mit befreundeten Nachrichtendiensten in der derzeitigen Krise. Faktum ist nämlich, dass die Behörden auf Insiderinformationen aus Flüchtlingskreisen angewiesen sind, die nur spärlich kommen. Gleichzeitig aber mehren sich auch Hinweise und Informationen über Anschlagsplanungen und eingeschleuste IS-Kämpfer. Hinzu kommt, dass Flüchtlinge von sunnitischen Strukturen in Deutschland umgarnt werden und man berechtigterweise davon ausgeht, dass mit einer Radikalisierung von Teilen der sunnitischen Neuankömmlinge zu rechnen ist. Davor hat Maaßen ausdrücklich gewarnt.[360]

Erst im September 2016 wurden drei mutmaßliche IS-Mitglieder in einer Großrazzia des Bundeskriminalamts, der Bundespolizei und der Landespolizeien mehrerer Bundesländer in verschiedenen Flüchtlingsunterkünften im Raum Hamburg festgenommen. Die drei Syrer sollen laut Innenminister de Maizière mit derselben Schlepperorganisation als Flüchtlinge getarnt über die Balkanroute nach Europa gebracht worden sein, wie die Attentäter von Paris. Eine weitere Verbindung zu den Paris-Attentätern stellt sich auch über die Ursprünge der Reisedokumente her, die alle aus derselben Werkstatt kommen. Es wird vermutet, dass es sich hierbei um eine Schläferzelle des IS handelt, die nach Deutschland gekommen ist, »um entweder einen bereits erhaltenen Auftrag auszuführen oder sich für weitere Instruktionen bereitzuhalten«.[361]

In weiteren Anti-Terror-Razzien wurden im Oktober 2016 Ermittlungen gegen russische Staatsbürger mit tschetschenischer Volkszugehörigkeit eingeleitet. Bei allen Beschuldigten handelt es sich um Asylsuchende, deren Aufenthaltsstatus in Deutschland bisher nicht abschließend geklärt wurde.[362] Im November 2016 ließ Innenminister de Maizière die bundesweit erfolgreichste Gruppe der Salafistenszene, »Die wahre Religion«, und die »Lies-Stiftung« Abou-Nagies verbieten. Das Verbot ging mit einer groß angelegten Razzia von fast 200 Wohnungen und Büros der Gruppenmitglieder einher.[363]

Deutsche wie österreichische Sicherheitsbehörden sind mit diesen Entwicklungen bei Weitem überfordert. Ansätze europäischer Regierungen zur Einrichtung von Flüchtlingslagern außerhalb der EU haben sich bisher genauso wenig durchgesetzt wie teuer erkaufte Rücknahmeabkommen, seien Sie bilateral oder seitens der EU. Die EU drängt vor allem die nordafrikanischen Staaten dazu, ihre Grenzen Richtung Sahelzone stärker zu kontrollieren, um so die Zuwanderung aus dem Süden des afrikanischen Kontinentes zu erschweren. Dadurch werden traditionelle Schlepperrouten zumindest unterbrochen.

Derzeit werden Flüchtlinge aufgrund des Ansturms mehrheitlich nicht oder sehr spät registriert. De facto haben wir damit die Kontrolle über den Flüchtlingsstrom verloren. Dies wiegt insbesondere für die innere Sicherheit schwer. Die personenbezogenen Daten von Flüchtlingen werden zwar vom Bundesamt für Migration und Flüchtlinge aufgenommen und mit den Sicherheitsbehörden abgeglichen. Eine Verifizierung solcher Angaben ist aber in den meisten Fällen nicht möglich. Die Aufgabe ist nahezu aussichtslos, da belastbare Informationen über die Identität der Asylsuchenden nur in ihren Heimatländern verfügbar sind. Auch das schwerfällige Trennungsgebot, wie bereits angesprochen, zwischen Nachrichtendiensten und Polizei ist einem Informationsaustausch zwischen den Behörden hinderlich. Mühsam mussten Krücken konstruiert werden, um diese Barrieren zu überwinden. So zum Beispiel zentrale Datenbanken, wie die Antiterrordatei und die Rechtsextremismusdatei, die sowohl von der Polizei, als auch von den Nachrichtendiensten als »Indexdateien« genutzt werden können, das bedeutet, dass die Behörden in der Datenbank zumindest ein Inhaltsverzeichnis nutzen können und so behördenübergreifende Informationslagen erkennen.

Auch die viel strapazierte internationale Zusammenarbeit geht hier ins Leere, da solche Informationen, in der Regel von befreundeten Nachrichtendiensten, nur für bereits auffällig gewordene Personen verfügbar sind. Eine offizielle Kontaktaufnahme europäischer Sicherheitsbehörden mit den Behörden der Herkunftsländer wurde bisher aufgrund der europäischen Menschenrechts- und Asylstandards ausgeschlossen. Nur das Einrichten von Flüchtlingslagern außerhalb der EU und ein damit einhergehender, geordneter Ablauf für die Aufnahme in Europa kann hier Abhilfe schaffen. Trotz erster Ansätze ist es bis heute nicht gelungen, solche Auffanglager außerhalb der EU zu errichten. Vielmehr existieren solche Flüchtlingslager in der Nähe von Krisen- und Konfliktherden bereits seit Jahren, wie jenes in Jordanien oder im türkisch-syrischen Grenzgebiet.

Die Gefahr, dass im Flüchtlingsstrom nach Europa gezielt Terroristen vom IS eingeschleust werden, ist real. Die Europäische Grenzschutzagentur Frontex nimmt die Ankündigung des IS, als Flüchtlinge getarnte Kämpfer nach Europa zu schicken, durchaus ernst. Der Leiter der Agentur wird bereits im März 2015 mit der Einschätzung zitiert, dass »die Gefahr der Einreise solcher Kämpfer grundsätzlich an allen EU-Außengrenzen besteht«.[364] Mittlerweile hat sich die Verdachtslage vielerorts in Europa bestätigt.

Vorfälle dieser Art sind durch europäische Sicherheitsbehörden bereits aktenkundig. Wie die norwegische Tageszeitung *Dagbladet* am 15. September 2016 berichtete, hat der norwegische Sicherheitsdienst PST Anfang des Jahres fünf bis zehn Verdachtsfälle aufgedeckt. Bei einem Screening im Nahen Osten wurden unter jenen Flüchtlingen, die für Norwegen bestimmt waren, Personen identifiziert, die mit dem IS, aber auch mit der al-Nusra-Front in Verbindung standen. Der Personenkreis befand sich unter jenen Flüchtlingen, die als Kontingentsflüchtlinge nach Norwegen kommen sollten.

Inzwischen werden Äußerungen von syrischen IS-Kämpfern von den europäischen Sicherheitsbehörden intern sehr ernst genommen, wonach bereits mehrere Tausend solcher Kämpfer nach Europa geschleust wurden und als sogenannte Schläfer auf Instruktionen warten. Auch offizielle türkische Quellen gehen von ähnlichen Größenordnungen aus. Die gewählten Routen verlaufen, wie eben die Flüchtlingsrouten auch, über die Türkei (Bosporus, Izmir, Mersin, Bodrum) Richtung Europa, und auch die Flüchtlingsrouten aus Nordafrika spielen eine zunehmende Rolle.[365]

Ein weiteres Sicherheitsrisiko für Europa bringt die Entwicklung in Libyen mit sich. Dort kontrolliert der IS Ende 2016 drei Küstenregionen und hat sich jetzt auch in Sirte festgesetzt. Der IS in Libyen überwacht nach Informationen der Sicherheitsbehörden den Menschenschmuggel nach Europa. Schiffsbesitzer werden gezwungen, bis zu 50 Prozent der Gelder aus dem Schlepperwesen an den IS abzuliefern. Viel alarmierender ist jedoch die *BBC*-Meldung vom 17. Mai 2015, die sich auf Informanten vor Ort beruft, wonach der IS die Menschenschmuggler auch dazu zwingen soll, IS-Kämpfer nach Europa überzusetzen.[366] Nach UN-Schätzungen haben alleine im Jahr 2015 mehr als 400.000 Flüchtlinge Europa über den Seeweg erreicht.[367]

Die Sicherheitsbehörden sind aber nicht nur über IS-Kämpfer auf dem Weg nach Europa beunruhigt. Auch die türkische Politik gegenüber den Kurden führt zu einer Zunahme der Asylanträge in Europa, schwergewichtsmäßig in Deutschland. Auch die Lebensbedingungen im Irak und in Syrien haben sich derart verschlechtert, dass sich immer mehr desertierte, irakische Soldaten oder Angehörige schiitischer Milizen auf den

Weg nach Europa machen. Selbst über desertierte kurdische Peschmerga wird berichtet. *Die Presse* beruft sich dabei auf irakische Regierungsstellen, aber vor allem auf Dokumentationen in sozialen Medien, wie zum Beispiel Facebook, sowie auf Gespräche mit Flüchtlingen. Social-Media-Einträge stellen die Asylbewerber sowohl als Kämpfer und dann später als Flüchtlinge dar.[368] Für das Löschen alter Profile fehlte entweder die Zeit oder das technische Wissen: Nicht selten ist dies die einzige Quelle der Sicherheitsbehörden für das Überprüfen von Verdachtsfällen.

Tatsächlich hat die irakische Armee seit Langem im Kampf gegen den IS mit einer Welle von Desertionen zu kämpfen. Nachdem ganze Landstriche und Städte, wie z. B. Mossul oder Ramadi, nahezu kampflos dem IS anheimgefallen sind, fürchten die glücklosen irakischen Soldaten auch Konsequenzen seitens der Regierung. Die hohe Korruption im Land und der von den Kämpfern als sinnlos angesehene Kampf gegen den IS tragen neben den katastrophalen Lebensbedingungen in hohem Maße zu dieser Entwicklung bei.[369] Gefördert wird diese Tendenz durch die Attraktivität von Ländern wie Deutschland und Österreich, die Sicherheit, finanzielle Absicherung und den Asylstatus in Aussicht stellen.

Insgesamt gesehen, war die Sicherheitslage in Europa kaum jemals so angespannt wie zum Jahreswechsel 2016/17.

13. Sicherheitslage in Deutschland

Was vorhersehbar war, ist eingetreten: der Terror ist in Europa angekommen. Frankreich wurde in kurzen Abständen Schauplatz einer Terrorwelle. Nach Nizza im Juni 2016 folgte Saint-Étienne-du-Rouvray, eine Kleinstadt in der Normandie, einen Monat später. Dass Frankreich im Fokus des Terrors steht, zeichnete sich seit dem Anschlag auf die französische Satirezeitschrift *Charlie Hebdo* im Januar 2015 ab. Die Anschläge von Paris im November 2015, bei denen 130 Menschen getötet und mehr als 350 verletzt wurden, ließen erahnen, dass in Europa ein neues Kapitel des Terrorismus aufgeschlagen wurde.

Es war nicht anzunehmen, dass der islamistisch motivierte Terror auf Frankreich beschränkt bleibt. Die Ermittlungen haben gezeigt, dass diese Netzwerke über lange Zeiträume hinweg aufgebaut wurden und neben Belgien, Italien auch bis nach Deutschland reichen. Den Sicherheitsbehörden war klar, dass es nur eine Frage der Zeit war, bis der Terror auch Deutschland erfasst. Würzburg, München, Ansbach, Reutlingen, Anschläge auf deutschem Boden in kurzen Abständen, haben in der Bevölkerung eine bisher nie gekannte Verunsicherung ausgelöst.

Politisch besonders brisant ist der Umstand, dass sich der IS zu zwei dieser Anschläge bekannt hat, ohne dass eine direkte Verbindung zwischen den Tätern und der Terrororganisation nachgewiesen werden konnte. Selbstradikalisierung nennen die Sicherheitsbehörden dieses Phänomen oder auch »lonely wolf syndrom«, und es beschreibt eine neue Dimension des Terrors. Eine Dimension, gegen die auch die Sicherheitsbehörden machtlos sind, tritt der Täter doch erst dann in Erscheinung, wenn es für Prävention zu spät ist. Meist jüngere Menschen durchlaufen einen raschen Radikalisierungsprozess, wie das Beispiel der Bluttat in Würzburg zeigte. Selbst in der näheren Umgebung bleibt der Radikalisierungsprozess bis zur Tat verborgen.

Politisch brisant ist der Umstand, dass die Täter überwiegend einen Migrationshintergrund aufweisen oder als Asylanten nach Deutschland eingereist sind.

Die Sicherheitslage in Deutschland bleibt auch in den vor uns liegenden Jahren unübersichtlich, zumal die Politik und auch die Sicherheitsbehörden keine Entwarnung geben können. Sie ist, ob die Politik das anerkennt oder nicht, aufs Engste mit der Migration aus den Krisengebieten des Nahen Osten und des afrikanischen Kontinents verbunden, und der Zuzug ist überwiegend islamisch. Unmittelbar nach den Anschlägen in Bayern charakterisiert der bayrische Ministerpräsident Horst Seehofer die Sicherheitslage als ernst und bedrohlich[370], während Bundesinnenminister Thomas de Maiziere[371] beruhigte und davon sprach, dass von den Flüchtlingen keine besondere Gefahr ausgehe. Ungeachtet der beruhigenden Beurteilungen durch die Bundespolitik war die Sicherheitslage in Deutschland seit Jahrzehnten nicht mehr so angespannt. Ein Zustand, der sich in den kommenden Jahren auch nicht anders darstellen wird.

Wie wird sich die Bedrohungslage in Deutschland weiter entwickeln?

➤ Es ist nicht mehr wegzudiskutieren, dass die anhaltende Instabilität im Nahen Osten und in Nordafrika unmittelbare Auswirkungen auf die Flüchtlingssituation in Europa hat. Importierter Terrorismus und religiös motivierter heimischer Extremismus, verbunden mit der Herausforderung anhaltender Migration, bleiben die zentralen gesellschaftspolitischen Herausforderungen. Diese Instabilität wird nicht nur über Jahre anhalten, sie wird sich noch verschärfen.

➤ Der Versuch der irakischen Regierung, den sunnitisch-schiitischen Konflikt zu entschärfen, ist nicht gelungen. Die Wiedereroberung von IS-besetzten Gebieten in vornehmlich sunnitisch geprägten Regionen führte zu humanitären Katastrophen und zunehmender Migration über die Türkei nach Europa. Es kommt vermehrt zur Rückkehr von Dschihadisten und damit zu einer erhöhten Terrorgefahr für Europa.

> Das starke militärische Engagement der internationalen Koalition unter Einschluss Russlands beschert dem IS Gebietsverluste und erhöht das Flüchtlingsaufkommen weiter. Diese Entwicklung wird sich auf nicht absehbare Zeit noch verstärken und vor allem die Türkei unmittelbar betreffen.

> Auch die innenpolitische Entwicklung in der Türkei führt zu einer Zunahme der Migration aus der Türkei Richtung EU. Dies betrifft nicht nur die Anhänger der Gülen-Bewegung, sondern auch die Kurden. Damit werden politische Konflikte aus dieser Region nach Europa importiert. Die türkischen und kurdischen Demonstrationen in deutschen und österreichischen Großstädten sind alarmierende Vorboten dieser innertürkischen Konflikte.

> Einer der politisch heikelsten Themen für die innerdeutsche und europäische Sicherheit lautet: Haben wir damit zu rechnen, dass der IS ganz gezielt Kämpfer als Flüchtlinge getarnt nach Europa entsendet? Anfänglich von den Sicherheitsbehörden dementiert, geht man heute davon aus, dass derartige Fälle nicht selten sind. Die Bedrohung ist hoch, und sie wird noch dadurch erhöht, dass die Sicherheitsbehörden die Identität solcher Personen kaum überprüfen können, wenn sie überhaupt noch auffindbar sind. Die Anschlagsgefahr eingeschleuster IS-Kämpfer ist daher real. Darauf konzentrieren sich derzeit Sicherheitsbehörden und Nachrichtendienste.

> Eine Vielzahl der Flüchtlinge ist traumatisiert. Unterschiedliche soziale Herkunft und religiöse Zuordnung in einer neuen, schwierigen Umgebung sorgen für interne Spannungen. Diese Entwicklung fördert die Tendenz zur Radikalisierung und Gewaltbereitschaft auch innerhalb der Migranten und stellt die Gastgebernation vor schier unlösbare Sicherheitsprobleme.

> Nicht der IS ist die größte Bedrohung für die innere Sicherheit in Deutschland. Es sind die Nachahmungstäter, die eine rasche Radikalisierung durchlaufen und den Sicherheitsbehörden bis zur Tat überwiegend unbekannt sind. Dass der IS sich in weiterer Folge zu den Taten bekennt, wirkt wie ein Motivationsschub für potenzielle Täter

und führt zu einem Prozess, den die Sicherheitsbehörden als Selbst-radikalisierung charakterisieren.

> Von all den uns bisher bekannten Terroranschlägen der letzten Jahre eröffnet der Anschlag in Nizza eine neue Dimension des Terrors. Die Erkenntnis, dass es weder eines Sprengstoffes noch einer aufwendigen Logistik bedarf, um Massenmord zu begehen, lässt die Behörden mit der Erkenntnis zurück, dass solche Veranstaltungen letztlich nicht zu schützen sind. Die Kombination eines Einzeltäters in Verbindung mit der Nutzung jederzeit verfügbarer Gerätschaften, beispielsweise eines Kraftfahrzeugs wie in Nizza, stellt die Sicherheitsbehörden künftig vor schier unlösbare Probleme.

> Wie sehr ein Einzeltäter das öffentliche Leben einer deutschen Groß-stadt zum Stillstand bringen kann, belegt der Vorfall in München am 22. Juli 2016. Mehr als 2200 Polizeibeamte und Sondereinsatzkräfte, inklusive GSG 9 und Teile der österreichischen Cobra, waren im Einsatz. Selbst Stunden nach der Tat gab es widersprüchliche Meldungen darüber, was in der Stadt vorging. Die öffentlichen Verkehrsmittel wurden stillgelegt und die Bürger aufgefordert in ihren Häusern zu bleiben. Panikartige Szenen spielten sich in der Innenstadt ab. Über die sozialen Medien wurden Halbinformationen und Gerüchte verbreitet und schufen ein Lagebild, dass wenig mit der Realität zu tun hatte. Erstmals auf deutschem Boden wurde die Interaktion zwischen Polizei und Bürgern in dieser Dimension zu einem Informationsdesaster für die Betroffenen.

Für die Sicherheit der Bürger ist diese Entwicklung alles andere als beruhigend. Die Intensität der Konflikte in den Krisenregionen wird sich so schnell nicht beruhigen. Die negative Ausstrahlung auf die europäische und damit auch deutsche Sicherheit wird weiter anhalten und Deutschland bleibt auch auf absehbare Zeit das attraktivste Einwanderungsland innerhalb der EU.

Wie sehr die Politik mit der derzeitigen Sicherheitssituation gefordert ist, zeigt der von Kanzlerin Merkel im Rahmen ihrer Sommerkonferenz vorgestellte Neun-Punkte-Plan, der unter anderem eine Aufstockung der

Sicherheitsbehörden, die Schaffung eines nationalen Ein- und Ausreise-registers, die Senkung der Hürden für die Abschiebung von Asylbewer-bern sowie ein Frühwarnsystem für Radikalisierungen bei Flüchtlingen vorsieht.[372] Der bayrische Innenminister Herrmann trat im Lichte der Ter-roranschläge mit der Idee an die Öffentlichkeit, Abschiebungen auch in Krisengebiete zu erlauben.

Die Ansätze gehen zwar in die richtige Richtung, kommen jedoch zu spät. Radikalisierung ist längst zur latenten Gefahr geworden. Bis zum nächs-ten terroristischen Anschlag ist es nur eine Frage der Zeit. Die Gesell-schaft reagiert wie immer nach Ereignissen dieser Art. Mehr Befugnis-se für den Sicherheitsapparat, selbst eine Diskussion um die Schaffung einer »Nationalgarde« ist nicht mehr tabu[373], zumal die Bundeswehr mit der Abschaffung der Wehrpflicht nicht mehr über die notwendigen Kapa-zitäten verfügt und Einsätze im Inneren nicht vorgesehen sind. Die Nach-richtendienste und Sicherheitsbehörden erhalten weitere Befugnisse und der Bürger muss mit Einschränkungen seiner Privatsphäre umzugehen lernen.

Fakt ist allerdings auch, dass alle diese Maßnahmen die Sicherheitslage nicht verbessern. Die Zivilgesellschaft in Deutschland wird vorerst damit leben müssen, dass Terror zur Realität geworden ist.

14. Paradigmenwechsel amerikanischer Sicherheitspolitik

Die Zeichen der Zeit stehen für Deutschland und die EU Anfang 2017 nicht günstig. Radikalisierung, Islamisierung und unkontrollierter Zuzug werden zu einer europäischen Herausforderung. Werden diese nicht adäquat durch die EU angesprochen, passiert das, was wir heute in ganz Europa feststellen: Eine Rückbesinnung auf nationale Mechanismen, begleitet von einer Aufrüstung des nationalen Krisenmanagements. Dies erfolgt in der Wahrnehmung der Bürger zu spät, was man darin erkennt, dass die Mitte des einst gemäßigten politischen Spektrums erodiert und rechtspopulistischen Parteien einen bisher unbekannten Höhenflug beschert.

Genau dieselbe Entwicklung ist in den USA zu verfolgen. Mit dem neu ins Amt gewählten amerikanischen Präsidenten vollzieht sich nicht nur ein inneramerikanischer Paradigmenwechsel, sondern auch einer in der Außenpolitik. Nicht mehr und nicht weniger als die Neugestaltung der amerikanisch-europäischen Beziehungen zeichnet sich ab. Ob im Rahmen der NATO, EU oder anderer Handelsabkommen, die amerikanisch-europäischen Beziehungen unter Donald Trump haben das Potenzial einer Wachablöse.

Seit Ende des Zweiten Weltkrieges dominieren die USA die sicherheitspolitische Debatte in Europa. Trumps außenpolitische Konzeption ist nicht nur ein Paradigmenwechsel für Europa, sondern auch eine Kehrtwende innerhalb des amerikanischen Establishments. Sein Konzept trägt die Handschrift des konservativen Senators Jeff Sessions, der jahrelang Mitglied des Verteidigungsausschusses war. Er war einer von drei republikanischen Senatoren, die unmittelbar vor der Präsidentschaftswahl einen Brief an Präsident Obama nicht unterschrieben haben. Die Absender des

Briefes forderten eine drastische Erhöhung der US-Militärhilfe an Israel.[374] Das außenpolitische Konzept von Trump ist, anders als in der internationalen Presse dargestellt, ein wohldurchdachtes Konzept, aber auch eine Kampfansage an die Neocons und an die liberalen Interventionisten einer stark pro israelisch geprägten Lobby, welche die Außenpolitik der USA in den letzten Jahrzehnten bestimmt haben. Trump hinterfragt die bisherige Politik gegenüber Israel, wohingegen eine Präsidentin Clinton eine Garantin für Kontinuität gewesen wäre. Beobachter gehen davon aus, dass gerade diese außen- und innenpolitische Neuaufstellung zu einer enormen innenpolitischen Polarisierung führen wird, handelt es sich doch um eine Wachablöse ganzer Generationen von Netzwerkern quer durch die politische Landschaft in Washington. Europa ist im außenpolitischen Konzept vor allem im Kontext der NATO und der sicherheitspolitischen Vorleistungen durch die USA angesprochen.

Unter dem Schirm der amerikanischen Sicherheitsgarantien im Rahmen der NATO war es bisher für die europäischen Staaten bequem, ihre Verteidigungsausgaben auf das absolut Notwendige zu reduzieren und die eingesparten Gelder umzuschichten, überwiegend zur Bestreitung der drastisch ansteigenden Sozialausgaben. Mit Ausnahme der USA und vier weiterer NATO-Staaten, nämlich Griechenland, Vereinigtes Königreich, Estland und Polen, bleiben 23 NATO-Staaten hinter den geforderten 2 % des BIP für die Verteidigungsausgaben zurück.

Der Ausgang der amerikanischen Präsidentschaftswahlen wird auch in Europa mit einer neuen Ära der Sicherheitspolitik gleichgesetzt. Ausgerechnet in einer der schwersten Krisen der EU droht auch noch die bisherige transatlantische Sicherheitsgarantie wegzubrechen und nicht nur das. Am 9. November 2016, dem Tag des Mauerfalls von 1989, musste der EU-Kommissionspräsident Jean-Claude Juncker in seiner schon zur Tradition gewordenen Europa-Rede eingestehen, dass die Menschen die Vereinigten Staaten von Europa nicht wollen. Gleichzeitig forderte er aber mehr europäische Verantwortung in der Verteidigungspolitik bis hin zu einer europäischen Armee.[375]

Wie sehr diese Forderung mit dem Ausgang der amerikanischen Präsidentschaftswahl zu tun hat, wird deutlich, wenn Juncker für Europa den

Schluss zieht: »unabhängig vom Wahlausgang in den USA muss man sich von der Vorstellung verabschieden, die Amerikaner seien für die Sicherheit Europas zuständig. Das müssen wir schon selbst tun.« Damit nimmt der EU-Kommissionspräsident den Ball auf und schlägt ein neues Kapitel der transatlantischen Beziehungen auf: Mehr europäische Verantwortung in Sicherheits- und Verteidigungsfragen.

Dass dieser bevorstehende sicherheitspolitische Umbruch die EU auf dem falschen Fuß erwischt, ist ein realpolitisches Paradoxon. Nach Finanz- und Bankenkrise, Eurokrise und Flüchtlingsproblematik jetzt auch noch die Aussicht darauf, dass das jahrzehntelange sicherheitspolitische Trittbrettfahren auf Kosten der USA zu Ende geht. Der Forderung Junckers zur Aufstellung einer europäischen Armee oder dem Aufbau von Ressourcen für den Schutz der EU-Außengrenzen steht das Unverständnis des EU-Bürgers gegenüber, von dem Juncker ernüchternd feststellt, viele Bürger meinen, die europäische Integration laufe an ihnen vorbei.[376] Die Forderung nach einer europäischen Armee ist nicht neu. Die Wiederaufnahme der Diskussion in Europa zeigt die Nervosität, aber auch die Dringlichkeit, angesichts der zu erwartenden sicherheitspolitischen und militärischen Neuordnung des europäisch-amerikanischen Verhältnisses.

Vor allem für die jüngeren osteuropäischen NATO-Mitglieder sind diese Entwicklungen alles andere als beruhigend. Angesichts der Nachbarschaft zu Russland und den dahinbröckelnden amerikanischen Sicherheitsgarantien wird sich schon sehr bald die Frage stellen, welcher Staat in Europa jene Rolle übernehmen wird, die bisher die USA innehatten, nämlich das sicherheitspolitische Ausbalancieren historisch tradierter Ängste.

Der Ausgang der Präsidentschaftswahlen war dann doch eine Überraschung. Über den gesamten Vorwahlkampf hinweg haben die amerikanischen, aber auch die internationalen Medien Donald Trump entweder ignoriert oder lächerlich gemacht. Trump hat es verstanden, die Mainstream-Medien perfekt zu bedienen, in der Vorwahlphase war er aus ihrer Perspektive der interessanteste Kandidat. So haben die US-Medien, insbesondere die TV-Sender, mit Trump als Präsidentschaftskandidaten und schillernde Figur viel Geld verdient. Man hat ihm eine Bühne geboten und ihn trotzdem nicht ernst genommen. Das hat sich erst geändert, als klar wurde, dass Trump tatsächlich nominiert werden wird. Da allerdings war es bereits zu spät. Der Mediensoziologe und Kommentator Todd Gitlin führt den Erfolg Trumps darauf zurück, dass es ihm gelungen sei, »den Code journalistischer Berichterstattung zu knacken«.[377]

Anders als vorausgesagt, hat er nicht nur den typischen weißen Wähler aus der Unterschicht angesprochen, sondern fand seine Klientel quer durch alle Bildungsschichten. Trump war es gelungen, für eine in den US-Präsidentschaftswahlkämpfen beispiellose Wahlbeteiligung zu sorgen. Wie nachhaltig die amerikanische Machtverschiebung ausgefallen war, wird unmittelbar nach der Wahl von der *Süddeutschen Zeitung* als »eine epochale Zäsur, wie sie die Vereinigten Staaten seit Menschengedenken nicht erlebt haben« kommentiert.[378] Nicht nur, dass die Demokraten vernichtend geschlagen wurden, beide Kammern des Kongresses werden in der ersten Amtszeit des Präsidenten von den Republikanern beherrscht. Selbst die Vakanzen des Supreme Court werden künftig im Sinne der Republikanischen Partei bestimmt werden. Somit fällt eines der letzten demokratiepolitischen Korrektive im US-System. Exekutive, Legislative und Judikative werden von einer Partei dominiert, die in ihrer außen- und sicherheitspolitischen Positionierung weit von dem entfernt ist, was der neu ins Amt gewählte Präsident während des Wahlkampfes als Zielsetzungen seiner Präsidentschaft präsentiert hat. Das Land bleibt tief gespalten zurück. Der Graben verläuft nicht nur zwischen den Republikanern und den Demokraten. Ob es einem Präsidenten Trump gelingen wird, die Republikanische Partei in seinem Sinne neu auszurichten, scheint mehr als fraglich.

Der Ausgang der amerikanischen Wahlen läutet die tektonische Verschiebung der uns bisher vertrauten sicherheitspolitischen Landschaft ein, auch jener in Europa. Dies ist jedoch mehr als nur das Ergebnis einer Wahl. Erstmals in der amerikanischen Geschichte wird ein Oligarch mit den Stimmen der politischen Mitte zum Präsidenten gewählt. Dem politischen Establishment wird damit eine empfindliche Niederlage beigebracht.

Das Wahlergebnis hat durchaus Parallelen zu politischen Entwicklungen in Europa. Auch am alten Kontinent erodieren traditionelle politische Strukturen und Parteien. Was in der Vergangenheit als die gemäßigte

Mitte bezeichnet wurde, ist nunmehr deutlich nach rechts gerutscht. Radikalere politische Parteien erhalten Aufwind und fordern das politische Establishment in ganz Europa heraus. Deutschland, Frankreich und Österreich sind nur Beispiele dafür, wie sich die politische Landschaft in Europa in den kommenden Jahren nachhaltig verändern wird.

In einer ersten Reaktion auf den Ausgang der US-Präsidentschaftswahlen zeigte sich Außenminister Steinmeier alles andere als erfreut. »Wir müssen uns darauf einstellen, dass die amerikanische Außenpolitik für uns weniger vorhersehbar sein wird.«[379] Steinmeier äußerte sich mehr als besorgt über die künftige Zusammenarbeit zwischen Europa und den USA und darüber, ob durch die angekündigte fundamentale Neuausrichtung amerikanischer Europapolitik das Fundament der transatlantischen Beziehung in gewohnter Form weiter aufrechterhalten werden kann. Mit dem Slogan »America First« als Synonym einer politischen Neuausrichtung in der amerikanischen Sicherheitspolitik geht für die Europäer eine Ära zu Ende, nämlich die einer bequemen, transatlantisch abgestützten Sicherheitspolitik, die seit dem Ende des Zweiten Weltkrieges das Verhältnis zu den USA bestimmt hat.

Für Europa kann diese, auf den ersten Blick, bedrohliche Entwicklung aber auch eine Chance sein für mehr Eigenverantwortung und mehr Selbstständigkeit. Trotzdem, der Zeitpunkt für eine Neuausrichtung transatlantischer Sicherheitspolitik ist denkbar ungünstig. Die Vorbereitungen auf EU-Austritt Großbritanniens und möglicher weiterer Kandidaten, wie Frankreich nach den nächsten Präsidentschaftswahlen, wird die Erosion der EU noch verstärken. Die Wiedereinführung der Grenzkontrollen im Lichte der Migrationsströme und damit das Infragestellen des Binnenmarktes werden nicht ohne Auswirkungen auf die Zukunft des Euro bleiben. Eine gemeinsame Währung ergibt schließlich nur Sinn, wenn der freie Verkehr von Gütern und Personen sichergestellt ist. Genau das ist jedoch nicht mehr uneingeschränkt der Fall.

Ein Kreislauf hat sich in Bewegung gesetzt, zumal die EU keine plausiblen Antworten auf die enormen sicherheitspolitischen Herausforderungen im Inneren, vor allem aber auch an ihrer Peripherie, geben kann. Die Krise der EU in der Flüchtlingsfrage ist ein Indiz für den fehlenden gemeinsamen Ansatz. Die Bürger Europas, so scheint es, haben das Vertrauen in die Institution EU verloren, genauso wie das Vertrauen in das politische Establishment in den jeweiligen Mitgliedstaaten. Wir sind Zeuge eines Prozesses der Auflösung der uns bekannten Ordnung und einer Entwicklung hin zur Neuauflage nationalstaatlich dominierter Verhaltensmuster. Betrachtet man die Maßnahmen, die alleine Deutschland in den letzten beiden Jahren zum Ausbau der inneren Sicherheit vorangetrieben hat, so kann man sich des Eindrucks nicht erwehren, dass der Staat sich auf ein Szenario jenseits der uns bekannten sozialen Harmonie vorbereitet.

Bisher konnten sich Europa und die EU auf die verlässliche sicherheitspolitische Leadership der USA stützen. Nunmehr stehen die Zeichen auf Veränderung.

Sicherheitspolitisches Niemandsland

Mit Ausnahme von Großbritannien hat kein Staat in Europa seine Sicherheitspolitik so bedingungslos dem transatlantischen Verhältnis untergeordnet wie Deutschland, wenn auch aus ganz anderen Gründen. Vor allem in sicherheitspolitischer Hinsicht gilt Großbritannien als engster Verbündeter und Statthalter der USA in Europa, der EU und der NATO. So gilt es als sehr wahrscheinlich, dass die amerikanische Neuausrichtung der Sicherheitspolitik auch das britisch-amerikanische Verhältnis auf eine neue Basis stellen wird. Wie immer diese Basis aussehen wird, für Großbritannien ist der bevorstehende amerikanische Paradigmenwechsel in der Sicherheitspolitik keine gute Nachricht, hierbei handelt es sich nach dem Brexit-Votum um einen weiteren sicherheitspolitischen Unsicherheitsfaktor. Worin besteht nun dieser außen- und sicherheitspolitische Kurswechsel? Nach dem Ende des Kalten Krieges hat sich die USA als eine Art Weltpolizist in Szene gesetzt und die nationale Interessenlage, so die Philosophie des neuen Präsidenten, zu wenig berücksichtigt. Trump strebt also einen Kurswechsel von einer bisher wertegeleiteten zu einer interessengeleiteten Außen- und Sicherheitspolitik an. Der von seinen Vorgängern, auch den republikanischen Vorgängern, eingeschlagene Weg führte zu einer Überdehnung der Ressourcen und einer Schwächung der amerikanischen Streitkräfte.[380]

Es sind zwei zentrale Elemente, die sich in allen sicherheitspolitischen Vorstellungen des Präsidenten widerspiegeln.

➤ Es ist einerseits eine Neuordnung des Verhältnisses zu Bündnispartnern und Freunden. Zusammengefasst unter dem Begriff »offshore balancing« versteht man darunter die Einbindung von Bündnispartnern in eine Strategie, die es den USA erlauben, das Konzept der weltweiten Truppenstationierungen zurückzufahren und die sicherheitspolitisch-militärische Verantwortung zuallererst den regionalen Partnern zu übertragen. Trump geht es im Wesentlichen darum, zu einer angemessenen militärischen Lastenverteilung zu kommen. Das betrifft sowohl die NATO als auch die asiatischen Verbündeten wie Südkorea oder Japan im Hinblick auf Eindämmung der geopolitischen Ambitionen Chinas oder auf die Ambitionen Nordkoreas. Was die NATO anbelangt, rückte er von seiner ursprünglich geäußerten Auffassung ab, wonach die NATO ein Relikt des Kalten Krieges sei, und räumt ihr überdies eine Rolle im Hinblick auf die Terrorismusbekämpfung ein, jedoch immer aus der Perspektive eines angemessenen »burden sharing's«.

➤ Und andererseits zeichnet sich ein neues außenpolitisches Handlungsmuster ab. Deutlich rückt er vom Konzept ab, wonach die USA militärisch intervenieren soll, um Regimewechsel herbeizuführen. Nation-building, wie dies die amerikanische Außenpolitik nennt, haben weder im Irak noch in Libyen funktioniert, so Trump. »Amerikanisches Handeln habe laut Trump in Libyen, Irak, Ägypten und Syrien zu Chaos und Instabilität geführt sowie dem Islamischen Staat (IS) und anderen radikalen Kräften aus dem islamistischen Umfeld den Raum zur Herrschaftsausdehnung gegeben.«[381]

Unter Trump wird sich die USA deutlich aus ihrer bisherigen Rolle eines Weltpolizisten zurückziehen. Ebenso wie aus jenen militärischen und wirtschaftlichen Verträgen, die nicht primär im Interesse der amerikanischen Steuerzahler liegen. Trump beabsichtigt, diesen Paradigmenwechsel aus einer Position der Stärke heraus umzusetzen. Er spricht davon,

Wachstum und Beschäftigung anzukurbeln und auch Verteidigungsaus-gaben zu erhöhen. Für die europäische Sicherheitspolitik bedeutet dies, dass der Schutz durch die USA, militärisch wie auch sicherheitspolitisch, keine Einbahnstraße bleiben wird.

Europa und somit auch Deutschland sind gewarnt.

15. Brexit und Geopolitik

Marine Le Pen stellte bereits im Dezember 2015 den EU-Austritt Großbritanniens auf die gleiche historische Stufe wie den Fall der Berliner Mauer.[382] Dass sie damit recht hatte, zeigt die Entwicklung bereits einige Monate nach dem britischen Referendum. Das britische Austrittsvotum hat die Büchse der Pandora geöffnet. Dass sich ausgerechnet nach dem britischen Votum die Kommission für den Ausbau einer europäischen Armee und für den Grenzschutz stark macht, ist zwar angesichts der Herausforderung verständlich, zum jetzigen Zeitpunkt jedoch politisch nicht durchsetzbar. Viele Kommentatoren sehen den Brexit als Beginn der Auflösung der EU, andere sehen darin den Beginn einer geopolitische Neuordnung Europas. Die geopolitische Rolle Großbritanniens in der EU bestand darin, die USA in verteidigungspolitischen Fragen über die NATO eng einzubinden. Was aber, wenn die USA unter Trump andere Zielsetzungen verfolgt? Die EU verliert mit Großbritannien nicht nur die zweitgrößte Volkswirtschaft, sie verliert auch eine Stimme im Ständigen Sicherheitsrat der Vereinten Nationen und die stärkste Militärmacht in Europa. Vor allem verliert die EU mit dem britischen Austritt die innere politische Balance, wie sie über Jahre zwischen den EU-Staaten aufrechterhalten wurde.

Längst überwunden geglaubte geopolitisch und historisch motivierte Vorurteile sind plötzlich in der europäischen Politik wieder da. Deutschland und Frankreich versuchen dieser Entwicklung durch eine weitreichende, bilaterale Kooperationsvereinbarung entgegenzuwirken. Man glaubt, durch den deutsch-französischen Motor jüngster bilateraler Integrationsansätze würde sich das Gespenst der EU-Erosion in Luft auflösen. Das Gegenteil ist der Fall. Der britische Brexit hat die EU zutiefst erschüttert. Wir stehen vor einer historischen Zeitenwende. Das Europa der unterschiedlichen Geschwindigkeiten hat seinen Anfang genommen. Deutschland wird gewollt oder ungewollt in eine neue Rolle in Europa gedrängt, auch in der Verteidigungs- und Sicherheitspolitik. Deutschland und Frankreich kommt die Aufgabe zu, die offensichtlichen Erosionssignale in der EU zu stoppen. Es ist Deutschland, das die Weiterentwicklung der Verteidigungs- und Sicherheitspolitik vorantreibt und Frankreich hinter sich herzieht. Ziel ist die Wiederbelebung der Idee einer europäischen Verteidigungsunion, in der Deutschland eine zentrale Rolle zukommt. Wie sehr sich mit dem britischen EU-Austritt die innere Balance der EU verändert, wird allein schon dadurch deutlich, dass Deutschland unweigerlich eine Führungsrolle in dieser Verteidigungsunion einnehmen muss. Paradoxerweise war es ursprünglich die zentrale Aufgabe einer militärischen, europäischen Integration, eine solche deutsche Rolle zu verhindern. Der Brexit verschiebt die politischen Gewichtungen in Europa zugunsten Deutschlands. Ob Deutschland jedoch der Herausforderung gewachsen sein wird, das ist einer der zentralen Fragen in der Zukunft.

Die ungewollte Führungsrolle Deutschlands

Deutschland ist es in den letzten Jahren innerhalb der EU gelungen, die wesentlichen politischen Themen zu dominieren. Das nicht deshalb, weil Deutschland sich gegenüber den anderen Mitgliedstaaten durchsetzen konnte, vielmehr deshalb, weil niemand anderes diese Rolle übernehmen konnte oder wollte. Das betrifft die Positionierung der EU-Finanzinstitutionen in der Eurokrise, das Flüchtlingsproblem, den Konflikt in der Ukraine, vor allem aber das Verhältnis zu Russland und ebenso wichtig zur Türkei. Bisher konnte Deutschland in einer kantigen Politik gegenüber Russland voll und ganz auf Großbritannien zählen, das kompromisslos die amerikanische Position innerhalb der EU verteidigte. Die jüngeren EU-Mitgliedstaaten in Osteuropas konnten sich bisher reflexartig auf die britische anti-russische Position verlassen. Der Brexit hat diese Mechanismen verändert.

Der Argwohn in den europäischen Hauptstädten ist gestiegen, nicht nur östlich von Berlin. Dies hängt nicht so sehr mit der zur Schau gestellten deutschen Dominanz zusammen, als vielmehr damit, dass Frankreich innen- wie außenpolitisch wenig Profil erkennen ließ und Großbritannien damit beschäftigt war, jegliche Integration in verteidigungs- und sicherheitspolitischen Fragen in den letzten Jahren zu blockieren. Nach dem britischen Referendum werden die Machtverhältnisse in Europa neu definiert. Das erklärt auch die offen zum Ausdruck gebrachte Besorgnis über die politischen Konsequenzen eines Brexit. So verliert beispielsweise die polnische PiS-Regierung mit ihrer integrationskritischen Positionierung mit Großbritannien ihren wichtigsten Verbündeten.

Der Brexit zwingt Deutschland – mehr noch als bisher – eine europäische Führungsrolle zu übernehmen. Eben nicht nur politisch, sondern auch militärisch, wie das Mitte Juli vorgestellte deutsche Weißbuch unschwer erkennen lässt.

Was die Mehrzahl der EU-Mitgliedstaaten anbelangt, so hat der Brexit das Misstrauen gegenüber einer bi- und multilateralen Zusammenarbeit weiter verstärkt. Nur zwei Tage nach dem britischen Referendum hat der deutsche Außenminister die sechs Gründungsmitglieder der Europäischen Wirtschaftsgemeinschaft (EWG) zu Beratungen über die Folgen des Brexit eingeladen, was vom Rest der EU als deutscher Alleingang und Auftakt zur Segmentierung europäischer Politik wahrgenommen wurde. Wie sehr die auf deutsche Initiative hin betriebene Segmentierung der EU bei den Partnerstaaten auf Kritik stößt, wird in einem Interview Steinmeiers vom 1. Juli 2016 deutlich. Darin wird der deutsche CDU Außenpolitiker Norbert Röttgen mit den Worten zitiert: »... das Treffen habe andere in der EU verstört und in der Sache selbst nichts gebracht«. Die unmittelbar geäußerte Kritik vonseiten der EU-Partner an dem 6er-Treffen unter deutscher Patronanz wollte auch dann nicht verstummen, als der deutsche Außenminister zur Schadensbegrenzung ansetzte. Die nachträgliche Einbindung der anderen EU-Staaten, wie Steinmeier gegenüber dem *Spiegel* argumentierte, konnte den politischen Schaden nicht mehr gutmachen.[383] Steinmeier konnte das aufkommende Misstrauen auch nicht zerstreuen, indem er darauf verwies, dass es wenige Stunden nach dem Bekanntwerden des Ergebnisses des Referendums zu einem Treffen der Außenminister im Format zu 28 gekommen war. Was Steinmeier in diesem Interview nicht angesprochen hatte, war, dass es sich bei diesem Ad-hoc-Treffen der Außenminister – inklusive britischer Beteiligung – um eine Pflichtübung handelte, die eher von Ratlosigkeit, als von Substanz gekennzeichnet war.

Umso deutlicher fiel die Kritik vor allem seitens der baltischen Staaten und der Visegrád-Staaten Polen, Tschechien, Slowakei und Ungarn an diesem deutschen Vorstoß aus.

Ob Kerneuropa oder Europa der unterschiedlichen Geschwindigkeiten, der Brexit hat zweifellos Bewegung in die EU gebracht. Solange das Wirtschaftswachstum stimmte, konnten die bereits existierenden Gräben innerhalb der EU-Mitgliedstaaten noch einigermaßen überdeckt werden. In Zeiten der wirtschaftlichen Stagnation allerdings, treten diese Gräben als innen- und außenpolitische Positionierungskämpfe zutage. In sehr selbstkritischer Art und Weise gesteht die langjährige Kommissarin und EU-Europaabgeordnete Viviane Reding die Fehler eines zu raschen Erweiterungsprozesses der EU ein und sieht darin eine der Ursachen für die derzeitige Krise:

»Die mittel- und osteuropäischen Beitrittsstaaten waren überhaupt nicht fähig beizutreten. Wir haben sie finanziell unterstützt und gedacht, sie lernen automatisch, was Demokratie ist, wenn sie in die Familie eingebunden sind. Wir dachten, sie brauchen nur Zeit. Das war ein Irrtum. Die Subventionspolitik hat funktioniert. Aber diese Staaten sehen Europa nur als gemeinsamen Topf, aus dem sie gespeist werden. Wenn sie einmal etwas zurückgeben müssen, etwa in der Flüchtlingskrise, ist das Wort Solidarität weder in ihren Worten noch in ihren Handlungen verankert. Es gibt keine Demokratie dort, die Minderheiten respektiert. Rechtsstaatlichkeit, etwa die Unabhängigkeit der Justiz, funktioniert nicht. Mit Ungarn hat es angefangen, Polen macht es noch schlimmer, und dann gibt es in Tschechien die Europhobie.«[384]

Schon wenige Wochen nach dem Brexit-Referendum wurde eine Machtverschiebung innerhalb der EU sichtbar. Der seit Jahren erkennbare Graben zwischen den unterschiedlichen Interessenlagen der Mitgliedstaaten verläuft nicht nur entlang einer Nord-Süd-Achse, wie die Eurokrise deutlich macht, sondern noch viel dramatischer zwischen den neuen Mitgliedern im Osten und den alten Mitgliedern in Zentraleuropa. Das Ausscheiden Großbritanniens aus der EU heizt diesen Konflikt weiter an.

Im Nord-Süd-Konflikt geht es im Wesentlichen um die Umverteilung von Vermögen zugunsten jener Staaten, die etwas respektlos als Olivengürtel der EU bezeichnet werden. Die zentraleuropäischen Staaten, allen voran Deutschland, zeigen sich jedoch nur im Austausch von Gegenleistungen zu einem eingeschränkten Vermögenstransfer bereit, wie die Krise um Griechenland 2015/16 gezeigt hat. Diese von den zentraleuropäischen Staaten eingeforderten Gegenleistungen zielen auf die Kontrolle der dortigen Ausgaben und Einnahmen ab und beschränken die südlichen Staaten in ihrer Unabhängigkeit zur Aufnahme von Krediten.[385]

Der Brexit ist jedoch für den Ost-West-Konflikt bedeutender. Es waren die Visegrád-Staaten Polen, Tschechien, Slowakei und Ungarn, die der britischen Linie folgten, nationalstaatliche Entscheidungen zu forcieren und Ansätzen der EU zu Vergemeinschaftlichung kritisch gegenüberzustehen. Mit dem Ausscheiden Großbritanniens fehlt ein wesentlicher Mitstreiter dieser Strategie. Noch mehr als in institutionellen EU-Fragen verlieren die osteuropäischen EU-Staaten ihren stärksten Verbündeten aber vor allem im Hinblick auf die Russlandpolitik, denn Großbritannien galt immer als Bollwerk gegen russische, geopolitische Ambitionen und generell als Sprachrohr amerikanischer Interessenlagen in der EU und in der NATO.

In der zweiten Hälfte 2016 hatte die Slowakei den Vorsitz in der Europäischen Union. Am 16. September 2016 veranstaltete sie einen Sondergipfel zu den Folgen des Brexit. Die Slowakei gilt als einer der schärfsten Kritiker bi- und multilateraler – vor allem deutscher – EU-Initiativen, gemeinsam mit den anderen drei Visegrád-Staaten und den baltischen Staaten: »Das Schicksal der EU dürfe nicht einzelnen, starken westeuropäischen Mitgliedstaaten überlassen werden«, wird der slowakische Außenminister am Tag der Übernahme der EU-Präsidentschaft zitiert.[386]

Längst haben die EU-Staaten erkannt, dass hinter den laufenden, bilateralen Kooperationen ein alter politischer Ansatz innerhalb der EU Platz greift: Das in den Achtziger- und Neunzigerjahren zur Diskussion gestandene Konzept eines Kerneuropas oder eines Europas der unterschiedlichen Geschwindigkeiten. Viviane Reding bringt es auf den Punkt und schlussfolgert: »So wie jetzt kann es nicht weitergehen. Wir brauchen ein Kerneuropa und das müssen wir schnell durchsetzen.«[387]

Die deutsch-französische Achse nach dem Brexit

Das deutsch-französische Verhältnis ist die eigentliche Achse des europäischen Integrationsprozesses, der von Anfang an neben der wirtschaftlichen Komponente eine starke sicherheitspolitische Komponente hatte. Beide Staaten waren an drei europäischen Kriegen zwischen 1870 und 1945 beteiligt.

Frankreich eröffnete sich als Mitbegründer der EWG in den Fünfzigerjahren wirtschaftliche Perspektiven und Verflechtungen in Europa und sicherte sich gleichzeitig eine adäquate wirtschaftliche und politische Kontrolle. Deutschland wiederum profitierte durch die EWG von der Wiedereinbindung und Integration in innereuropäische wirtschaftliche und politische Entwicklungen der Nachkriegszeit. Das war der Ausgangspunkt der deutsch-französischen Beziehungen jener Jahre.

Die Briten sahen ihre Mitgliedschaft in der EWG und später in der EU von Beginn an als Statthalter der amerikanischen Interessenlage in Europa. Das schwierige Verhältnis zu Europa, eine Mischung aus Distanz und Nähe, bestimmte die britische Europapolitik über das Brexit-Referendum hinaus bis zum heutigen Tag. Seit 1977 hatte Großbritannien fünfmal den EU-Ratsvorsitz inne. Trotzdem beteiligt sich das Land weder an den Schengen-Verträgen noch gab es die eigene Währung auf, das Britische Pfund.

International anerkannte Think-Tanks, wie das Chicago Council on Global Affairs, lassen mit der Aussage aufhorchen, dass der britische Brexit das Potenzial hat, die internationale Ordnung neu zu schreiben.[388] Tatsächlich spricht vieles dafür, dass die Folgeentwicklungen des Brexit nicht nur in wirtschaftlicher Hinsicht zu einer Herausforderung für Großbritannien werden könnte, sondern auch föderalistische Zentrifugalkräfte freizusetzen drohen. Schottland und Nordirland haben deutlich pro-EU gewählt und sehen sich nunmehr von einem britischen Brexit überrollt. Sowohl in Nordirland als auch in Schottland bestimmen politische Diskussionen eine allgemeine Stimmung, sich von diesem Abstimmungsergebnis zu distanzieren. Unmittelbar nach der Auszählung kommentierte die schottische Regierungschefin Nicola Sturgeon das Ergebnis mit den Worten: Das Ergebnis »zeige, dass das schottische Volk seine Zukunft als Teil der

Europäischen Union sieht«.[389] Einer der Gründe dafür liegt wohl zweifels-
ohne in den Transferzahlungen der EU. Fakt bleibt: während Nordirland
und Schottland sich für den Verbleib aussprachen, votierten England und
Wales für den Exit.

Der Brexit schwächt in erster Linie die EU. Er bedient sich aber auch der
neo-nationalistischen Tendenzen in den EU-Staaten, die auf mehr Nationalstaat und weniger Zentralismus aus Brüssel setzen oder sich für einen Austritt aus der EU stark machen. Gleichzeitig stärkt der britische
EU-Austritt die transatlantische Komponente in Europa schon alleine dadurch, dass die EU schwächer dasteht als zuvor. Daran ändern die
deutsch-französischen Initiativen in der Verteidigungs- und Sicherheitspolitik genauso wenig, wie der Anlauf der EU zum Ausbau einer globalen
Sicherheits- und Verteidigungspolitik. Dafür scheint es zu spät zu sein,
zumal ein Großteil der EU solchen Initiativen zumindest skeptisch gegenübersteht. Was bleibt sind eingefahrene Strukturen in der Verteidigungspolitik. Die NATO bleibt daher weiterhin Ausgangspunkt für eine
neue Verteidigungspolitik der EU. Es erscheint gut möglich, dass die neue
US-Administration dem europäischen Pfeiler innerhalb der NATO mehr
Spielraum und Verantwortung einräumen wird.

Neben den großen geostrategischen Linien werden sich mit dem Brexit
aber auch die bilateralen Gewichtungen in Europa ändern. Großbritannien verliert jenen Stellenwert, den das Land als Platzhalter der amerikanischen Interessen in Europa bisher hatte. Vor allem in Sicherheits- und
Verteidigungsfragen wurde Großbritannien als eine Art »trojanisches
Pferd« innerhalb der EU wahrgenommen. Eine Beschreibung, die auf
Charles de Gaulle in den fünfziger Jahren zurückgeht, als es darum ging,
den Briten den Beitritt zur EWG-Mitgliedschaft zu verwehren. Noch 1960
stimmte Frankreich zweimal gegen die Aufnahme Großbritanniens in die
EWG. Frankreich hatte aus handfesten politischen und geopolitischen
Gründen wenig Interesse daran. Vor allem aber war Großbritannien das
einzige Land, das Frankreichs Rolle in wirtschaftlicher, politischer und militärischer Hinsicht innerhalb dieser Organisation herausfordern konnte.

Am 1. Januar 1973 trat Großbritannien dann doch der EWG bei. Die Politik Großbritanniens gegenüber der EWG und später der EU wurde von

Margaret Thatcher geprägt und im Kern bis heute nicht verändert. In ihrer berühmten »Bruges Speech« im September 1988, erteilte sie einem vereinten Europa eine Absage und definierte die britischen Zielsetzungen innerhalb der EU »as an agreement of national states to establish free trade«.[390] Großbritannien hatte aber noch eine andere Funktion innerhalb der europäischen Institutionen: Das Machtverhältnis zwischen Deutschland und Frankreich auszubalancieren. Diese Rolle wird nach dem Austritt Großbritanniens schwieriger umzusetzen sein bzw. fällt überhaupt weg.

Die oft kompromisslose Vertretung amerikanischer Positionen innerhalb der EU durch Großbritannien wird ebenfalls neu zu besetzen sein. Die USA müssen sich nach dem britischen Ausscheiden neue Partner für ihre Interessen in Europa suchen. Hier eröffnen sich zwei Optionen. Bereits unmittelbar nach dem Brexit hat sich Polen den USA in einer Weise angedient, die vermuten lässt, dass es näher an die amerikanische Europapolitik herangerückt ist. Ob dies unter der neuen US-Administration seine Fortsetzung findet, wird man sehen. Eine zweite Option für die USA wäre, auf Deutschland zu setzen. Die deutsche Außenpolitik muss sich jedoch darüber im Klaren sein, dass die bedingungslose Fortsetzung einer engen deutsch-amerikanischen Ausrichtung nicht unbedingt mit der neuen Rolle Deutschlands in Einklang zu bringen sein wird. Es spricht dennoch vieles dafür, dass sich die USA als Kompensation für das Ausscheiden Großbritanniens als engsten Verbündeten in Europa nunmehr Deutschland stärker als bisher zuwenden wird.[391]

Eine solche Entwicklung käme nicht überraschend angesichts der stark transatlantisch ausgerichteten deutschen Politik unter der Merkel. Die NSA-Affäre, die deutsche Beteiligung an internationalen Einsätzen im Rahmen der NATO und der EU oder die anfänglich moderat gehaltene Kritik gegenüber dem Freihandelsabkommen TTIP, sind deutliche Signale in Richtung USA. Aber auch diese Frage wird letztlich daran gemessen werden, wie die neue US-Regierung ihre Europapolitik gestaltet. Die wahrscheinlichste Variante, den britischen Ausfall als engsten amerikanischen Verbündeten in der EU zu kompensieren, wird voraussichtlich der pragmatische Versuch sein, die unterschiedlichen Ressentiments der EU-Staaten zueinander im Sinne der amerikanischen Politik zu nutzen; eine Politik der wechselnden Allianzen also.

Es existieren aber auch andere Vorstellungen und Tendenzen künftiger amerikanischer Europapolitik. Die erkennbare Fragmentierung nach inhaltlichen, geopolitischen, geografischen und wirtschaftlichen Kriterien innerhalb der EU eröffnen den USA ein weites Feld europapolitischer Möglichkeiten und Aktivitäten. Zielrichtung bleibt dieselbe, nur die Akteure haben sich vervielfältigt.

Im September 2016, nicht ganz 3 Monate nach der Brexit-Abstimmung, hatten der französische Verteidigungsminister Jean-Yves Le Drian und seine deutsche Amtskollegin Ursula von der Leyen ein Papier in Umlauf gebracht, das die Europäische Verteidigungsunion wiederbeleben sollte. Das sechsseitige Dokument trägt den Titel »Erneuerung der GSVP: Hin zu einer umfassenden, realistischen und glaubwürdigen Verteidigung in der EU«. Das deutsch-französische Strategiepapier will das Ausscheiden Großbritanniens dazu nutzen, um die Entwicklung der EU hin zu einer unabhängigen europäischen Militär- und Großmachtpolitik anzustreben.[392] Das Papier ist keineswegs im politischen Vakuum entstanden, sondern nimmt Bezug auf das im Juli von der EU-Außenbeauftragen Federica Mogherini vorgestellte Papier mit dem ambionierten Titel »Neue EU Globale Strategie für Außen- und Sicherheitspolitik« (EUGS). Dieses Papier weist in dieselbe Richtung, wie das davor veröffentlichte deutsch-französische Strategiepapier zur Erneuerung der GSVP. Im Mittelpunkt des von Mogherini vorgestellten Papiers steht die Ergänzung der EU um eine Militärunion, »die in der Lage ist, notfalls auch unabhängig von den USA weltweit militärisch zu intervenieren«. Die Rolle der NATO sei die Verteidigung ihrer Mitglieder, heißt es in der EUGS. Aber die Europäer müssten »besser ausgerüstet, trainiert und organisiert sein, um zu dieser kollektiven Aufgabe entscheidend beizutragen und – falls notwendig – autonom zu handeln«.[393] Diese Globalstrategie wurde parallel zum deutschen Weißbuch entwickelt und trägt in vielen Bereichen sehr deutlich die deutsche Handschrift. Dies unterstreicht zweierlei: Erstens, die deutsche Führungsrolle in verteidigungs- und sicherheitspolitischen Fragen und zweitens, eine vom Brexit ausgelöste Dynamik in einem Schlüsselbereich europäischer Sicherheit. Inhaltlich sicher richtig, kommt diese Initiative zu einer Unzeit. Es ist mehr als fraglich, ob diese Aktivitäten in einer Zeit der Stagnation des EU-Integrationsprozesses nicht als falsch verstandenes Signal genau den gegenteiligen Effekt erzielen. Schließlich ist eine Tendenz zu einer europäischen Armee, ja nicht einmal der Schutz der EU-Außengrenzen, nicht ein ernsthaft diskutiertes Thema. Vielmehr geht die Tendenz dahin, die nationalen Ressourcen in der Verteidigung zu stärken und über nationale Grenzsicherung nachzudenken.

Das medial wenig beachtete Papier trägt dem Umstand Rechnung, dass es innerhalb der EU unterschiedliches »Ambitionsniveau auf dem Weg zur Integration« gibt. Deutschland und Frankreich erklären darin, in Europa und international stärker zusammenarbeiten zu wollen. Dieser Integrationsschritt soll in eine »Europäische Sicherheitsagenda« eingebettet werden. Was hier schon unmittelbar nach dem Brexit von Deutschland und Frankreich angepeilt wird, ist nicht mehr oder weniger als der Auftakt für eine Weiterentwicklung der EU nach unterschiedlichen Geschwindigkeiten in Sicherheits- und Verteidigungsfragen, und das bereits wenige Tage nach dem Brexit.

Es handelt sich um den Startschuss sowohl für ein Kerneuropa-Konzept der Sicherheits- und Verteidigungspolitik als auch für eine »Gemeinsame Europäische Asyl- und Einwanderungspolitik«.[394] Die im Papier angepeilten Zielsetzungen, unter dem Schirm der EU angesiedelt, sind gleichermaßen ambitioniert und weitreichend. Entscheidend aber ist der Punkt, dass diese Zielsetzungen das unterschiedliche »Ambitionsniveau« der Mitgliedstaaten mitberücksichtigt. Damit soll eine neue Qualität der deutsch-französischen Beziehungen eröffnet werden, die mehr Flexibilität und Dynamik in jene Themenbereiche bringt, die bisher von Großbritannien verhindert oder skeptisch beurteilt wurden.

Was die Zukunft bringen wird

Die Europäische Union als Gesamtheit, aber auch jeder einzelne Nationalstaat stehen hier vor großen Herausforderungen:

1. Gewährleistung des Schutzes der EU-Außengrenzen. Sollte dieser Ansatz nicht greifen, werden die Mitgliedstaaten der EU diese Aufgabe wieder national lösen. Damit wird de facto der freie Warenverkehr

wie auch der Binnenmarkt unterlaufen, mit nicht vorhersehbaren Konsequenzen für die gemeinsame Währung.

2. Bis dato ist es der EU nicht gelungen, das anhaltende Flüchtlingsproblem in den Griff zu bekommen. Im Gegenteil: Jeder Ansatz für eine solidarische Aufteilung von Flüchtlingen zwischen den Mitgliedstaaten ist offenbar nicht durchsetzbar. Vielmehr hat dieses Problem zu einer existenzgefährdenden Krise der EU geführt.

3. Trotz einiger vielversprechender Ansätze war die EU bisher nicht in der Lage, nachhaltig dafür Sorge zu tragen, die Flüchtlingsströme Richtung Europa zu kanalisieren oder überhaupt zu verhindern. Das Flüchtlingsabkommen mit der Türkei erweist sich für die EU als eine Art trojanisches Pferd, angesichts einer zunehmend totalitären Politik der Türkei unter Präsidenten Erdoğan. Ähnliche Ansätze mit nord- oder zentralafrikanischen Staaten sind schon deshalb schwierig umzusetzen, da staatliche Korruption und Misswirtschaft ein nachhaltiges Engagement der EU verhindern.

Alle diese Faktoren sprechen eher dafür, dass sich die EU durch ein belastbares Grenzregime nach außen hin absichert und die bisherige Asylpolitik der offenen Tür massiv einschränkt. Gelingt dies nicht, droht die EU in ihrer Gesamtheit zu erodieren.

4. Der radikale Islam hat bereits in Europa Fuß gefasst. Mit sicherheitsbehördlichen Maßnahmen ist dieses Phänomen nicht zu stoppen. Noch fehlen gemeinsame integrationspolitische Ansätze, um Radikalisierung zurückzubauen und zielgerichtet Integration zu fördern. Genau darin liegt die einzige Chance, die innere Stabilität in Europa aufrechtzuerhalten.

Es steht außer Zweifel, dass die angespannte sicherheitspolitische Lage in Europa auf eine zeitverzögerte Nachwirkung einer verfehlten westlichen Interventionspolitik im Nahen Osten und in Libyen zurückzuführen ist. Eine Mischung aus salafistischer Radikalisierung und gezielter Destabilisierung durch Terror ist ein Szenario in Europa, von dem auch die Sicherheitsbehörden weiter auszugehen haben.

Die Bedrohungslage im Kerngebiet der EU durch einen radikalisierten Islam ist auf einem bisher nicht gekannten Niveau. Der anhaltende Konflikt im Nahen Osten wird die Sicherheitslage in Europa weiter belasten und die Sicherheitsbehörden personell überfordern. Es steht zu befürchten, dass die EU zu spät auf die Herausforderungen reagiert hat und dafür einen hohen Preis zahlen muss.

Diese alles andere als optimistisch stimmende Bedrohungs- und Sicherheitseinschätzung trifft Europa derzeit in einer schwierigen Situation. Die politische und wirtschaftliche Erosion der EU ist nicht mehr zu übersehen. Die vertraute sicherheitspolitische und militärische Abstützung auf die USA und auf ihren bequemen Schutzschirm scheint mit einem Präsidenten Donald Trump nicht mehr selbstverständlich. Vor allem Deutschland ist gefordert, den europäischen Desintegrationsprozess einzudämmen und eine neue gemeinsame Basis zu finden. Skepsis ist angebracht, ob Deutschland unter der Regierung Merkel willens und auch in der Lage ist, aus dem Schatten des bisherigen Mentors und Partners USA herauszutreten. Deutschland ist in dieser Rolle mehr als nur gefordert.

16. WEIßBUCH – DER WEG ZU EINER ESKALATION MIT RUSSLAND

Die Veröffentlichung des Weißbuches wurde mehrmals verschoben und das aus gutem Grund. Ursprünglich war sie vor dem 23. Juni 2016, dem Tag des britischen Referendums über den Verbleib in der EU geplant. Die Brisanz des Papiers sollte die Brexit-Befürworter nicht auch noch befeuern, und so wurde die Veröffentlichung auf einen Zeitpunkt nach dem Referendum verlegt. Zumindest konnte das Weißbuch unmittelbar nach dem NATO-Gipfel in Warschau (8./9. Juli 2016) vom Kabinett verabschiedet werden. Das Papier wurde eng mit der NATO abgestimmt und fügt sich eins zu eins in das Abschlussdokument des NATO-Gipfels in Warschau ein. Zwischen deutscher und amerikanischer Europapolitik soll offenbar kein Blatt passen. Das Weißbuch macht auf erschreckende Art und Weise klar, wie sich Europa auf eine Konfrontation mit Russland vorbereitet und wie Deutschland nach dem Willen dieser Bundesregierung an vorderster Front stehen möchte.

Interministeriell und interdisziplinär

Obwohl die Erstellung des Weißbuches in die Ressortverantwortung des Verteidigungsministeriums fällt, wurde das Thema erstmals im Wege von zehn interministeriellen Arbeitsgruppen, sowie unter der Einbeziehung relevanter gesellschaftlicher Gruppen, abgearbeitet.[395] Das Papier erhebt daher den Anspruch, sowohl interministeriell als auch interdisziplinär ausgerichtet zu sein. Dies war bei den vorangegangenen Strategiepapieren nicht der Fall. Diesmal gilt das Weißbuch als eine Strategie der Bundesregierung und als ein weitreichendes Regierungsdokument.

Es ist das Elfte seit 1969. Die letzte Version stammt aus dem Jahre 2006. Wie sehr sich die Sicherheitslage seit 2006 verändert hat, geht schon aus dem Umstand hervor, dass Russland damals noch als Partner verstanden wurde, Syrien innenpolitisch weitgehend stabil war, die USA mit ihren Kontingenten im Irak den Kollaps des Landes überdeckten und der Einsatz der Bundeswehr in Afghanistan Neuland war. Internationaler Terrorismus wurde noch mit der al-Qaida assoziiert und der IS war weitgehend unbekannt und wurde damals noch unterschätzt.

Was später als Arabischer Frühling bezeichnet wurde, hatte seinen Anfang 2010 in Tunesien und hinterließ Bürgerkriege und ein Machtvakuum an der europäischen Gegenküste, vor allem in Libyen. Hybride Kriegsführung, wie sie im Zuge des Konfliktes in der Ostukraine bekannt wurde, war nicht einmal in militärischen Kreisen ein Begriff. Was aber damals schon zunehmend eine Rolle spielte, war das aufkommende Thema Cyberwar und die Notwendigkeit, dem Schutz der kritischen Infrastruktur, auch aus militärischer Sicht, mehr Aufmerksamkeit zu widmen. Heute, zehn Jahre nach Verabschiedung des letzten Weißbuches, hat sich die sicherheitspolitische Lage fundamental geändert. Das Weißbuch spiegelt daher wie kein anderes Dokument der Bundesregierung die Antworten auf die absehbaren sicherheitspolitischen Entwicklungen wider. Es zeigt aber auch, in welche Richtung sich Deutschland sicherheitspolitisch bewegt.

Die politischen und militärischen Konflikte in den europäischen Randzonen beeinflussen wie nie zuvor Kernthemen der europäischen Sicherheit: Da ist die Instabilität in Nordafrika und das damit in Verbindung stehende Flüchtlingsaufkommen im Süden Europas, die außer Kontrolle geratene Lage im Nahen Osten mit Irak und Syrien als Brennpunkte und Keimzelle des Terrorismus und letztlich die Gestaltung des Verhältnisses zu Russland. Zum ersten Mal in der Geschichte eines deutschen Weißbuches werden jene staatlichen Instrumente sichtbar, die in Position gebracht werden sollen, wenn sozialer Friede und innere Sicherheit nachhaltig gefährdet sind.

Das Weißbuch ist mehr als ein nationales deutsches Dokument. Es hat sowohl Spuren in den Strategiepapieren der NATO als auch in der EU

hinterlassen. Die deutsche Handschrift in diesen Dokumenten ist un-
übersehbar. Das Weißbuch ist daher auch ein längst überfälliger Versuch,
der Europäischen Union ein sicherheitspolitisches Profil zu verleihen,
wenn auch unter neuen Ansätzen. Deutlich wird, dass Deutschland bereit ist, im Rahmen eines Lead-Nation-Konzeptes mehr an Verantwortung
zu übernehmen. Eingebettet sein soll ein solches Konzept in einem Ge-
flecht bi- und multinationaler Kooperationen und sich auch, aber nicht
ausschließlich, auf die NATO stützen. Dafür ist Deutschland bereit, eine
politische und militärische Führungsrolle zu übernehmen und deutlich
mehr als bisher in die Bundeswehr zu investieren.

Mehr Verantwortung in der Welt, auch militärisch

Ein Artikel in der Juli-/August-Ausgabe 2016 von *Foreign Affairs* mit dem
Titel »Germany's New Global Role« stellte das Konzept des neuen deutschen außenpolitischen Selbstverständnisses dar. Mit Recht kann dieser
Artikel als Auftakt für einen Paradigmenwechsel in der deutschen Außenpolitik beurteilt werden. Autor ist Außenminister Frank-Walter Steinmeier. Bemerkenswert ist der Umstand, dass dieser Paradigmenwechsel von
deutschen und ausländischen Leitmedien weitgehend unkommentiert
blieb. Steinmeier schlägt mit diesem Grundsatzpapier in dieselbe Kerbe
wie auch schon Bundespräsident Joachim Gauck und Verteidigungsmi-
nisterin Ursula von der Leyen im Januar 2014 anlässlich der 50. Münchner Sicherheitskonferenz 2014: Deutschland müsse mehr Verantwortung
in der Welt übernehmen – auch militärisch.[396]

Steinmeier schreibt über die beabsichtigte künftige Rolle Deutschlands:
»Bis die EU die Fähigkeit entwickelt, eine stärkere Rolle auf der Weltbüh-
ne zu übernehmen, wird Deutschland im Interesse von ganz Europa versuchen, so viel Boden zu behalten, wie es nur möglich ist. Deutschland
wird ein verantwortungsbewusster, zurückhaltender und reflektierender
Anführer sein, der hauptsächlich von seinen europäischen Instinkten geleitet wird.«[397]

Dass ausgerechnet Deutschland in einem historisch wie politisch hoch
sensiblen Bereich eine Führungsrolle einnehmen möchte, wird nicht von

allen Partnern willkommen geheißen. Die Rückkehr Deutschlands als Akteur auf der weltpolitischen Bühne der Außenpolitik kam nicht überraschend. Und so schließt das Weißbuch lediglich eine über Jahre andauernde, von der Öffentlichkeit kaum wahrgenommene Entwicklung ab. Das außenpolitische Engagement Deutschlands innerhalb der letzten Jahre hat die angestrebte Rolle vorweggenommen. Das Weißbuch ist aber auch als eine Art Lackmustest für die Partnerstaaten gedacht, allen voran Polen, um die Reaktionen auf den nunmehr auch schriftlich vorliegenden Anspruch Deutschlands auf eine Führungsrolle innerhalb Europas abzufragen. Bisher sind Proteste ausgeblieben, Argwohn allerdings ist geblieben.

Die Schlüsselpassagen des Weißbuches

Das jüngst veröffentlichte Weißbuch ist die konsequente Weiterentwicklung der bisherigen Strategie auf sicherheits- und verteidigungspolitischer Ebene. Aus der Prioritätenliste des Weißbuches und den sich daraus ergebenden Konsequenzen leiten sich mitunter dramatische Schlussfolgerungen ab:

(1) Die militärische Sicherheit ist Angelegenheit der NATO inklusive nuklearer Abschreckung und Raketenabwehr. Damit kehrt in die europäische Sicherheitspolitik zumindest mehr Realitätsbezug ein. Für einen eigenständigen europäischen Pfeiler innerhalb der NATO, wie ihn die EU noch in den Neunzigerjahren anpeilte, fehlte einerseits der politische Wille und andererseits den europäischen Mitgliedstaaten die dafür erforderlichen spezifischen militärischen Fähigkeiten. Im Weißbuch ist von einer Europäischen Armee, wie nach der Brexit-Abstimmung auch vom Kommissionspräsidenten gefordert, nicht die Rede. Das würde auch den Rahmen eines Weißbuches sprengen, vor allem, wenn es sich um das deutsche Weißbuch handelt. Inhaltlich ist das Weißbuch der Versuch, die transatlantische Komponente innerhalb der NATO zu festigen, jedoch mehr europäische Verantwortung und Initiative einzufordern. Für Letzteres ist Deutschland bereit, eine temporäre Führungsrolle zu übernehmen. Interessant ist der Umstand, dass diese Weichenstellung unabhängig vom überraschenden Ausgang der amerikanischen Präsidentschaftswahlen

getroffen wurden. Auch unter Hillary Clinton wäre eine Stärkung des europäischen Pfeilers innerhalb der NATO eine deutsche Zielvorstellung. Es hat den Anschein, dass diese Zielvorstellung unter Donald Trump schneller Realität werden könnte als geplant.

Die Bundesregierung lässt keinen Zweifel aufkommen: Ohne die USA gibt es keinen operativen militärischen Handlungsspielraum für Europa. Mehr noch: Am NATO-Gipfel in Warschau am 8./09. Juli 2016 wurde in einer gemeinsamen EU-NATO-Erklärung eine intensive Zusammenarbeit vereinbart. Das Feld der Zusammenarbeit umfasst die Abwehr hybrider Bedrohungen, Cyber-Sicherheit und Verteidigung, ebenso die operative Zusammenarbeit auf See und zur Migration.[398] Die Kooperation umfasst aber auch alle klassischen militärischen Themen. Damit wird der europäische Pfeiler innerhalb der NATO gestärkt, die EU wird aber zum Bittsteller. Vorbei sind Fantasien über Parallelstrukturen außerhalb der NATO, wie die Bestrebungen in den neunziger Jahren, die Westeuropäische Union (WEU) in dieser Rolle dafür aufzubauen.

Es stellt sich allerdings die Frage, ob diese Willenserklärung von der neuen amerikanischen Administration geteilt wird. Tendenziell scheint die neue amerikanische Europapolitik darauf ausgerichtet zu sein, die europäischen NATO-Partner stärker als bisher in die Pflicht zu nehmen. Dies würde mit sich bringen, den europäischen Pfeiler innerhalb der NATO politisch und militärisch unabhängiger zu gestalten. Zweifel sind angebracht, ob der Aufbau eines militärischen Arms außerhalb der NATO und unter der Ägide der EU aufgrund finanzieller und technischer Gegebenheiten überhaupt eine realistische Option für die kommenden Jahre sein wird. Die Situation ist aber insofern kritisch, als die zu erwartenden, auch militärischen Herausforderungen schon sehr kurzfristig eintreten werden. So das erforderliche Engagement im Nahen Osten und in Nordafrika und der damit im Zusammenhang stehende Schutz der EU-Außengrenzen, aber auch die EU-internen Entwicklungen, die ihren Zusammenhalt Anfang 2017 in Frage stellen.

Dieses uneingeschränkte Bekenntnis zur NATO heißt aber realistischerweise auch, die europäische Abhängigkeit von den USA in Angelegenheiten der europäischen Verteidigungs- und Sicherheitspolitik langfristig in

Kauf zu nehmen. Es spricht viel dafür, dass die EU in Schlüsselbereichen der Außen- und Sicherheitspolitik ihre Selbstständigkeit und Handlungsfähigkeit aufgegeben hat. Das dies ausgerechnet mit dem Brexit zusammenfällt, ist eine Zufälligkeit mit historischer Dimension. Mit dem Austritt Großbritanniens aus der EU, verlässt jenes Mitgliedsland die Union, das konsequent von Anfang an jeden Fortschritt in der Integration von sicherheits- und verteidigungspolitischen Themen erfolgreich unterlaufen hat.

(2) Die Bundeswehr soll auf die neuen Aufgaben vorbereitet und gestärkt werden. Das Papier spricht von einer Trendwende angesichts des Umstandes, dass sich die Aufgaben vervielfältigt haben, die Mittel zu ihrer Bewältigung jedoch kontinuierlich rückläufig waren. Das soll sich ändern. Bisher wurden für die Verteidigung 1,2 Prozent des BIP ausgegeben, Ziel der NATO ist ein Richtwert von 2 Prozent, der bis 2024 erreicht werden soll. Die Bundesregierung fühlt sich diesem Ziel, so das Papier, »im Rahmen seiner finanzpolitischen Rahmenbedingungen und Ressourcen«[399] verpflichtet. Eine Verpflichtung, die sich auch so im Abschlussdokument des NATO-Gipfels in Warschau wiederfindet. Unausgesprochen bleibt die Frage, ob der ambitionierte Vorstoß ohne allgemeine Wehrpflicht umsetzbar sein wird.

(3) Die Bundeswehr soll künftig auch im Inneren im Rahmen terroristischer Bedrohungen zur Unterstützung der Polizei zum Einsatz kommen. Ein grundsätzliches Bekenntnis zum Einsatz der Bundeswehr im Inneren sieht das Dokument allerdings nicht vor. Die Verfassung soll dafür nicht geändert werden. Die Bundesregierung hält einen derartigen Einsatz der Bundeswehr für verfassungskonform.

(4) Russland wird als Herausforderung für die Sicherheit definiert. Im Papier heißt es: »Ohne grundlegende Kursänderung wird Russland somit auf absehbare Zeit eine Herausforderung für die Sicherheit auf unserem Kontinent darstellen.«[400] Ausgegangen wird von einem Doppelansatz: Einer glaubwürdigen Abschreckungs- und Verteidigungsfähigkeit sowie der Bereitschaft zum Dialog. Das Papier unterstellt Russland, sich von einer engen Partnerschaft mit dem Westen abzuwenden und spricht von »strategischer Rivalität«. Russland wird die Anwendung hybrider Taktiken

unterstellt, welche durch die »gezielten Verwischungen der Grenze zwischen Krieg und Frieden« Unsicherheiten in Bezug auf russische politische Ziele schaffen. Trotzdem sendet das Papier auch positive Signale Richtung Russland. So tagte im April 2016 erstmals seit Juni 2014 wieder der NATO-Russland-Rat, freilich ohne substanzielle Annäherung in kontroversen Themen. Die Gestaltung der künftigen Beziehungen mit Russland wird als eine Mischung aus »kollektiver Verteidigung und dem Aufbau von Resilienz einerseits und Ansätzen kooperativer Sicherheit und sektoraler Zusammenarbeit andererseits«[401] gesehen.

Das Weißbuch übernimmt somit zur Gänze das Feindbild Russland, das sich in den USA lange vor der Annexion der Krim und der russischen hybriden Kriegsführung in der Ostukraine verfestigt hat. Dieses Feindbild findet sich prominent und auslagernd in den NATO-Kommuniqués, insbesondere im Abschlussdokument des NATO-Gipfels in Warschau wieder. Bereits im Mai 2016 verabschiedete die Parlamentarische Versammlung der NATO, bestehend aus 250 Abgeordneten der 28 Mitgliedstaaten, einstimmig eine Erklärung, in der das Bündnis ihre Mitgliedstaaten vor einer »potenziellen Bedrohung« durch eine Aggression Russlands warnt.[402] Unterlegt wird diese Argumentation nicht nur mit der Annexion der Krim, sondern auch mit der Modernisierung der russischen Streitkräfte, den grenznahen militärischen Übungen und einer schwer zu spezifizierenden hybriden Kriegsführung.[403]

Trotz kritischer Stimmen in Deutschland wurde das Feindbild Russland als langfristige Herausforderung für die deutsche Sicherheit definiert und somit eine eigenständige deutsche Sicht geopfert. Wie eng Deutschland seine Russlandpolitik über die NATO artikuliert, wird auch schon dadurch deutlich, dass im Kommuniqué des NATO-Gipfels in Warschau die EU- und G7-Sanktionen gegen Russland als ein geeignetes Mittel gesehen werden, um auf die russische Politik zu reagieren.[404] NATO und EU agieren in der Frage der Russlandsanktionen synchron, so auch Deutschland.

(5) Nicht explizit im Weißbuch erwähnt sind die russischen Aktivitäten, die unter dem Schirm der »Strategischen Kommunikation« zusammengefasst werden. Darunter werden komplexe, meist mediale Strategien verstanden, die Russland direkt oder indirekt im In- und Ausland steuert,

um die eigenen außenpolitischen Ziele zu unterstützen.[405] Hierbei geht es um die mediale Aufbereitung der Aktivitäten der EU und ihrer Partner nach russischer Leseart, aber auch um die mediale Begleitung der NATO-Aktivitäten mit dem Ziel, die öffentliche Meinung zugunsten Russlands zu beeinflussen. Dies geschieht über ein Netzwerk von Medien sowohl in Russland als auch im Ausland. Beispiele dafür sind: *Russia Today* (RT) oder *Sputnik* und andere von Russland finanzierte Medien. Als Teil dieser Strategie gilt die von deutschen Politikern und Vertretern der Nachrichtendienste geäußerte »Vermutung« einer Finanzierung von politischen Randparteien in Deutschland, Frankreich und Italien, um auf das allgemeine Stimmungsbild in den jeweiligen Ländern zugunsten Russlands unmittelbaren Einfluss zu nehmen.[406] NATO und EU sehen diese Strategie als Teil einer hybriden Kriegsführung gegen den Westen, während der Kreml mit der Förderung pro-russischer Medien im Ausland das Russlandbild im Westen zu seinen Gunsten beeinflussen möchte. Russland sieht diese neue Medienstrategie aber auch als Antwort darauf, dass in Russland und in den GUS-Staaten eine Vielzahl von NGOs aktiv sind mit dem Ziel, eine regierungskritische Stimmung in Russland selbst und in den GUS-Staaten zu fördern.[407] Dies führte in weiterer Folge in Russland dazu, dass eine Vielzahl von NGOs dazu gezwungen wurden, ihre Aktivitäten in Russland zu beenden. Sowohl die EU als auch die NATO haben als Reaktion auf die russische Medienstrategie in Europa beachtliche Strukturen aufgebaut, um diesem Ansatz entgegenzuwirken.

Das Verhältnis zu Russland war schon in den Jahren davor angespannt und erlebte mit dem Konflikt in der Ostukraine und um die Krim eine abermalige und gefährliche Zuspitzung. Dass Weißbuch spiegelt genau dieses angespannte Verhältnis wider. Dass das Russlandbild nicht von allen deutschen Regierungsmitgliedern geteilt wird, haben nicht nur die Äußerungen Steinmeiers gezeigt. Auf dem Höhepunkt der deutsch-russischen Spannungen schlussfolgert er, »Kriegsgeheul und Säbelrasseln würden die Lage nur anheizen«. »Stattdessen sollte der Dialog mit Russland im Fokus stehen.«[408] In dasselbe Horn stößt der Russlandbeauftragte der Bundesregierung, Gernot Erler. Er befürchtet, dass die derzeitige Situation »bis hin zum Krieg« führen kann.[409] Wie dramatisch die Situation sich seit 2014 zugespitzt hat, lässt sich auch aus den Äußerungen des Vorsitzenden der Münchner Sicherheitskonferenz, Wolfgang Ischinger, ableiten. Er fordert von der NATO mehr Zurückhaltung im Umgang mit Russland und schätzt die derzeitige Situation als überaus gefährlich ein: Die Gefahr, dass aus »Eskalationsschritten militärische Kampfhandlungen« werden, ist aus Ischingers Sicht, »größer als in der Spätphase des Kalten Krieges«.[410]

Das deutsch-russische Verhältnis wird mit Recht als ein wesentlicher Faktor für die Stabilität der Nachkriegsordnung eingeschätzt. Bisher konnten sich die Transatlantiker innerhalb der deutschen Regierung durchsetzen, die konsequent das Feindbild Russland in der deutschen Außenpolitik verankerten.

Zweifel an der Umsetzbarkeit

Das Weißbuch wird als eines der signifikantesten Strategiepapiere der deutschen Bundesregierung der letzten Jahre beurteilt.[411] Es geht um nicht weniger, als um die künftige Führungsrolle Deutschlands in Fragen der europäischen Außen- und Sicherheitspolitik. Es geht aber auch um eine der wichtigsten Fragen der deutschen Außenpolitik: den Umgang mit Russland. Das Richtlinienpapier legt den Grundstein für die Koordination, den Aufwuchs und den Einsatz militärischer Kräfte inklusive ständig präsenter multinationaler Kommandostrukturen, ohne explizit eine deutsche Führungsrolle einzufordern.

Das Weißbuch lässt unschwer erkennen, dass die vorhandenen Ressourcen nicht mit den ambitionierten Zielvorgaben in Einklang zu bringen sind. Alleine das militärische Spektrum reicht von der jahrelang vernachlässigten Verteidigungskomponente bis hin zur logistischen Fähigkeit im Bereich Transport und Aufklärung. Die Bundeswehr steht, so der Bundesvorsitzende des Deutschen BundeswehrVerbandes, vor einer Zerreißprobe. Die Aufgaben der Bundeswehr waren noch nie so umfassend und breit. Sie reichen von einer glaubhaften Abschreckung und einer hohen Reaktionsfähigkeit bis hin zur Unterstützung im Kampf gegen den IS. Mit den verfügbaren Mitteln sei das nicht mehr zu leisten.[412] Die Kritik am Zustand der Bundeswehr wird auch im Jahresbericht 2016, vorgelegt durch den Wehrbeauftragten Hans-Peter Bartels (SPD), dokumentiert. Er fordert eine Aufstockung der Verteidigungsetats und eine Aufstockung des Personals angesichts des breiten Aufgabenspektrums.

Es sind Zweifel angebracht, ob der Bundeswehr so kurzfristig die für die Aufgabenstellung erforderlichen personellen und materiellen Mittel zur Verfügung gestellt werden können. Schon heute ist die Einsatzbereitschaft der Hauptwaffensysteme nur mehr schwer aufrechtzuerhalten.[413] Nun kommen mit dem Thema hybride Kriegsführung und Cyberwar nochmals neue Aufgaben auf die Bundeswehr zu.

Gelingt es nicht, die Bundeswehr sehr rasch aufzurüsten und mit den logistischen Transport- und Aufklärungskapazitäten auszustatten, bleiben die ambitionierten deutschen Zielsetzungen im Weißbuch Makulatur. Zumindest was den Aufklärungsbereich anbelangt, ist mit der Aufrüstung des BND und auch des Verfassungsschutzes ein erster Schritt gesetzt, um eine europäische Führungsrolle überhaupt anzudenken.

17. Deutschland zwischen den Fronten

Während in Brüssel am 15. Dezember 2016 die 28 Staats- und Regierungschefs um eine Abschlusserklärung ringen, läuft gleichzeitig die bisher
größte Evakuierungsaktion im Nahen Osten. Unter russischer Führung
werden Tausende Zivilisten mit Bussen aus der syrischen Stadt Aleppo in
Sicherheit gebracht. Die Stadt gleicht einem Trümmerfeld und die syrische
Armee nimmt Stadtteil um Stadtteil in ihren Besitz. Seit Russland die As-
sad-Regierung militärisch unterstützt, befinden sich die sogenannten Auf-
ständischen, worunter man das ganze Spektrum der Assad-Gegner zusam-
menfasst, auf dem Rückzug. Dass es überhaupt dazu gekommen ist, dass
die Zivilisten die Stadt verlassen dürfen, ist nicht auf die EU zurückzuführen. Diese hat im gesamten militärischen Konflikt keine aktive Rolle inne.
Wenn überhaupt, dann schon die NATO unter der Führung der USA. Die
EU zeigt weder in militärischer, noch in wirtschaftlicher und auch nicht in
diplomatischer Hinsicht ein herzeigbares Profil. Die Verhandlungspartner
für den Abzug der Zivilisten und auch der Kämpfer aus Aleppo kommen
aus Russland und der Türkei. Zwischen Juli und Dezember 2016 wurden
nach Angaben von Hilfsorganisationen mehr als 300 Angriffe geflogen
oder vorgetragen und mehr als 1000 Zivilisten getötet.[414] Während sich der
Gipfel der Staats- und Regierungschefs in Brüssel dem Ende zuneigte und
die Schlusserklärung einstimmig von den 28 verabschiedet wurde, befanden sich immer noch mehr als 50.000 Zivilisten in der ausgebombten
Stadt. In der Abschlusserklärung des Rates findet sich die Aufforderung
an die Kriegsparteien, sofortige Hilfe für die Menschen in Aleppo und den
Zugang internationaler Beobachter zu ermöglichen. Angela Merkel warf
Russland und dem Iran eine Mitschuld an Verbrechen gegen die Zivilbevölkerung vor.[415] Indes, in der Abschlusserklärung finden sich keine stärkeren Maßnahmen als der erhobene Zeigefinger der EU vor allem gegen
Russland. Sanktionen im Zusammenhang mit der russischen Rolle in Syrien waren nicht einmal ansatzweise konsensfähig, obwohl die deutsche

Kanzlerin hinter den Kulissen dafür intensiv eine Mehrheit gesucht hatte. Was ihr aber gelang, war die Verlängerung der seit 2014 von der EU verhängten Sanktionen gegen Russland um weiter sechs Monate, also bis 31. Juli 2017. Schon die Durchsetzung dieser Forderung bedurfte von deutscher Seite die Mobilisierung aller diplomatischen Kanäle. Bereits im Vorfeld drohte die von Deutschland angeführte Front gegen Russland zu kippen. Deutschland unter Merkel erweist sich einmal mehr als Einpeitscher einer russlandkritischen Europapolitik. Schließlich, so die deutsche Argumentation, gehe es um die Ukraine und um die Einhaltung des Minsker Abkommens aus dem Jahre 2014.

Die deutsche Regierung läuft jedoch Gefahr, nach der Inauguration Donald Trumps unvorbereitet und isoliert dazustehen. Trump steht nach der Wahl massiv in der Kritik, russlandfreundlich zu sein. Auch die Nominierung des ausgewiesenen Russlandfreundes, Exxon-Chef Rex Tillerson, zum Außenminister, hat die Kritik an Trump weiter befeuert. Das Land ist tief gespalten, so gespalten, dass CIA und NSA sich offen gegen die Wahl Trumps mit dem Argument stellen, Russland hätte durch das Hacken des Servers der Demokratischen Partei Einfluss auf den Ausgang der Wahl genommen. Als einer der letzten außenpolitischen Kanten des scheidenden Präsidenten Obama hat dieser öffentlich Vergeltung für den russischen Hackerangriff angekündigt. »Es gibt keinen Zweifel daran, dass wir handeln müssen, wenn eine ausländische Regierung versucht, die Integrität unserer Wahlen anzugreifen«, wird Obama unter Berufung auf ein Interview im öffentlich-rechtlichen Rundfunksender *NPR* zitiert.[416] Über die Art und Weise der Vergeltung hüllt sich der scheidende Präsident in Schweigen.

Wir werden Zeuge einer Entwicklung in den USA, die in ihrer Geschichte bisher einmalig ist. Ein aus dem Amt scheidender Präsident beauftragt die Geheimdienste mit der Vergeltung für einen auf Indizien beruhenden Hackerangriff auf die Partei der Demokraten. Gleichzeitig stellen die eigenen Geheimdienste die Integrität des Incoming President öffentlich in Frage. Setzt sich der Präsident durch, und vieles spricht dafür, ist mit einer schleichenden Entmachtung der amerikanischen Dienste zu rechnen. Dies gefährdet nicht nur die bisher vom amerikanischen Establishment betriebene Politik der weltweiten, nationalen Interessen, sondern lässt auch Deutschland als Hauptansprechpartner der USA in Europa im Regen stehen. Wir stehen also vor einer Phase deutscher Außenpolitik, in der die bedingungslose transatlantische Ausrichtung und Unterordnung der deutschen unter amerikanischen Interessenlagen neu abgewogen wird. Dass diese sich abzeichnende Entwicklung von der Regierung Merkel bisher nicht ernst genommen wurde, hängt auch mit ihrer bisherigen Politik einer bedingungslosen amerikanischen Abstützung zusammen. Es bedarf neuer Ansätze und eines neuen politischen Weges, um zwischen den sicherheitspolitischen und wirtschaftlichen Herausforderungen zu navigieren, ohne getroffen zu werden. Inzwischen werden die geopolitischen Karten neu gemischt:

Wir müssen zur Kenntnis nehmen, dass Deutschland auch weiterhin das Ziel für Wirtschaftsspionage bleiben wird. Die Abwehrmechanismen wurden in der Vergangenheit aufgrund der unkritischen, politischen Beurteilung auf Russland und China hin ausgerichtet. Völlig übersehen wurde, dass die Spionage durch Alliierte, allen voran durch die amerikanischen Partner, am intensivsten betrieben wird. Alleine in Deutschland wird der Schaden durch traditionelle Spionage mit 50 Milliarden Euro jährlich angegeben. Das ist ein Aderlass für die Wirtschaft, der nicht länger hingenommen werden kann. Auch die NSA-Affäre hat gezeigt, dass es so nicht weitergehen kann. Nicht nur, dass die alliierten Dienste in Deutschland weitgehend Bewegungsfreiheit hatten, sie wurden auch in ihrer technischen Qualität unterschätzt. Deutschland steht vor der Herausforderung, seine Dienste personell und technisch aufzurüsten und neu aufzustellen. Die sicherheitspolitische Situation deutet auf gravierende Veränderungen hin und es bedarf einer ausreichenden Vorlaufzeit, um eine solche Neuausrichtung auch arbeitsfähig zu machen.

Ähnlich wie die Debatte in den USA über die Verursacher des Hackerangriffes auf die Demokraten, so lassen sich die Spuren auch in der Wirtschaftsspionage nur schwer finden. Stehen ausländische Nachrichtendienste im Verdacht, ist ihre Beteiligung bislang nur in den seltensten Fällen nachzuweisen. Auch die Verdachtsmomente in der NSA-Affäre, die mehr als deutlich auf amerikanische Wirtschaftsspionage hindeuten, können von den dafür zuständigen Behörden nicht gerichtsrelevant nachgewiesen werden. Womit wir es hier zu tun haben, ist das Ergebnis eines langjährigen Prozesses, dem die deutsche Spionageabwehr zum Opfer gefallen ist. Die Verzahnung zwischen amerikanischen und deutschen Diensten war bis zur Snowden-Affäre so eng, dass es unmöglich war, zwischen den jeweiligen Interessen zu unterscheiden. Befeuert wurde dieses enge Verhältnis auch noch dadurch, dass die deutschen Dienste davon ausgehen konnten, dass genau dies politisch gewollt war. Über Jahrzehnte hindurch wurde die technische Ausstattung der deutschen Spionageabwehr vernachlässigt. Der unausgesprochene Kompromiss, wonach die USA für ihre Aktivitäten in Deutschland die erforderliche Technik anwenden und die deutschen Sicherheitsbehörden die Zugänge zu den elektronischen Fernmeldeknotenpunkten kontrollieren, rächt sich jetzt. Es hat die Schere zwischen amerikanischer Abhörtechnik und deutschen Möglichkeiten so weit geöffnet, dass dies nicht mehr aufzuholen ist. Genau das ist im Grunde das Kernproblem der NSA-Affäre und ihrer Aufklärung in Deutschland.

Sieht man sich die Aktivitäten der Deutschen Regierung seit dem Aufkommen der NSA-Affäre etwas genauer an, so erkennt man, dass Panik Platz greift. Es scheint unbestritten zu sein, dass künftige politische und militärische Konflikte zuallererst im Cyberraum ausgetragen werden. Das wurde bereits bei der russischen Invasion in Georgien 2008 und vor allem rund um den aktuellen Ukrainekonflikt deutlich. Der im Raum stehende Verdacht, Russland hätte auf die Wahlen in den USA Einfluss genommen, war auch für die Deutsche Bundesregierung wie ein Weckruf. Was aber über so viele Jahre nur auf kleiner Flamme gekocht wurde, nämlich die Cyberabwehr, kann nicht in wenigen Jahren zu ihren Meistern aufschließen, seien sie in den USA, in China oder in Russland zu finden. Deutschland hat sich entschieden, vorrangig die kritische Infrastruktur des Landes abzusichern. Dazu zählt nicht nur die Regierungskommunikation, sondern auch eine Vielzahl deutscher Schlüsselunternehmen, von der Energiewirtschaft bis hin zum Gesundheitswesen. Wie eng auch die deutsch-amerikanischen Befürchtungen beieinander liegen, belegen die Sorgen der Regierung, Russland könnte auch auf die deutschen Bundestagswahlen 2017 Einfluss nehmen. Mit der von ihm finanzierten Presse- und Medienstruktur verfügt Russland über ein beachtliches Potenzial in Europa, vor allem in Deutschland. Was aber das deutsche Investitionsschwergewicht in die kritische Infrastruktur bedeutet, liegt für den Rest der deutschen Wirtschaft auf der Hand: Gemeinsam mit dem Mittelstand ist die Masse der deutschen Industrie bei der Abwehr von Wirtschaftsspionage auch aus dem Netz auf sich alleine gestellt. Das ist gerade jetzt und wohl auch in Zukunft ein nicht mehr aufzuholendes Manko deutscher Sicherheitspolitik.

Erfolgreiche Spionage gegen politische Ziele und Wirtschaftsspionage gehen Hand in Hand. Trotz, oder gerade wegen der NSA-Affäre, lassen offizielle amerikanische Stellen keine Gelegenheit aus, zu betonen, dass die USA keine Wirtschaftsspionage gegen Deutschland betreiben. Auf den ersten Blick ergibt sich eine Diskrepanz zwischen diesen Behauptungen und den von Snowden veröffentlichten Dokumenten. Das Widerlegen dieses Faktums ist für europäische Dienste auch deshalb eine Herausforderung, weil den für die Abwehr zuständigen Stellen bis heute nicht klar ist, wie solche Informationen systematisch durch die NSA gesammelt und ausgewertet werden können. Trotzdem, die amerikanische Behauptung, keine Wirtschaftsspionage in Deutschland zu betreiben, hat eine geradezu doppelbödige Wahrheit. Bereits in den Neunzigerjahren wurden die US-Dienste daraufhin ausgerichtet, jene europäischen Firmen ins Visier zu nehmen, die ihre Aufträge entweder durch Bestechung oder andere unlautere Methoden akquirieren. Wenn auch im klassischen Sinne keine Wirtschaftsspionage betrieben wird, eine Vielzahl von europäischen Unternehmen sind dieser Praxis zum Opfer gefallen, ohne dass ihre Regierung hinter ihnen gestanden hätte. Eine geradezu geniale Strategie. Welche deutsche Regierung würde sich bei überführten Straftätern gerne schützend exponieren. Eine Vielzahl deutscher Unternehmen wurde so aufs Korn genommen, wobei die amerikanische Börsenaufsicht SEC oder das US-Justizministerium hier als »Frontorganisation« in Erscheinung treten. Siemens war rund um den Bestechungsskandal nicht das erste, aber das prominenteste deutsche Unternehmen, das zum Aderlass gebracht wurde. Es sind die »Abfallprodukte« solcher Affären, die die amerikanischen Nachrichtendienste hier interessieren, wie der Zugang zu Politikern oder die Möglichkeit, ganze Unternehmen zu manipulieren oder auch im Sinne der amerikanischen Interessenlage zu nutzen.

Schließlich öffnete das Argument der Terrorismusbekämpfung Tür und Tor. Schon der Patriot Act, sechs Wochen nach dem 09/11 Anschlag von beiden gesetzgebenden amerikanischen Versammlungen verabschiedet, hat wie kein anderes im Lichte des Terrors verabschiedete Gesetz ganze Branchen gleichgeschalten. Mit dem nahezu uneingeschränkten Zugang amerikanischer Behörden und Dienste zu Daten aller Art wurde ein Regime eingerichtet, das erst mit den Enthüllungen durch die Snowden-Papiere transparent wurde. Nicht nur dass die amerikanischen Provider und Social-Media-Giganten zu einer uneingeschränkten Zusammenarbeit mit den US-Behörden faktisch gezwungen wurden, auch jene europäischen Firmen, die an US-Börsen notierten, waren fortan für die amerikanischen Sicherheitsbehörden ein offenes Buch. Wirklich revolutionierend war die Wirkung dieses Gesetzes auf das Bankensystem und auf die Kontrolle des weltweiten Geldflusses über das SWIFT-System. Obwohl die EU und die USA einen Vertrag über den Austausch solcher Daten abgeschlossen hatten, hinderte das die NSA nicht, das SWIFT-System zu knacken. Fortan waren die USA in der Lage, die weltweiten Transaktionen zu kontrollieren. Für die NSA wie ein Goldschatz, der ihr in den Schoß gefallen ist, und für die CIA eine Spielwiese für nachrichtendienstlich unterlegte Operationen mit Zugang zu höchst interessanten und nutzbaren Informationen. Diese Mechanismen existieren nach wie vor. Und ganz nebenbei waren diese Ansätze auch der Ausgangspunkt für die Erodierung des Bankgeheimnisses und schließlich deren Aufhebung in den meisten europäischen Staaten. Unglaublich, was Terrorismusbekämpfung für die amerikanische Politik und für die Wirtschaft zu leisten vermag.

Was Spionage und Wirtschaftsspionage der Alliierten gegen Deutschland anbelangt, so ist die NSA nicht allein. Auch Frankreich und seine Dienste sind da höchst aktiv. Im Gegensatz zu den USA ist Frankreich hier viel offener. Neben der strategischen Informationsbeschaffung aus Wirtschaft und Politik verlässt sich Frankreich auf ein ausgefeiltes System der Konkurrenzspionage. Kein anderer Staat in Europa ist so sehr darauf spezialisiert und kein anderer europäischer Staat hat Deutschland so sehr im Visier. Warum man in den Medien nur recht selten von französischer Spionage erfährt, liegt nicht ausschließlich an der Professionalität der Betreiber, sondern auch daran, dass die deutsche Spionageabwehr mit anderen Themen befasst ist. Schließlich liegt die Priorität des Verfassungsschutzes nicht bei Wirtschaftsspionage, sondern bei der Terrorismusbekämpfung.

Aber aus den französischen Jägern sind längst Gejagte geworden. Die NSA hat nämlich Frankreich ins Visier genommen. Wie sehr die USA an französischen Wirtschafts- und Industriethemen interessiert ist, wird durch das von Snowden öffentlich gemachte Interessenprofil der NSA gegenüber Frankreich deutlich. Der Bogen reicht von der Informationsbeschaffung über Informationstechnologie, Telekommunikation, Energieversorgung bis hin zu Themen, die deutlich das Interesse an Konkurrenzspionage belegen. Dazu zählen: Nukleartechnologie, Flughäfen, Schnellzüge und auch Themen aus dem Gesundheitsbereich. Interessant ist dieses Interessenprofil auch für Deutschland. Die amerikanischen Dienste arbeiten in der Regel schablonenartig. Das heißt, dass man davon ausgehen kann, dass dieses Interessenprofil auch für die Spionage der NSA in Deutschland angewendet wird. Ein Blick auf die Selektoren, die von der NSA in das vom BND in Bad Aibling betriebene Echelon-Nachfolgesystem eingespeist werden, sprechen eine deutliche Sprache. Bis 2015 wurden, wie schon erwähnt, insgesamt 14 Millionen solcher Selektoren von der NSA an den BND übermittelt, 40.000 davon wurden aussortiert, da sie entweder gegen deutsches Interesse verstoßen haben oder schlicht gegen das Grundgesetz. Viele dieser aussortierten Selektoren haben einen Wirtschaftsbezug und weisen daher sehr deutlich auf amerikanische Wirtschaftsspionage in Deutschland und Europa hin. Niemand, auch nicht der BND weiß, wie viele für die Wirtschaftsspionage relevante Selektoren nach wie vor weiter aktiv sind.

Die technische Überwachung durch die NSA ist aber nur ein Teil einer globalen Überwachungsstrategie, in der sämtliche US-Dienste ihren Beitrag leisten, allen voran die CIA. Obwohl es immer wieder zwischen CIA und NSA zu Spannungen kommt, ist man sich dann einig, wenn es gegen Dritte geht. Die CIA greift auf die Informationslagen der NSA zurück und ist auch deren Auftraggeber, wenn es darum geht, Operationen zu starten oder zu begleiten. Von allen US-Diensten profitiert die CIA am stärksten vom allgegenwärtigen Schirm angeblicher Terrorismusbekämpfung. 09/11 hat die Arbeit der CIA leichter gemacht. Bereits vor 09/11 hatte es sich der Dienst zur Aufgabe gemacht, die internationale Embargopolitik ins Zentrum seiner Arbeit zu rücken. Die Jagd auf Embargobrecher, allen voran Richtung Iran oder auch Nordkorea, eröffnete dem Dienst nicht nur den Ausbau der Überwachungsstruktur, sondern auch den personellen und technischen Ausbau von Residenturen, nicht nur in Europa. Entwickelt wurde ein überaus raffiniertes System der Kooperation mit europäischen Behörden, Nachrichtendiensten und auch anderen Dienststellen. Die Kooperation war so eng, dass heute noch von einer Verflechtung von amerikanischen und europäischen Diensten die Rede sein kann. Das trifft weniger auf Frankreich zu, denn auf Deutschland. Die politisch gewollte Kooperation mit der CIA, aber auch mit der NSA, war so eng, dass Zweifel über die Selbstständigkeit der deutschen Dienste durchaus angebracht waren und sind. Im Gefolge von 09/11 und der Terrorismusbekämpfung wurde die Verbindung noch enger, die europäischen Kooperationspartner noch williger und unkritischer, allen voran die deutschen. Erst als der Terror Deutschland erreichte und die NSA-Affäre viele Fragen aufwarf, setzte ein langsames Umdenken ein, dass die enge Kooperation mit den US-Diensten möglicherweise auch noch andere politische und wirtschaftliche Zwecke verfolgte. Selbst das Argument der Terrorismusbekämpfung als ultimativer Grund für die enge Zusammenarbeit scheint irgendwann abgenutzt zu sein. Das ist Anfang 2017 der Fall. Deutschland beginnt viel zu spät, eigene unabhängigere Strukturen aufzubauen. Um nicht gleich in den Verruf zu geraten, das Kind mit dem Bade auszuschütten, wird der deutsche Innenminister nicht müde, öffentlich zu unterstreichen, dass die Zusammenarbeit mit den USA auch nach der NSA-Affäre nicht nur fortgesetzt wird, sondern auch noch intensiviert werden soll. Wie kann man auch eine jahrzehntelange bequeme Sicherheitszusammenarbeit zurückfahren, ohne das das Land Gefahr läuft, von den gefährdungsrelevanten Informationen der NSA abgeschnitten zu werden. Der frühpensionierte BND-Chef Schindler hat es vor dem NSA-Untersuchungsausschuss auf den Punkt gebracht, als er klarstellte, dass Deutschland die NSA mehr braucht, als die NSA Deutschland. Das ist durchaus richtig, aber eine alarmierende Erkenntnis, und sie unterstreicht, wie sehr man sich in der Vergangenheit auf die Fähigkeiten der NSA verlassen hat. Genau das ändert sich allmählich.

Es hat schon seinen Grund, warum die amerikanischen Dienste gerade Deutschland als Angelpunkt für ihre Spionagetätigkeiten auserkoren haben. Sie können sich, wie auch die in Deutschland stationierten alliierten Truppen, auf vertraglich abgesicherte Rechte berufen, die sie der deutschen Rechtsprechung entziehen. Selbst deutsche Firmen, die sich im amerikanischen Auftrag mit der Beschaffung von Informationen befassen, wurden von Bundesregierung mit diesen Sonderrechten ausgestattet. So war es dem deutschen Verfassungsschutz nicht möglich, weit sichtbare Abhöreinrichtungen an der US-Botschaft in Berlin in Augenschein zu nehmen. Ein Ersuchen des Präsidenten des Verfassungsschutzes an seinen Kollegen von der NSA wurde nicht einmal beantwortet. Und das ist auch nicht verwunderlich, denn nach wie vor verfügen die amerikanischen Einrichtungen über eine Generalvollmacht zur Überwachung des Post- und Fernmeldeverkehrs in Deutschland. Vor allem die USA haben nach der deutschen Wiedervereinigung großen Wert darauf gelegt, dass diese Rechte der Alliierten auf deutschem Boden weiter gelten. Das erklärt, warum es die deutsche Spionageabwehr mit den US-Diensten in Deutschland schwer hat. Das erklärt auch das zögerliche Verhalten der deutschen Politik in der NSA-Affäre und das politisch motivierte Mauern der Regierung im NSA-Ausschuss. Kein Wunder also, wenn der deutsche Verfassungsschutz bis dato keine gerichtsverwertbaren Hinweise auf amerikanische Spionage in Deutschland finden kann. Auch das Verfahren um das abgehörte Handy der Kanzlerin und das ihres Vorgängers Gerhard Schröder brachte keine Ergebnisse und wurde schließlich von der Generalstaatsanwaltschaft eingestellt. Offensichtlich haben die USA ihren Spionageapparat in Deutschland rechtlich hervorragend abgesichert. Die deutsche Bundesregierung hat es folglich versäumt, die Privatsphäre der Bürger ausreichend zu schützen. Angesichts der technischen Möglichkeiten der NSA global und in Deutschland, steht die Wiederauflage der Sonderrechte der Alliierten auf deutschem Boden im Widerspruch zur Pflicht der Regierung, die Privatsphäre deutscher Staatsbürger ebenso zu schützen wie die Interessen der deutschen Industrie und Wirtschaft. Beides ist heute im Lichte der Erkenntnisse aus der NSA-Affäre nicht möglich.

Es ist auch nicht davon auszugehen, dass sich das in nächster Zeit ändern wird. Im Gegenteil. Die alliierten Sonderrechte in Deutschland wurden nach dem Zweiten Weltkrieg mit der Notwendigkeit »zum Schutz der Alliierten Truppen« eingerichtet. Mehr als 70 Jahre danach wären diese weitreichenden Sonderrechte nur mehr dann gerechtfertigt, wenn Deutschland nach wie vor ein besetztes Land wäre. Das lässt sich jedoch nur schwer gegenüber der deutschen Bevölkerung vertreten. Und trotzdem, ganz heimlich und ohne große mediale Begleitung, hat auch hier der Krieg gegen den Terrorismus dafür gesorgt, dass diese alliierten Sonderrechte so lange weiterexistieren, solange Europa durch den Terrorismus bedroht wird. Wie diese Argumentation greift, ist einfach erklärt: Nur wenige Tage nach 09/11 haben die Vereinten Nationen in einer Resolution den angegriffenen Staaten das Recht zur kollektiven Verteidigung zugesprochen. Wenige Tage danach hat die NATO den Bündnisfall ausgerufen, der zum Erscheinungsdatum des Buches nach wie vor Gültigkeit hat. Das bedeutet für Deutschland die Verlängerung der alliierten Sonderrechte inklusive jener der amerikanischen Dienste NSA und CIA auf deutschem Boden. Nach dem Ausrufen des Bündnisfalles greift der ursprüngliche Grund für die Einführung dieser alliierten Sonderrechte: der Schutz der alliierten Truppen in Deutschland. Wenn nicht während eines Bündnisfalles der NATO nach Art. 5, wann sonst. So hat in diesem Fall die Terrorismusbekämpfung einmal mehr weitreichende Folgen. Der ausgerufene Bündnisfall muss dafür herhalten, dass die deutsche Souveränität weiterhin eine eingeschränkte bleiben wird. Noch viel dramatischer: Der Bündnisfall zur Bekämpfung des Terrorismus hat kein Ablaufdatum. Kein Wunder also, dass die schier unglaublichen Vorwürfe und Verdachtslagen aus den Snowden-Papieren jenseits des Atlantiks nicht einmal eine Reaktion in Richtung Deutschland ausgelöst haben. Wie hilflos die Bundesregierung diesem Phänomen gegenübersteht, wird deutlich, wenn der deutsche Innenminister Friedrich 2013 von einer klärenden USA-Reise zurückkommt und von einer »No-Spy-Vereinbarung« mit den USA berichtet. Angesichts der komfortablen Position der US-Dienste in Deutschland waren die USA zu keinem Zeitpunkt bereit, darüber ernsthaft zu verhandeln. Deutschland wird daher weiter das Zentrum der amerikanischen Spionageinfrastruktur in Europa bleiben. Es ist auch unwahrscheinlich, dass sich das unter einem Präsidenten Trump grundsätzlich ändern wird. Dazu haben die USA über mehr als ein halbes Jahrhundert politisch wie auch spionagetechnisch zu viel in Deutschland investiert.

Fast vier Jahre ist es her, das Snowden Mitte 2013 die NSA-Aktivitäten in Europa, vor allem in Deutschland, öffentlich machte. Zweifellos nimmt Deutschland eine zentrale Rolle in diesen Papieren ein. Der innerdeutsche Skandal ist ausgeblieben, auch deshalb, weil es kein Skandal ist. Und genau darum geht es. Die intensive Verflechtung Deutschlands und seiner Behörden zu den amerikanischen Alliierten auf deutschem Boden ist eine politische und faktische Realität und international ohne Beispiel. Vor allem aber ist sie über weite Strecken *legal*. Aber wenn schon die deutsche Spionageabwehr keine Ansatzpunkte für illegales Verhalten der USA in Deutschland oder gar Spionage nachweisen kann, so ist zumindest das Anstellen von Vermutungen und das Ziehen von Rückschlüssen durch die Spionageabwehr erlaubt: So kommen sowohl der Präsident des BND als auch der des Verfassungsschutzes zur möglichen Schlussfolgerung, dass Edward Snowden ein russischer Spion sein könnte. Warum sonst wird in den Snowden-Dokumenten fast ausschließlich die von den USA betriebene Spionage gegen Deutschland thematisiert. Aus der Sicht der beiden Behördenleiter scheint es naheliegend, dass Russland das deutsch-amerikanische Verhältnis in Misskredit bringen möchte. Das passt zu den Ansätzen der bisherigen deutschen Spionageabwehr sehr gut ins Bild, war sie doch vor allem gegen Russland hin ausgerichtet. Ob das nur ein Vorgeschmack oder die Einleitung für ein befürchtetes russisches Eingreifen in die bevorstehenden deutschen Bundestagswahlen im Herbst 2017 sein kann, das wird ernsthaft innerhalb der deutschen Dienste diskutiert.

Dass sich die deutschen Dienste schon sehr bald aus der amerikanischen Umklammerung befreien können, ist mehr als unwahrscheinlich. Würde man heute die deutschen Dienste und Exekutivbehörden neu ausrichten, so wäre eine neue Struktur das Gebot der Stunde. Doch die derzeitige Struktur ist noch ein Erbe aus der Nachkriegszeit, dem schwer beizukommen ist. Ein Erbe, das auf die USA zurückgeht, die unter allen Umständen zentrale exekutive und dienstliche Strukturen verhindern wollte, um so nicht wieder eine übermächtige Behörde zu etablieren. Trennungsgebot von Polizei und Diensten, Landes- und Bundeskompetenzen und die damit verbundenen Koordinierungsprobleme machen den Behörden schwer zu schaffen. In einer Periode, in der die deutschen Sicherheitsstrukturen im Inneren überwiegend damit beschäftigt waren, aufkommenden Rechts- und Linksextremismus zu beherrschen, waren diese Mankos gerade noch beherrschbar. Doch der der Schlüssel für die Gefahrenabwehr in der Terrorismusbekämpfung ist der zeitnahe Austausch von Informationen. Und genau das scheint problematisch zwischen Bund und Ländern, zwischen Polizei und Nachrichtendiensten. Ob horizontale Datenbanken die zeitgemäße Antwort sind auf diese strukturellen Probleme, darf bezweifelt werden. Angesichts der terroristischen Gefährdungslage, einer salafistisch ausgerichteten Radikalisierung und der damit zusammenhängenden Flüchtlingsthematik sind die Sicherheitsbehörden strukturell bei Weitem nicht optimal aufgestellt. Schon deshalb, so glaubt man, ist man auf die NSA als Partner angewiesen und rechtfertigt damit dessen Ausspionieren Deutschlands. Alleine seit 09/11 wurden durch Hinweise der amerikanischen Partner mindestens elf Anschläge in Deutschland verhindert. Diese Argumentation hinkt jedoch kräftig: Die Zusammenarbeit in der Terrorismusbekämpfung ist ein Gebot der Stunde, selbst Russland ist Teil dieser globalen Anti-Terror-Strategie. Dass dieses Argument jedoch den Umstand überdeckt, dass gegen Deutschland im großen Stil spioniert wird oder von Deutschland aus gegen europäische Bündnispartner, das steht auf einem ganz anderen Blatt. Es hat schon etwas Wahres an sich, wenn die deutsche Kanzlerin unmittelbar nach Bekanntwerden der Handyabhöraktion empört feststellt: »Abhören unter Freunden, das geht gar nicht.« Trotzdem scheint es, dass die Kanzlerin zum damaligen Zeitpunkt die Dimension der Spionage durch die NSA schlichtweg unterschätzt hat.

Die Bundesregierung hat viel zu spät versucht, gegenzusteuern. Neben dem Aufbau von Cyberkapazitäten ist das am 1. Januar 2017 in Kraft getretene BND-Gesetz das offensichtlichste Indiz dafür, den BND stärker in einen belastbaren Rechtsrahmen einzubauen. Das neue Gesetz wurde parallel zur Arbeit des NSA-Untersuchungsausschusses entworfen und verabschiedet. Ob die Erkenntnisse des Ausschusses in das Gesetz eingeflossen sind, darf schon deshalb bezweifelt werden, weil die Regierung nur sehr zurückhaltend mit ihm zusammengearbeitet hat. Einer der Gründe ist jener, dass sich die amerikanischen Dienste gegen jegliche Auskunft über laufende Operationen oder Details der Zusammenarbeit mit den deutschen Diensten rechtsverbindlich abgesichert haben. Das hatte zur Folge, dass die USA überdeutlich wenig zur Aufklärung der NSA-Affäre beitrugen. Dem BND konnte das nur recht sein. Die Beziehung zur NSA war derart eng, dass Beobachter davon ausgingen, dass der BND nicht nur ein Juniorpartner der amerikanischen Dienste in Deutschland war, sondern, so scheint es im Lichte des NSA-Untersuchungsausschusses, eine sehr gut funktionierende Außenstelle der NSA, und das über Jahrzehnte. Im Kern geht es beim BND-Gesetz darum, die Organisation besser als bisher politisch und auch operativ zu kontrollieren. Ausgerechnet das Kanzleramt räumt sich selbst ein, diese Rolle auszufüllen. Dies war schon aus politischen Gründen notwendig. Die Bundesdatenschutzbeauftragte kommt in ihrem Abschlussbericht zur Schlussfolgerung, dass der BND über Jahre hinweg deutsches Recht gebrochen hat, und belegt das auch noch mit Zahlenmaterial. So ist im Abschlussbericht von mehr als einer halben Million illegal verwendeter Suchbegriffe die Rede. Der BND operierte als Kooperationspartner der NSA im rechtlichen Graubereich. Das neue BND-Gesetz hat die illegalen Praktiken des BND aus der Vergangenheit nicht nur im Nachhinein legitimiert, sondern sogar noch ausgebaut. Und trotzdem ist nicht alles eitle Wonne. Die Vielzahl von parlamentarischen und politischen Kontrollmechanismen, die das BND-Gesetz vorsieht, werden die Organisation schon sehr bald lähmen. So sehen die Kooperationspartner des BND bereits heute die Vertraulichkeit der Zusammenarbeit als nicht mehr gegeben an. Zu viele externe Stellen sind mit operativen Details betraut. Bedenken gibt es auch in der Dienstelandschaft generell, dass die Umsetzung dieses Gesetzes geradezu eine Einladung für Nachrichtendienste von Drittstaaten ist, sich mithilfe von Hackerangriffen zu bedienen. Von der Hand zu weisen sind diese Bedenken nicht, wie Vorfälle zeigen. WikiLeaks veröffentlicht Ende 2016 umfangreiches Material aus dem NSA-Untersuchungsausschuss, das Rückschlüsse auf die Arbeit sowohl des Verfassungsschutzes als auch des BND zulassen. Pikanterweise ermittelt der Verfassungsschutz auch im Bundestag selbst, da der Verdacht besteht, dass diese Unterlagen von einem Insider WikiLeaks zugespielt wurden. Ein weiterer derartiger Vorfall: Der Abschlussbericht der Datenschutzbeauftragten über das Allerheiligste der BND-NSA-Kooperation, über die Abhörstation in Bad Aibling und die NSA-BND-Kooperation, wurde gehackt und im Netz veröffentlicht. Der Schaden ist in beiden Fällen enorm. Es waren die kritischen Anmerkungen über die Eingriffe des Gesetzes in die operative Arbeit des BND, die dem Präsidenten Schindler schließlich die Zwangspensionierung einbrachten. Das BND-Gesetz ist gut gemeint, was die Kontrolle des Dienstes anbelangt, es wird aber längerfristig die Kooperationspartner abschrecken und hat daher das Potenzial, den BND und auch Deutschland in ein Sicherheitsvakuum zu steuern. Datenleaks dieser Art werden von Kooperationspartnern wie der NSA oder der CIA als permanentes Sicherheitsrisiko eingeschätzt. Die Zusammenarbeit wird daher zurückgefahren. Das Gesetz ist aber auch der späte Versuch der Regierung, den BND technisch, legistisch und personell aufzurüsten. Ziel ist ein Mehr an Eigenständigkeit und Unabhängigkeit nicht zuletzt von der NSA, ohne dies ausdrücklich anzumerken.

Die Herausforderungen, die auf Deutschlands Sicherheit zukommen, sind enorm. Es ist nicht Russland, von dem die größte sicherheitspolitische Herausforderung für die deutsche Sicherheitspolitik ausgeht. Vielmehr sind es die politisch, wirtschaftlich und sozial instabilen Randzonen, welche die europäische Sicherheit am stärksten herausfordern. Kein Thema hat die EU seit ihrem Bestehen so stark polarisiert, wie die Flüchtlingsproblematik, und es spricht vieles dafür, dass sich Europa auch in Zukunft mit diesem Thema auseinanderzusetzen hat. Es hat die existenzielle Krise der EU erst sichtbar gemacht.

Der Konflikt in Syrien und im Irak wird auch in den nächsten Jahren dafür sorgen, dass der Flüchtlingsstrom Richtung Europa nicht abreißt. Im Gegenteil: Es ist sogar mit einer Verlagerung der Krisenherde zu rechnen. Afrika und die damit einhergehenden Probleme – nicht nur in der Flüchtlingsfrage – sind längerfristig die Herausforderung für die europäische Sicherheit. Der Nahe Osten wird für Europa zu einer Schicksalsregion, zumal er im Zusammenhang mit dem Export des islamischen Extremismus schon heute zu einem Sicherheitsproblem für die europäischen Sicherheitsbehörden geworden ist. Deutschland ist erst seit Kurzem betroffen, während Frankreich schon seit Jahrzehnten mit diesem Phänomen zu kämpfen hat. Im Wochenrhythmus vermelden europäische Sicherheitsbehörden, dass sie islamisch motivierte terroristische Anschläge gerade noch verhindern konnten. So befriedigend diese Nachricht ist, sie zeigt jedoch auch auf, dass es nur eine Frage der Zeit ist, bis der nächste Anschlag stattfindet. Die daraus entstehende Polarisierung der europäischen Zivilgesellschaft zu befeuern und die islamische Einwanderung unter Generalverdacht zu stellen, ist, davon jedenfalls gehen die Nachrichtendienste aus, eine Strategie des IS. Schon alleine vor dieser Perspektive sind die Herausforderungen an die deutsche und europäische Sicherheitspolitik enorm. Die militärische Intervention in Syrien, aber auch im Irak, ist ein langfristiges Engagement – ohne substanziellen europäischen Beitrag – und wird den Weiterbestand des IS gewährleisten. Was sich jedoch verändert, ist die Fähigkeit des IS vor allem in Europa zu radikalisieren. Der

IS wird durch die militärischen Erfolge der Koalitionskräfte im Irak und Syrien entweder in den Untergrund gedrängt, oder er weicht auf andere Regionen aus. Was aber jetzt bereits deutlich ist: Die Türkei ist mit der Flüchtlingskrise zu einem Schlüsselland für die europäische Sicherheit aufgestiegen, aber auch zu einem politischen Sorgenkind. Zu wichtig ist die geopolitische Positionierung dieses Landes für die europäische Sicherheit.

Die Sicherheitslage in Deutschland wird durch diese Entwicklungen nicht kalkulierbarer. Vor zwei Jahren von den Sicherheitsbehörden noch verneint, geht man jetzt davon aus, dass sich ganz gezielt Kämpfer des IS im Flüchtlingsstrom nach Europa begeben oder auch von ihrem dschihadistischen Abenteuer in ihre Ursprungsländer zurückkehren. Darauf konzentrieren sich alle europäischen Sicherheitsbehörden und Nachrichtendienste. Das ist aber längst nicht alles. Schier nicht zu bewältigen ist ein anderes Phänomen: Jeder fünfte in Europa ankommende Flüchtling taucht vor dem Ausgang seines Asylverfahrens in die Illegalität ab. Eine unbekannte Anzahl von Flüchtlingen beantragt erst gar nicht Asyl und taucht gleich ab. Den Sicherheitsbehörden ist es nicht möglich, lückenlos die Identität der Ankömmlinge nachzuweisen. Die damit verbundenen Risiken sind enorm. Die Flüchtlinge treffen in Deutschland und auch anderswo auf eine gut organisierte salafistische Struktur. Anwerbungen und Radikalisierung sind längst ein Phänomen, das Sicherheitsbehörden personell und inhaltlich überfordert. Wie dringend ein intensiverer Datenaustausch auch zwischen europäischen Staaten zu Asyl- und Fremdenrechtsthemen ist, zeigt der Fall der von einem aus Afghanistan stammenden Asylbewerber ermordeten Studentin in Freiburg 2016. Der Täter war bereits in Griechenland straffällig geworden. Die griechischen Behörden hatten ihn nicht in die internationale Datenbank eingepflegt, sodass er den Behörden in Deutschland nicht aufgefallen war.

Über viele Jahre galt es seitens der Medien als politisch korrekt, Straftäter mit Migrationshintergrund nicht als solche zu benennen. Mit den Ereignissen in der Silvesternacht in Köln von 2015/2016 hat sich das geändert, was auch maßgeblich dazu beigetragen hat, dass Kriminalität allgemein innerhalb der Migrantenszene nunmehr bewusster von der deutschen Öffentlichkeit wahrgenommen wird. Mit der Folge, dass sowohl radikale

Rechts- wie auch Linksparteien nicht nur in Deutschland im Aufwind sind. Dies verstärkt die Polarisierung innerhalb der Gesellschaft und zwingt die etablierten Parteien, deutlich nach rechts zu rücken. Diese Tendenz wird sich auch noch in Deutschland verstärken, unabhängig davon, ob die Regierung weitere Sicherheitspakete verabschiedet oder nicht. Nicht nur die Parteien mit Regierungsverantwortung haben erkannt, dass dieses Thema europaweit wahlentscheidend sein wird.

Europa ist aber auch noch aus einem anderen Grund im Umbruch: Unabhängig davon, wann der britische Austritt aus der EU tatsächlich erfolgen wird, die Abstimmung in Großbritannien hat bereits heute zu einer tektonischen Verschiebung der Geostrategie innerhalb der EU geführt. Mit einer letzten Kraftanstrengung versuchen Deutschland und Frankreich die Zusammenarbeit im verteidigungspolitischen Bereich zu reaktivieren. Vorerst durch bilaterale Willenserklärungen; ins selbe Horn bläst die EU-Kommission, wenn sie eine europäische Armee und eine Truppe für den Schutz der EU-Außengrenzen fordert.

Mit dem sich abzeichnenden Austritt Großbritanniens aus der EU, verabschiedet sich die zweitgrößte Volkswirtschaft und die größte Militärmacht innerhalb der EU. Natürlich haben die Briten schon seit jeher jegliche Integration in verteidigungspolitischen Angelegenheiten erst gar nicht zugelassen. Das gilt ebenso für eine stärkere Integration in polizeilichen und nachrichtendienstlichen Angelegenheiten. Dass Deutschland und Frankreich ausgerechnet in dieser Schwächephase der EU einen Neuanlauf in verteidigungspolitischen Fragen wagen, trägt in sich schon den Keim des Scheiterns. Kritiker vermuten, dass sich die EU zu einer Organisation unterschiedlicher Geschwindigkeiten entwickeln wird. Auch das Misstrauen gegenüber bilateraler Kooperationen unter Einbeziehung Deutschlands ist in den europäischen Foren Anfang 2017 wieder deutlich spürbar. Schon in den letzten Jahren war es greifbar, dass Deutschland unter der Regierung Merkel zu einem Themenleader innerhalb der EU-28 aufgestiegen ist. Sei es Eurokrise, der Nord-Süd-Konflikt und auch der Ost-West-Konflikt innerhalb der EU, die Flüchtlingskrise, oder auch die Positionierung zur Ukraine, vor allem im Hinblick auf Russland. Auffällig war die Einpeitscherrolle, die Merkel persönlich wahrnahm, um die Staats- und Regierungschefs in der Frage der Verlängerung der Russlandsanktionen auf Linie zu bringen. Durch den Brexit wird Deutschland, ob es will oder nicht, in eine europäische Führungsrolle gedrängt. Bisher konnte es sich stets auf die britische proatlantische Ausrichtung verlassen, ob es sich um Russland oder um die NATO handelte. Großbritannien war immer so etwas wie der Statthalter der amerikanischen Interessenlage in Europa. Diese Rolle kann Großbritannien nach einem Austritt so nicht mehr wahrnehmen. Die USA werden nach neuen Verbündeten in der EU Ausschau halten müssen. Vieles spricht dafür, dass Deutschland in eine solche Führungsrolle gedrängt wird. Paradoxerweise war die Einbindung Deutschlands in europäische, wirtschaftliche und sicherheitspolitische Strukturen eine der Kernaufgaben und Motivation des europäischen Integrationsprozesses. Jetzt ist es gerade Deutschland, dem eine Führungsrolle zukommt, die dem Land auch nicht mehr entzogen werden kann. Diese Entwicklung wird von den EU-Staaten an der ostwärtigen Peripherie zur GUS und zu Russland mit großer Skepsis aufgenommen.

Eines der Schlüsseldokumente, das Veränderungen in und um Deutschland am besten widerspiegelt, ist das am 13. Juli 2016 verabschiedete Weißbuch. Es gilt aufgrund des interministeriellen Abstimmungsprozesses als ein Schlüsselpapier der Regierung Merkel und löst das Weißbuch aus dem Jahre 2006 ab. Seit der letzten Version hat sich viel verändert, Russland wurde noch als Partner gesehen, Syrien war noch einigermaßen stabil, was der Arabische Frühling ist und welche Auswirkungen er auf Europa haben wird, war ebenso unbekannt, wie die auf Europa aus dem Nahen Osten kommenden Flüchtlingsströme zehn Jahre später. Terror war noch mit dem Namen al-Qaida verknüpft, den IS hat es in dieser Form noch nicht gegeben und die USA waren noch in der Lage, den Bürgerkrieg im Irak militärisch zuzudecken. 2006 war der Einsatz der Bundeswehr in Afghanistan noch Neuland und der Begriff der »hybriden Kriegsführung« war nur wenigen eingeweihten Militärs ein Begriff. Die EU funktionierte so recht und schlecht, die Staaten an der Peripherie waren durch die Transferzahlungen der EU ruhiggestellt. Die Wirtschaftskrise hatte ihre Schatten noch nicht vorausgeworfen und der Euro bewegte sich in vorhersehbaren Bahnen. Zehn Jahre später ist alles anders.

Das von der Regierung vorgelegte Weißbuch ist eng mit der NATO, aber auch mit der EU abgestimmt. Auch die bilaterale, militärische

Willenserklärung mit Frankreich findet darin inhaltlich Platz. Gefordert wird eine stärkere Führungsrolle Deutschlands in Europa, ohne dass Deutschland die Einbindung seiner Ressourcen in internationale Mechanismen vernachlässigt. Führungsrolle ja, aber innerhalb der NATO und der EU. Nur für den Fall, dass ein bi- oder multilateraler Einsatzrahmen außerhalb der gewohnten Einstimmigkeit gefordert wird, für diesen Fall soll Deutschland gerüstet sein. Die Bundeswehr soll aufgestockt werden und darf bis zum Jahre 2024 mit einen Verteidigungsetat von zwei Prozent rechnen. Das ist fast eine Verdoppelung und schwer zu stemmen, entspricht aber jenen Zielvorstellungen, denen sich die NATO-Staaten verpflichtet haben. Über allem steht ein klares Bekenntnis zur NATO und zu den USA. Zwei wesentliche Punkte sind aber für die Zukunft der deutschen Sicherheitspolitik von Bedeutung. (1) Die Ausweitung des Einsatzspektrums der Bundeswehr auf Einsätze im Inneren, vorerst jedoch nur bei terroristischer Bedrohung. (2) Noch viel wichtiger allerdings ist, wie die Regierung ihr Verhältnis zu Russland sieht. Russland wurde im Papier zum Feindbild gestempelt. Damit hat die Regierung Merkel die Sichtweise neoliberaler Kreise aus den USA übernommen. Schließlich soll zwischen amerikanischer Außenpolitik und der Deutschlands kein Blatt passen. Die Vorstellung, dass auch dieses Papier, wie das Weißbuch davor, eine Stehzeit von zehn Jahren haben könnte, lässt nicht sehr viel Interpretationsspielraum für die Entwicklung des Verhältnisses zu Russland zu. Wie die Trump-Administration mit dem deutschen Russlandbild umgehen wird, bleibt abzuwarten. Es ist aber sehr wahrscheinlich, dass das Verhältnis der USA zu Russland sich in den kommenden Jahren ändern wird. Für diesen Fall hat Deutschland seine Glaubwürdigkeit leichtfertig auf Spiel gesetzt.

Abschließend und insgesamt war Deutschland noch nie in seiner jüngeren Geschichte gleichzeitig mit solchen enormen sicherheitspolitischen Veränderungen konfrontiert. Liest man das Weißbuch zwischen den Zeilen und verfolgt die deutschen Sicherheitsinitiativen vom Ausbau der Cyberkapazität über die Stärkung der Dienste und des Sicherheitsapparates bis hin zur Terrorgesetzgebung, so kommt man um eine zentrale Schlussfolgerung nicht herum: Deutschland bereitet sich auf eine Zeit vor, in der soziale Unruhen als ein wahrscheinliches Szenario seitens der Regierung gesehen werden.

Namensverzeichnis

P

Petraeus, David 35

Pierer, Heinrich von 63

R

Range, Harald 110ff.

Reagan, Ronald 64

Reding, Viviane 223f.

Reese, Mary Ellen 146

Rösler, Philipp 58f.

Röttgen, Norbert 222

Roth, Michael 177

S

Sarkozy, Nicolas 77

Schäfer, Helmut 132

Schätz, Alfred 35

Schindler, Gerhard 49, 96, 158, 163, 196, 249, 254

Schmid, Gerhard 62

Schmidbauer, Bernd 28f.

Schröder, Gerhard 22, 56, 89, 97, 101, 114, 120ff., 250

Seehofer, Horst 208

Sessions, Jeff 212

Smutny, Berry 71

Snowden, Edward 17ff., 31ff., 53ff., 92ff., 120ff., 196f., 245ff.

Squarcini, Bernard 40

Stavenhagen, Lutz 151

Steffen, Christian 104

Steinmeier, Frank-Walter 62, 82, 89, 114, 122, 161, 216, 222, 234, 239

Stoltenberg, Gerhard 151

Sturgeon, Nicola 225

T

Thatcher, Margaret 227

Tillerson, Rex 243

Trump, Donald 11f., 17f., 23, 35, 97, 176, 212ff., 217f., 220, 231, 236, 243, 251, 259

U

Uhrlau, Ernst 98, 144

V

Voßhoff, Andrea 160f.

W

Wendt, Rainer 187

Wingerath, Frank 93

Woolsey, James 41ff., 45ff., 67, 75, 81

Y

Yannett, Bruce 64

Yildirim, Binali 181

Stichwortverzeichnis

Abkürzungsverzeichnis

AKP	Adalet ve Kalkınma Partisi (Partei für Gerechtigkeit und Aufschwung, Türkei)
AQAH	al-Qaida auf der arabischen Halbinsel
BDJ	Bund Deutscher Jugend
BfV	Bundesamt für Verfassungsschutz
BGS	Bundesgrenzschutz
BKA	Bundeskriminalamt
BLKR	Bund-Länder-Kommission Rechtsterrorismus
BND	Bundesnachrichtendienst
BSI	Bundesamt für Sicherheit in der Informationstechnik
BVT	Bundesamt für Verfassungsschutz und Terrorismusbekämpfung (Österreich)
CIA	Central Intelligence Agency
CTG	Counter Terrorism Group
DGSE	Direction Générale de la Sécurité Extérieure (Generaldirektion für äußere Sicherheit, Frankreich)
DIA	Defense Intelligence Agency
DNI	Director of National Intelligence
EADS	European Aeronautic Defence and Space
ECC	Europäisches Zentrum für Kryptologie
ETC	European Technical Center
EUGS	EU Global Strategy
EWG	Europäische Wirtschaftsgemeinschaft
EWR	Europäischer Wirtschaftsraum
FBI	Federal Bureau of Investigation
GAR	Gemeinsames Abwehrzentrum gegen Rechtsextremismus
GCHQ	Government Communications Headquarters
GETZ	Gemeinsames Extremismus- und Terrorismusabwehrzentrum

GIZ	Gemeinsames Internetzentrum
GMLZ	Gemeinsames Melde- und Lagezentrum
GSG 9	Grenzschutzgruppe 9
HDP	Halkların Demokratik Partisi (Demokratische Partei der Völker, Türkei)
HNaA	Heeres-Nachrichtenamt (Auslandsnachrichtendienst, Österreich)
IABG	Industrieanlagen-Betriebsgesellschaft mbH
IRSTA	Technologies for Intelligence, Reconnaissance, Surveillance and Target Acquisition
IS	Islamischer Staat
KIA	Koordinierte Internetauswertung
LfV	Landesamt für Verfassungsschutz
LKA	Landeskriminalamt
MAD	Militärischer Abschirmdienst
MI5	Military Intelligence, Section 5 (Inlandsgeheimdienst, Großbritannien)
MI6	Military Intelligence, Section 6 (Auslandsgeheimdienst, Großbritannien)
MIT	Millî İstihbarat Teşkilâtı (Nationaler Nachrichtendienst, Türkei)
MOI	Ministry of Intelligence (Ministerium für Nachrichtenwesen, Iran)
NGO	Non-governmental Organization
NSA	National Security Agency
OAE	Operation Active Endeavour
OFAC	Office of Foreign Assets Control
PiS	Prawo i Sprawiedliwość (Recht und Gerechtigkeit, Polen)
PKK	Partiya Karkerên Kurdistanê (Arbeiterpartei, Kurdistan – Türkei, Irak, Iran, Syrien)
PST	Politiets sikkerhetstjeneste (Sicherheitsdienst der Polizei, Norwegen)
PYD	Partiya Yekîtîya Demokrat (Partei der Demokratischen Union, Syrien)
SAW	Sonderauswertungsabteilung, Arbeitsgruppe des Verfassungsschutzes
SBO	Stay-Behind-Organisation
SCADA	Supervisory Control and Data Acquisition
SCS	Special Collection Service
SEC	U.S. Securities and Exchange Commission
SIT	Strategische Initiative Technik
SUSLAG	Special U.S. Liaison Activity Germany
TD	Technischer Dienst
TTIP	Transatlantic Trade and Investment Partnership

UN	United Nations
UNHCR	United Nations High Commissioner for Refugees
UNICEF	United Nations International Children's Emergency Fund
USD	US-Dollar
VBS	Eidgenössisches Departement für Verteidigung, Bevölkerungsschutz und Sport
VSB	Verfassungsschutzbericht
WEU	Westeuropäische Union
WHO	World Health Organization (Weltgesundheitsorganisation)
YPG	Yekîneyên Parastina Gel (Volksverteidigungseinheiten, Syrien)
ZID	Zentraler Informatikdienst der Universität Wien
ZKA	Zollkriminalamt

Anmerkungen

1   3. Februar 2015. Der Gründer und Direktor der weltweit führenden privaten US-Denkfa-
     brik auf dem Gebiet Geopolitik STARTFOR (Abk. Strategic Forecasting) George
     Friedman über weltweite Geopolitik der USA und speziell in Europa. Zitat: »Das primäre
     Interesse der USA, wofür wir seit einem Jahrhundert die Kriege führen – Erster und
     Zweiter Weltkrieg und Kalter Krieg –, waren die Beziehungen zwischen Deutschland und
     Russland. Denn vereint sind sie die einzige Macht, die uns bedrohen kann, und unser
     Interesse war es immer, sicherzustellen, dass dies nicht eintritt.« Ausschnitte. Quelle: The
     Chicago Council on Global Affairs.

2   Gladio war der Deckname für Widerstandsgruppen, organisiert durch die NATO in ganz
     Westeuropa, mit dem Ziel militärischen und paramilitärischen Widerstand zu leisten,
     nachdem der Warschauer Pakt die Staaten militärisch überrannt hat. Gladio war auch als
     Stay-Behind-Organisation bekannt.

3   Original Zitat: »Our actions in Iraq, Libya and Syria have helped unleash ISIS.« Donald
     J. Trump: Foreign Policy Speech, Presseveröffentlichungen von der offiziellen Web-
     seite, Transcript, 27.04.2016, https://www.nytimes.com/2016/04/28/us/politics/tran-
     script-trump-foreign-policy.html?_r=0.

4   Deutscher Bundestag – 18. Wahlperiode, Drucksache 18/2281, Antwort der Bundesregie-
     rung auf die Kleine Anfrage der Abgeordneten Jan Korte, Dr. André Hahn, Ulla Jelpke,
     weiterer Abgeordneter und der Fraktion DIE LINKE (Drucksache 18/2151), »Geheim-
     dienstliche Angriffe und Spionage bei deutschen Unternehmen«, 05.08.2014.

5   »Ingenieursverband: ›100 Milliarden Euro Schaden‹«, in: *Frankfurter Allgemeine*,
     03.02.2014.

6   Stefan Krempl, »Bitkom: 51 Milliarden Euro Schaden jährlich durch digitale Wirtschafts-
     spionage«, in: *Heise Online*, 16.04.2015, https://www.heise.de/newsticker/meldung/
     Bitkom-51-Milliarden-Euro-Schaden-jaehrlich-durch-digitale-Wirtschaftsspiona-
     ge-2609577.html.

7   »Spähaffäre, Schmidbauer kritisiert auch Deutschland«, in: *Welt – N24*, 01.07.2013.

8   Stefan Bisanz, »Ausspähung und Konkurrenzspionage durch Profis und Ex-Ge-
     heimdienstler bei ausländischen Sicherheitsberatungsfirmen«, in: *Security Explorer*,
     12.09.2013, http://www.security-explorer.de/index.php?id=20&tx_ttnews%5Btt_news-
     %5D=154&cHash=05f3cbf288a21483a8eb496ab72ea166

9   Andrew Denison, »NSA und Wirtschaftsspionage: Keine Überraschung«, in: *Cicero*,
     28.04.2015.

10   Stefan Krempl, »Bitkom: 51 Milliarden Euro Schaden jährlich durch digitale Wirtschafts-
     spionage«, in: *Heise Online*, 16.04.2015 https://www.heise.de/newsticker/meldung/
     Bitkom-51-Milliarden-Euro-Schaden-jaehrlich-durch-digitale-Wirtschaftsspiona-
     ge-2609577.html.

11   Verfassungsschutzbericht 2015, Bundesamt für Verfassungsschutz, Bundesministerium
     des Inneren, 28.06.2016.

12   Verfassungsschutzbericht 2014, Bundesamt für Verfassungsschutz, Bundesministerium
     des Inneren, 30.06.2015. S. 154.

13   Der Verfassungsschutzbericht 2015 wird im Folgejahr, also 2016, präsentiert.

14   Verfassungsschutzbericht 2015, Bundesamt für Verfassungsschutz, Bundesministerium
     des Inneren, 28.06.2016. S. 263.

15   Verfassungsschutzbericht 2014, Bundesamt für Verfassungsschutz, Bundesministerium
     des Inneren, 30.06.2015. S. 154.

16   Verfassungsschutzbericht 2015, Bundesamt für Verfassungsschutz, Bundesministerium
     des Inneren, 28.06.2016. S. 262.

17   Ebenda.

18   Stefan Krempl, »Bitkom: 51 Milliarden Euro Schaden jährlich durch digitale Wirtschafts-
     spionage«, in: Heise Online, 16.04.2015, https://www.heise.de/newsticker/meldung/
     Bitkom-51-Milliarden-Euro-Schaden-jaehrlich-durch-digitale-Wirtschaftsspiona-
     ge-2609577.html
     In einer 2016 veröffentlichten Studie wird der Schaden durch Wirtschaftsspionage in
     Deutschland allerdings weit geringer, mit 22 Mrd. Euro beziffert. Die Begleitumstände
     haben sich nicht geändert. Siehe: *Bitkom*, Presseinformation vom 25.04.2016: »Industrie
     im Visier von Cyberkriminellen und Nachrichtendiensten«, https://www.bitkom.org/
     Presse/Presseinformation/Industrie-im-Visier-von-Cyberkriminellen-und-Nachrichten-
     diensten.html.

19   »Bundesregierung duldet US-Spionagefirmen in Deutschland«, in: *Spiegel Online*,
     22.10.2014 http://www.spiegel.de/netzwelt/netzpolitik/contractor-firmen-in-deutsch-
     land-frontal-21-ueber-geheimdienst-helfer-a-998544.html.

20   Ebenda.

21   Deutscher Bundestag, 18. Wahlperiode, Drucksache 18/2552, 17.09.2014, und Deutscher
     Bundestag, 18. Wahlperiode, Drucksache 18/2441, 28.08.2014.

22   Johannes Wendt, »Das Cyber-Konglomerat«, in: *Zeit Online*, 01.08.2014, http://www.zeit.
     de/digital/datenschutz/2014-07/keith-alexander-nsa-director-drehtuer-effekt.

23   Oliver Stock, Thomas Sigm, »August Hanning: Job mit Nebenwirkungen«, in: *Handels-
     blatt*, 06.09.2010.

24   Hanna Kordik, »Eine Firma mit der Lizenz zum Schnüffeln«, in: *Die Presse com*,
     01.06.2007, http://diepresse.com/home/wirtschaft/economist/307662/print.do

25   Bundesamt für Sicherheit in der Informationstechnik; Die Lage der IT-Sicherheit in
     Deutschland 2015.

26 Bundesamt für Sicherheit in der Informatik; Cyber-Sicherheitsstrategie für Deutschland.

27 Paragraph 2, Nr. 10 des durch das IT-Sicherheitsgesetz geänderten BSI-Gesetzes.

28 »IT-Sicherheitsgesetz: Wirtschaft hat ihre Zweifel abgelegt«, in: *Wirtschaftswoche*, 27.07.2016.

29 Stefan Krempl, »Bundestag verabschiedet IT-Sicherheitsgesetz«, in: *Heise Online*, 12.06.2015, https://www.heise.de/newsticker/meldung/Bundestag-verabschiedet-IT-Sicherheitsgesetz-2689526.html.

30 Bundesamt für Sicherheit in der Informationstechnik; Die Lage der IT-Sicherheit in Deutschland 2015.

31 »Merkel: ›Lernen, mit Cyberangriffen zu leben‹«, in: *Futurezone*, 29.11.2016, https://futurezone.at/netzpolitik/merkel-lernen-mit-cyberangriffen-zu-leben/233.276.988.

32 Kim Bode, »Spioniert die NSA für Amerikas Konzerne?«, in: *Die Zeit*, 25.10.2013.

33 Martin Anetzberger, Hannah Beitzer, »Das ›böse Reich‹ der Wirtschaftsspionage«, in: *Süddeutsche Zeitung*, 30.10.2013.

34 Kim Bode, »Spioniert die NSA für Amerikas Konzerne?«, in: *Die Zeit*, 25.10.2013.

35 Hans-Jürgen Schlamp, »Briten betreiben Wirtschaftsspionage in Italien«, in: *Spiegel Online*, 25.10.2013, http://www.spiegel.de/politik/ausland/briten-geheimdienst-gchq-betrieb-wirtschaftsspionage-in-italien-a-929995.html.

36 Duncan Campbell, »Ehemaliger CIA-Direktor sagt, die Wirtschaftsspionage der USA würde auf ›Bestechungsaktionen der Europäer‹ zielen«, in: *Heise Online*, 12.03.2000, https://www.heise.de/tp/features/Ehemaliger-CIA-Direktor-sagt-die-Wirtschaftsspionage-der-USA-wuerde-auf-Bestechungsaktionen-der-3446924.html.

37 Ebenda.

38 Bis 2004 wurde die Funktion des DNI in Personalunion vom CIA-Direktor geführt. Im Zuge der Empfehlungen der 09/11-Kommission wurden die Funktionen getrennt.

39 Duncan Campbell, »Ehemaliger CIA-Direktor sagt, die Wirtschaftsspionage der USA würde auf ›Bestechungsaktionen der Europäer‹ zielen«, in: *Heise Online*, 12.03.2000.

40 Ebenda.

41 Martin Holland, »Ex-CIA-Chef: ›Snowden sollte gehängt werden‹«, in: *Heise Online*, 20.12.2013, https://www.heise.de/newsticker/meldung/Ex-CIA-Chef-Snowden-sollte-gehaengt-werden-2070809.html.

42 Marc Hujer, Holger Stark, »Schande über uns«, in: *Der Spiegel* 13/2014, 24.03.2014.

43 Duncan Campbell, »Ehemaliger CIA-Direktor sagt, die Wirtschaftsspionage der USA würde auf ›Bestechungsaktionen der Europäer‹ zielen«, in: *Heise Online*, 12.03.2000, https://www.heise.de/tp/features/Ehemaliger-CIA-Direktor-sagt-die-Wirtschaftsspionage-der-USA-wuerde-auf-Bestechungsaktionen-der-3446924.html.

44 Ebenda.

45 »Bilfinger muss in den USA Millionenstrafe zahlen«, in: *Die Welt*, 10.12.2013.

46 »Daimler: Neue Details zum Schmiergeld-Skandal«, in: *Focus*, 26.03.2010.

Anmerkungen

47 »Schmiergeldaffäre auf dem Balkan: Telekom zahlt Millionen an US-Justiz«, in: *Spiegel Online*, 29.12.2011, http://www.spiegel.de/wirtschaft/unternehmen/schmiergeldaffae-re-auf-dem-balkan-telekom-zahlt-millionen-an-us-justiz-a-806295.html.

48 »US-Gericht verurteilt Ex-Lufthansa-Manager«, in: *Manager Magazin*, 07.04.2013.

49 Duncan Campbell, »Ehemaliger CIA-Direktor sagt, die Wirtschaftsspionage der USA würde auf ›Bestechungsaktionen der Europäer‹ zielen«, in: *Heise Online*, 12.03.2000, https://www.heise.de/tp/features/Ehemaliger-CIA-Direktor-sagt-die-Wirtschaftsspiona-ge-der-USA-wuerde-auf-Bestechungsaktionen-der-3446924.html.

50 »Ehemaliger NSA- und CIA-Chef Hayden: ›Wir spionieren die Interessanten aus‹«, in: *Der Standard*, 13.08.2015.

51 »Untersuchungsausschuss im Bundestag: US-Informant vergleicht NSA mit einer Diktatur«, in: *Spiegel Online*, 03.07.2014, http://www.spiegel.de/politik/deutschland/william-binney-als-zeuge-im-nsa-untersuchungsausschuss-a-979062.html.

52 Wikipedia-Eintrag zum Utah Data Center; abgerufen am 09.08.2016.

53 »USA überließen Berlin Entscheidung über Selektorenliste«, in: *Der Tagesspiegel*, 12.08.2015.

54 Deutscher Bundestag – 18. Wahlperiode, Drucksache 18/2281, Antwort der Bundesregierung auf die Kleine Anfrage der Abgeordneten Jan Korte, Dr. André Hahn, Ulla Jelpke, weiterer Abgeordneter und der Fraktion DIE LINKE (Drucksache 18/2151), »Geheimdienstliche Angriffe und Spionage bei deutschen Unternehmen«, 05.08.2014.

55 Das Dokument wurde erstmals am 02.11.2013 von der *New York Times* veröffentlicht und im Mai 2015 durch die Internetplattform Netzpolitik.org. abermals ins Netz gestellt. Siehe: Andre Meister, »Internes Dokument belegt: BND und Bundeskanzleramt wussten von Wirtschaftsspionage der USA gegen Deutschland«, in: *Netzpolitik*, 27.05.2015, https://netzpolitik.org/2015/internes-dokument-belegt-bnd-und-bundeskanzleramt-wuss-ten-von-wirtschaftsspionage-der-usa-gegen-deutschland/.

56 Der gesamte Fünfjahresplan der NSA wurde am 02.11.2013 von der New York Times veröffentlicht. Siehe: »Documents Show N.S.A. Efforts to Spy on Both Enemies and Allies«, in: *The New York Times*, 02.11.2013; sowie Scott Shane, »No Morsel Too Minuscule for All-Consuming N.S.A.«, in: *The New York Times*, 02.11.2013.

57 Das Schreiben wurde von der Plattform Netzpolitik.org am 27. Mai 2015 auszugsweise veröffentlicht. Siehe: Andre Meister, »Internes Dokument belegt: BND und Bundeskanzleramt wussten von Wirtschaftsspionage der USA gegen Deutschland«, in: *Netzpolitik*, 27.05.2015, https://netzpolitik.org/2015/internes-dokument-belegt-bnd-und-bundes-kanzleramt-wussten-von-wirtschaftsspionage-der-usa-gegen-deutschland/.

58 TopForeignStocks.com, vom Juli 2016.

59 Axel Höpner, Christian Schnell, »Deutsche Konzerne sagen US-Börsen Adieu«, in: *Handelsblatt*, 23.09.2009.

60 »US-Konkurrenz prophezeit Europas Banken hohe Milliarden-Strafen«, in: *Spiegel Online* vom 13.01.2015, http://www.spiegel.de/wirtschaft/unternehmen/morgan-stanley-prophe-zeit-milliarden-strafen-fuer-euro-banken-a-1012797.html.

61 »Finanzskandale: Banken zahlen 260 Milliarden Dollar Strafe«, in: *Frankfurter Allgemeine*, 24.08.2015.

62 Ein Gericht in Portland erklärte dies allerdings 2007 für verfassungswidrig.

63 Uniting and Strengthening America by Providing Appropriate Tools Required to Intercept and Obstruct Terrorism Act of 2001.

64 Robert J. Graves, »Extraterritorial Application of the USA PATRIOT Act«, prepared for: Bundesverband öffentlicher Banken Deutschlands by Jones Day, abgerufen am: 08.10.2016.

65 Kai Biermann, Patrick Beuth, »EU-Parlament stimmt für Stopp des Swift-Abkommens mit den USA«, in: *Zeit Online*, 23.10.2013, http://www.zeit.de/digital/datenschutz/2013-10/swift-abkommen-usa-aussetzung.

66 Inanspruchnahme des Patriot Acts und anderer US-rechtlicher Regelungen zur Beschaffung von personenbezogenen Daten aus dem Raum der Europäischen Union durch US-Behörden, Positionspapier des Unabhängigen Landeszentrums für Datenschutz Schleswig-Holstein (ULD), 61.43/11.003, 15.11.2011.

67 Gespräche mit einem ehemaligen Grünen-MdB.

68 Stefan Krempl, »US-Geheimdienst NSA stoppt die eigene Vorratsdatenspeicherung«, in: *Heise Online*, 28.11.2015, https://www.heise.de/newsticker/meldung/US-Geheimdienst-NSA-stoppt-die-eigene-Vorratsdatenspeicherung-3025759.html.

69 »Bundesnachrichtendienst ›ein Wurmfortsatz der NSA‹«, in: *Frankfurter Allgemeine Zeitung*, 04.07.2014.

70 Alexa Mohl, Lin Xiaoqing, »Nach China unterwegs«, Paderborn 1999.

71 »Deutschland ist Patent-Europameister«, in: *Spiegel Online*, 26.02.2015, http://www.spiegel.de/wirtschaft/unternehmen/patente-32-000-anmeldungen-kamen-2014-aus-deutschland-a-1020641.html.

72 Hannes Vogel, »Deutsche Wirtschaft fürchtet NSA-Spionage: Das Patent zum Abkupfern«, in: *n-tv*, 02.07.2013.

73 Ebenda.

74 Heiko Martens, »Wirtschaftskriminalität: Angriff aus dem All«, in: *Der Spiegel* 13/1999, 29.03.1999.

75 Laura Poitras, Marcel Rosenbach, Fidelius Schmid, Holger Stark, »NSA horcht EU-Vertretungen mit Wanzen aus«, in: *Spiegel Online*, 29.06.2013, http://www.spiegel.de/netzwelt/netzpolitik/nsa-hat-wanzen-in-eu-gebaeuden-installiert-a-908515.html.

76 Thorsten Jungholt, Florian Eder, »Spionage: US-Geheimdienst sah Deutschland als ›Angriffsziel‹«, in: *Die Welt*, 30.06.2013.

77 Bericht über die Existenz eines globalen Abhörsystems für private und wirtschaftliche Kommunikation (Abhörsystem ECHELON) (2001/2098 (INI)), Dokument A5-0264/2001, Europäisches Parlament, 11.07.2001.

78 Ebenda.

79   Heiko Martens, »Wirtschaftskriminalität: Angriff aus dem All«, in: *Der Spiegel* 13/1999, 29.03.1999.

80   Gerhard Schmidt am 05.01.2001 vor dem Europäischen Parlament anlässlich der Übergabe des Abschlussberichtes zum Thema Echelon; zitiert nach: »Dokumentation: Der offizielle Echelon-Bericht von Gerhard Schmid an das EU-Parlament«, in: *Spiegel Online*, 07.11.2001, http://www.spiegel.de/netzwelt/web/dokumentation-der-offizielle-echelon-bericht-von-gerhard-schmid-an-das-eu-parlament-a-155819.html.

81   Ebenda.

82   Jan Hildebrand, »Siemens bezahlt Korruption teuer«, in: *Die Welt*, 15.12.2008.

83   Ebenda.

84   Dinah Deckstein, »Untreue-Verdacht: Fahnder durchsuchen Siemens-Büros«, in: *Spiegel Online*, 15.11.2006, http://www.spiegel.de/wirtschaft/untreue-verdacht-fahnder-durchsuchen-siemens-bueros-a-448547.html.

85   Heike Buchter, »Siemens: Diskrete Minensucher«, in: *Zeit Online*, 12.07.2007, http://www.zeit.de/2007/29/Debevoise-Plimpton.

86   Marc Etzold, »Wir spionieren einfach besser«, in: *Handelsblatt*, 31.01.2014.

87   Gerhard Hegmann, »Siemens verniedlicht den NSA-Spionagevorwurf«, in: *Welt – N24*, 01.02.2014.

88   »Wirtschaftsspionage: Risiko für Unternehmen, Wissenschaft und Forschung«, Bundesamt für Verfassungsschutz für die Verfassungsschutzbehörden des Bundes und der Länder, Stand: Juli 2014.

89   Marc Etzold, »Wir spionieren einfach besser«, in: *Handelsblatt*, 31.01.2014.

90   Rüdiger Scheidges, »Keine NSA-Wirtschaftsspionage in Deutschland«, in: *Handelsblatt*, 27.08.2013.

91   Hans Leyendecker, »Siemens Korruptionsaffäre: ›Das ist wie bei der Mafia‹«, in: *Süddeutsche Zeitung*, 14.01.2011.

92   »Siemens ist zurück: Eines der besten Geschäftsjahre der Geschichte«, in: *Deutsche Wirtschafts Nachrichten*, 11.11.2016.

93   Kai Biermann, »BND liefert NSA 1,3 Milliarden Metadaten – jeden Monat«, in: *Zeit Online*, 12.05.2015, http://www.zeit.de/politik/deutschland/2015-05/bnd-nsa-milliarden-metadaten.

94   »Bundesnachrichtendienst ›ein Wurmfortsatz der NSA‹«, in: *Frankfurter Allgemeine Zeitung*, 04.07.2014.

95   Kai Biermann, Patrick Beuth, Tilman Steffen, »BND half NSA beim Überwachen europäischer Politiker«, in: *Zeit Online*, 23.04.2015, http://www.zeit.de/digital/datenschutz/2015-04/ueberwachung-bnd-half-nsa-wirtschaftsspionage-europa

96   Stefan Brändle, »Frankreich: NSA betreibt auch Wirtschaftsspionage«, in: *Der Standard*, 01.07.2015.

97   Martin Anetzberger, Hannah Beitzer, »Das ›böse Reich‹ der Wirtschaftsspionage«, in: *Süddeutsche Zeitung*, 30.10.2013.

98 »Wirtschaftsspionage: Risiko für Unternehmen, Wissenschaft und Forschung«, Bundesamt für Verfassungsschutz für die Verfassungsschutzbehörden des Bundes und der Länder, Stand: Juli 2014, S.9.

99 Martin Anetzberger, Hannah Beitzer, »Das ›böse Reich‹ der Wirtschaftsspionage«, in: *Süddeutsche Zeitung*, 30.10.2013.

100 Ebenda.

101 »Frankreich will USA bei Wirtschaftsspionage übertrumpfen«, in: *Spiegel Online*, 29.10.2013, http://www.spiegel.de/politik/ausland/frankreich-will-usa-bei-wirtschafts-spionage-uebertrumpfen-a-930723.html

102 Duncan Campbell, »Former CIA Director Says US Economic Spying Targets ›European Bribery‹«, in: *Telepolis*, 12.03.2000, https://www.heise.de/tp/features/Former-CIA-Director-Says-US-Economic-Spying-Targets-European-Bribery-3446922.html

103 Peter Harbich, »Die wachsende Bedeutung privater Akteure im Bereich der Intelligence: Private Akteure als Quellen, Abnehmer, Konkurrenten und Kooperationspartner staatlicher Nachrichtendienste«, Arbeitspapiere zur Internationalen Politik und Außenpolitik, AIPA 3/2006, S. 23.

104 Thomas Pany, »NSA-Wirtschaftsspionage: ›schmutziges Spiel‹ in Frankreich«, in: *Telepolis*, 30.06.2015, https://www.heise.de/tp/features/NSA-Wirtschaftsspionage-schmutziges-Spiel-in-Frankreich-3373977.html

105 Ebenda.

106 Stefan Brändle, »Frankreich: NSA betreibt auch Wirtschaftsspionage«, in: *Der Standard*, 01.07.2015.

107 Ryan Gallagher, Anton Geist, Sebastian Gjerding, Henrik Moltke and Laura Poitras, »NSA ›third party‹ partners tap the Internet backbone in global surveillance program«, in: *Dagbladet Information*, 19.06.2014, https://www.information.dk/udland/2014/06/nsa-third-party-partners-tap-the-internet-backbone-in-global-surveillance-program

108 Georg Mascolo, Hans Leyendecker, John Goetz, »Codewort Eikonal – der Albtraum der Bundesregierung«, in: *Süddeutsche Zeitung*, 04.10.2014.

109 Der Präsident des deutschen Verfassungsschutzes anlässlich einer Wirtschaftskonferenz in Berlin im August 2013. Wiedergegeben in: »Friedrich beklagt teure Wirtschaftsspionage«, in: *Manager Magazin*, 28.08.2013.

110 Lenz Jacobsen, »Türkei-EU-Beziehungen: Diese Türkei ist kaum zu ertragen«, in: *Zeit Online*, 16.11.2016, http://www.zeit.de/politik/ausland/2016-11/eu-tuerkei-beziehungen-frank-walter-steinmeier-diplomatie

111 »Kurz zur Türkei: Österreich hält an seiner Position fest«, in: *Kurier*, 23.08.2016.

112 Annett Meiritz, »BND-Spionage: Die deutsche Heuchelei«, in: *Spiegel Online*, 11.11.2015, http://www.spiegel.de/politik/deutschland/bnd-soll-deutschen-diplomaten-und-frankreichs-aussenminister-ausgespaeht-haben-a-1062241.html

113 Florian Flade, »Deutscher Diplomat abgehört? BND in Erklärungsnot«, in: *Die Welt*, 11.11.2015.

114 Michael Götschenberg, »Ausspähen unter Freunden – das geht«, in: *Deutschlandfunk*, 11.11.2015.

115 Ebenda.

116 Bereits zwischen 2008 und 2010 kam es zu ähnlichen Vorfällen. Der Europäische Gerichtshof verurteilte die fast zweijährige Sperre des Social Mediums und das Schließen zahlreicher Internetportale 2015. »Europäischer Gerichtshof verurteilt Türkei wegen YouTube-Sperre«, in: *Zeit Online*, 01.12.2015, http://www.zeit.de/digital/internet/2015-12/youtube-sperre-tuerkei-menschenrechte-urteil

117 Erdogan verschickt Demo-Aufruf per SMS an alle Türken; *Deutsche Wirtschafts Nachrichten*, vom 17.07.2016.

118 Philipp Mattheis, »Türkei sperrt soziale Netzwerke«, in: *Jetzt*, 01.11.2016.

119 Florian Flade, »Deutscher Diplomat abgehört? BND in Erklärungsnot«, in: *Die Welt*, 11.11.2015.

120 K. Grass, D. Liedtke, N. Plonka, A. Rungg, »US-Geheimdienste in Deutschland: Das Schattenreich«, in: Stern, 21.11.2013.

121 Kai Biermann, »NSA-Affäre: Der Teflon-Zeuge«, in: *Zeit Online*, 17.03.2016, http://www.zeit.de/politik/2016-03/nsa-affaere-frank-walter-steinmeier-untersuchungsausschuss/komplettansicht

122 Kai Biermann, »Regierung enthält dem NSA-Ausschuss wichtige Akten vor«, in: *Zeit Online*, 23.09.2014, http://www.zeit.de/politik/deutschland/2014-09/nsa-bnd-akten-geheim-konsultation/komplettansicht

123 Kai Biermann, »NSA-Affäre: Der Teflon-Zeuge«, in: *Zeit Online*, 17.03.2016.

124 Jörg Diehl, Matthias Gebauer, »Falscher Verdacht im Verteidigungsministerium: Der Spion, der keiner war«, in: *Spiegel Online*, 28.01.2015, http://www.spiegel.de/forum/politik/falscher-verdacht-im-verteidigungsministerium-der-spion-der-keiner-war-thread-228656-1.html

125 »USA spähen Verteidigungsministerium aus«, in: *n-tv*, 09.07.2014. Tom Sundermann, »BND-Spitzel: Meine Freunde bei der CIA«, in: *Zeit Online*, 16.11.2015, http://www.zeit.de/politik/deutschland/2015-11/bnd-cia-spitzel-prozess-muenchen

126 »CIA-Spionage: Mutmaßlicher Spion stand bereits 2010 unter Verdacht«, in: *Süddeutsche Zeitung*, 11.07.2014.

127 »Eiszeit in der Spionage-Affäre«, in: *Bild Zeitung*, 11.07.2014.

128 »CIA-Spionage: Mutmaßlicher Spion stand bereits 2010 unter Verdacht«, in: *Süddeutsche Zeitung*, 11.07.2014.

129 Christian Baars, »Deutsche spähen auch Freunde aus«, in: *ARD Tagesschau*, 16.08.2014.

130 »NSA fing offenbar BND-Kommunikation ab«, in: *Spiegel Online*, 25.09.2015, http://www.spiegel.de/netzwelt/netzpolitik/fairview-nsa-hat-sensible-informationen-des-bnd-abgefangen-a-1054727.html

131 Christian Stöcker, »BfV-Chef Maaßen über Snowden: Der oberste Verfassungs-schutz-Schützer«, in: *Der Spiegel*, 10.06.2016.

132 Kai Biermann, »NSA-Spionage? Das können wir weder bestätigen noch dementieren«, in: *Zeit Online*, 14.05.2016, http://www.zeit.de/politik/deutschland/2016-05/verfassungs-schutz-snowden-merkelphone-nsa-nsaua

133 Ebenda.

134 Rüdiger Scheidges, »Keine NSA-Wirtschaftsspionage in Deutschland«, in: *Handelsblatt*, 27.08.2013.

135 Ebenda.

136 Florian Flade, Uwe Müller, »Russische Spionage im Fokus der Politik«, in: *Die Welt – Investigativ*, 08.05.2014.

137 Bundesamt für Verfassungsschutz, Biografie: Präsident Dr. Hans-Georg Maaßen, Das BfV, Amtsleitung, abgerufen am 20.11.2016.

138 »Hamburger Terrorzelle, die WG der Todespiloten«, in: *Süddeutsche Zeitung*, 26.07.2011.

139 »NSA-Whistleblower: Verfassungsschutzchef hält russische Agententätigkeit Snowdens für plausibel«, in: *Spiegel Online*, 10.06.2016, http://www.spiegel.de/netzwelt/netzpolitik/hans-georg-maassen-edward-snowden-ein-russischer-agent-a-1096833.html

140 »Russen versuchen den Bundestag zu infiltrieren«, in: *Focus Online*, 15.04.2016, http://www.focus.de/politik/deutschland/geheimdienstexperten-im-focus-groess-ter-keil-seit-zweiten-weltkrieg-russen-versuchen-den-deutschen-bundestag-zu-infiltrie-ren_id_5439264.html

141 Ebenda.

142 Rede von de Maizière anlässlich des 11. Symposiums des BfV am 8. Mai 2014 in Berlin, Bundesministerium des Inneren, abgerufen am 08.08.2016.

143 »Keine amerikanische Wirtschaftsspionage«, in: *Frankfurter Allgemeine*, 22.11.1999.

144 Kurt Graulich, »Nachrichtendienstliche Fernmeldeaufklärung mit Selektoren in einer transnationalen Kooperation; Prüfung und Bewertung von NSA-Selektoren nach Maß-gabe des Beweisbeschlusses BND-26«, Deutscher Bundestag, 1. Untersuchungsausschuss der 18. Wahlperiode, 23.10.2015.

145 Kurt Graulich, »Nachrichtendienstliche Fernmeldeaufklärung mit Selektoren in einer transnationalen Kooperation; Prüfung und Bewertung von NSA-Selektoren nach Maß-gabe des Beweisbeschlusses BND-26«, Deutscher Bundestag, 1. Untersuchungsausschuss der 18. Wahlperiode, 23.10.2015. S. 132.

146 Ebenda, S. 188.

147 Ebenda, S. 212.

148 Kai Biermann, »Ein Versuch, den BND freizusprechen«, in: *Zeit Online*, 30.10.2015, http://www.zeit.de/digital/datenschutz/2015-10/selektoren-nsa-bericht-graulich-bnd/komplettansicht.

149 Majit Sattar, »Deutsche Spionageabwehr: Wenn der Verfassungsschutz anruft«, in: *Frank-furter Allgemeine Zeitung*, 01.11.2013.

150 Sven Becker, Hubert Gude, Judith Horchert, Andy Müller-Maguhn, Laura Poitras, Ole Reißmann, Marcel Rosenbach, Jörg Schindler, Fidelius Schmid, Michael Sontheimer, Holger Stark, »Snowdens Deutschland-Akte«, in: *Der Spiegel* 25/2014, 16.06.2014.

151 »200 US-Geheimdienstler spionieren offiziell in Deutschland«, in: *Spiegel Online*, 15.06.2014, http://www.spiegel.de/politik/deutschland/mehr-als-200-us-geheimdienstler-spionieren-offiziell-in-deutschland-a-975285.html.

152 Dirk Banse, Florian Flade, Martin Lutz, »Berlin ist die europäische Hauptstadt der Agenten«, in: *Die Welt*, 03.11.2013.

153 Ebenda.

154 Ebenda.

155 Craig Timberg, Ellen Nakashima, »Agreements with private companies protect U.S. access to cables' data for surveillance«, in: *The Washington Post*, 06.07.2013.

156 Joe Kloc, »Forget PRISM: FAIRVIEW is the NSA's project to ›own the Internet‹«, in: *The Daily Dot*, 12.07.2013.

157 »NSA und britischer Geheimdienst haben offenbar Zugang zu Telekom-Netzen«, in: *Spiegel Online*, 13.09.2014, http://www.spiegel.de/netzwelt/netzpolitik/deutschen-telekom-nsa-und-gchq-haben-offenbar-zugang-a-991419.html.

158 Martin Holland, »NSA-Skandal: Deutscher Provider wurde gehackt und reagiert bestürzt«, in: *Heise Online*, 15.09.2014, https://www.heise.de/newsticker/meldung/NSA-Skandal-Deutscher-Provider-wurde-gehackt-und-reagiert-bestuerzt-2391167.html.

159 Laura Poitras, Marcel Rosenbach, Holger Stark, »›A‹ for Angela: GCHQ and NSA Targeted Private German Companies and Merkel«, in: *Spiegel Online International*, 29.03.2014, http://www.spiegel.de/international/germany/gchq-and-nsa-targeted-private-german-companies-a-961444.html.

160 Rainer Nowak, Christian Ultschk, »NSA hat Vertrag mit Österreich abgeschlossen«, in: *Die Presse*, 12.07.2013.

161 Erich Möchel, »Königswarte kostete mindestens 150 Millionen«, in: *FM4/orf.at*, 10.07.2014, http://fm4.orf.at/stories/1742141/.

162 Ebenda.

163 Martin Staudinger, »Österreich nimmt Ermittlungen in NSA-Affäre auf«, in: *Profil*, 09.11.2013.

164 Fabian Schmid, »Staatsanwaltschaft bricht Ermittlungen zur NSA-Affäre ab«, in: *Der Standard*, 28.05.2014.

165 Markus Sulzbacher, Fabian Schmid, »NSA- und BND-Spionage in Österreich: Bisher keinerlei Aufklärung«, in: *Der Standard*, 26.09.2016.

166 Rainer Nowak, Christian Ultsch, »NSA hat Vertrag mit Österreich abgeschlossen«, in: *Die Presse*, 12.07.2013.

167 Erich Möchel; ECHELON-Station Königswarte – Vortrag mit aktuellen Fotos aus luftigen Perspektiven; veröffentlicht am 29.04.2014.

168 Erich Möchel, »Das unterirdische Datencenter der Königswarte«, in: *FM4/Orf.at*, 29.07.2014.

169 Herbert Lackner, »Heeresnachrichtenamt: Was die US-Geheimdienste absaugen«, in: *Profil*, 16.07.2013.

170 Erich Möchel, »31C3: Vortrag enthüllt neue Details zu NSA-Stationen in Österreich«, in: *Der Standard*, 30.12.2014.

171 Ebenda.

172 Erich Möchel, »Das unterirdische Datencenter der Königswarte«, in: *FM4/ORF.at*, 29.07.2014.

173 Offene Informationen und eigene Erfahrungen des Autors aus seiner Zeit als Präsident des österreichischen Verfassungsschutzes.

174 Daniele Mariani, »Die grossen Ohren von Leuk und die US-Geheimdienste«, in: *Swiss Info*, 08.11.2013.

175 Erklärung des Generalbundesanwalts Harald Range zu den Ermittlungen wegen der möglicherweise strafbaren öffentlichen Bekanntgabe eines Staatsgeheimnisses vom 05.08.2015 / 30-2015, http://www.generalbundesanwalt.de/, abgerufen am 07.08.2016.

176 Göran Schattauer, »Muss Deutschland Amerika anklagen?«, in: *Focus Magazin* Nr. 48 (2013), 05.12.2013.

177 Ebenda.

178 »Bundesanwalt will wegen NSA-Spionage nicht ermitteln«, in: *Zeit Online*, 24.07.2015, http://www.zeit.de/politik/deutschland/2015-07/nsa-angela-merkel-ermittlung-beweise.

179 Hans Leyendecker, Georg Mascolo, »Generalbundesanwalt will nicht in NSA-Affäre ermitteln«, in: *Süddeutsche Zeitung*, 27.05.2014.

180 »Wohl kein Ermittlungsverfahren in NSA-Affäre«, in: *Legal Tribune Online*, 28.05.2014, http://www.lto.de/recht/nachrichten/n/generalbundesanwalt-range-ermittlungsverfahren-nsa/.

181 »Ermittlungen zu Merkels Handy eingestellt«, in: *Zeit Online*, 12.06.2015, http://www.zeit.de/politik/deutschland/2015-06/nsa-affaere-handy-ueberwachung-angela-merkel-ermittlungen-eingestellt.

182 Zacharias Zacharakis, »Die Bundesanwaltschaft sollte ein Ermittlungsverfahren einleiten«, in: *Zeit Online*, 25.10.2013, http://www.zeit.de/politik/deutschland/2013-10/ermittlung-bundesanwaltschaft-nsa-merkel.

183 Kai Biermann, »NSA-Ausschuss darf Snowden vorladen«, in: *Zeit Online*, 21.11.2016, http://www.zeit.de/politik/deutschland/2016-11/bgh-nsa-ausschuss-darf-edward-snowden-vorladen.

184 »Bundesanwalt will wegen NSA-Spionage nicht ermitteln«, in: *Zeit Online*, 24.07.2015, http://www.zeit.de/politik/deutschland/2015-07/nsa-angela-merkel-ermittlung-beweise.

185 »Snowden-Dokumente: NSA und britischer Geheimdienst haben offenbar Zugang zu Telekom-Netzen«, in: *Der Spiegel*, 13.09.2014.

186 Anna Biselli, »Generalbundesanwalt Range stellt Ermittlungen im Fall Merkel-Handy ein: ›Nicht gerichtsfest beweisbar‹«, in: *Netzpolitik*, 12.06.2015, https://netzpolitik.org/2015/generalbundesanwalt-range-stellt-ermittlungen-im-fall-merkel-handy-ein-nicht-gerichtsfest-beweisbar/.

187 »09/11-Ausschuß: ›Ausmaß der Bedrohung nicht begriffen‹«, in: *Frankfurter Allgemeine*, 23.07.2004.

188 Georg Mascolo, Hans Leyendecker, John Goetz, »Codewort Eikonal – der Albtraum der Bundesregierung«, in: *Süddeutsche Zeitung*, 04.10.2014.

189 Die G 10-Kommission entscheidet als unabhängiges und an keine Weisungen gebundenes Organ über die Notwendigkeit und Zulässigkeit sämtlicher durch die Nachrichtendienste des Bundes durchgeführten Beschränkungsmaßnahmen im Bereich des Brief-, Post- und Fernmeldegeheimnisses nach GG Artikel 10.

190 Georg Mascolo, Hans Leyendecker, John Goetz, »Codewort Eikonal – der Albtraum der Bundesregierung«, in: *Süddeutsche Zeitung*, 04.10.2014.

191 »Europa wehrt sich gegen US-Druck«, in: *Handelsblatt*, 23.01.2003.

192 Regierungserklärung des Bundeskanzlers Gerhard Schröder zu den Anschlägen in den Vereinigten Staaten von Amerika vom 12. September 2001.

193 Georg Mascolo, Hans Leyendecker, John Goetz, »Codewort Eikonal – der Albtraum der Bundesregierung«, in: *Süddeutsche Zeitung*, 04.10.2014.

194 Georg Mascolo, »Geheimdienste: Spurenvernichtung im Amt«, in: *Spiegel* 30/1999, 26.07.1999, http://www.spiegel.de/spiegel/print/d-14010746.html.

195 Wikipedia-Eintrag zu »Five Eyes«, abgerufen am 05.10.2016.

196 Martin Klingst, Matthias Naß, »BND-Affäre: Der Vertrauensbruch«, in: *Die Zeit* Nr. 33/2015, 13.08.2015.

197 Georg Mascolo, Hans Leyendecker, John Goetz, »Codewort Eikonal – der Albtraum der Bundesregierung«, in: *Süddeutsche Zeitung*, 04.10.2014.

198 Ryan Gallagher, »How secret partners expand NSA's Surveillance Dragnet«, in: *The Intercept*, 19.06.2014.

199 Prof. Dr. Frank Rottmann, »Totalüberwachung des Internets: Kapitulation vor der ›Macht der Fakten‹?«, *Anwaltsblatt* 20/2014, Deutscher Anwaltverein, Dezember 2015, S. 368.

200 Wikipedia-Eintrag zu »NSA-Untersuchungsausschuss«, abgerufen am 24.11.2016.

201 Foschepoth, Überwachtes Deutschland (wie Anm.1), S.164; zitiert nach: Josef Foschepoth, Verfassung und Wirklichkeit. Die Überwachung des Post- und Fernmeldeverkehrs in der Geschichte der Bundesrepublik Deutschland, in: Neuhaus, Helmut (Hg.), Datenschutz – aktuelle Fragen und Antworten, Atzelsberger Gespräche 2014, Erlangen 2015, S. 27.

202 Josef Foschepoth, Verfassung und Wirklichkeit. Die Überwachung des Post- und Fernmeldeverkehrs in der Geschichte der Bundesrepublik Deutschland, in: Neuhaus, Helmut (Hg.), Datenschutz – aktuelle Fragen und Antworten, Atzelsberger Gespräche 2014, Erlangen 2015, S. 27f.

203 Foschepoth, Überwachtes Deutschland (wie Anm. 1), Quellen-Dokumentation, Dok. Nr. 11b, S. 287. zitiert nach: Josef Foschepoth, Verfassung und Wirklichkeit, a.a.O., S. 28.

204 Claus Arndt in einem *Spiegel*-Interview; Klaus Wiegrefe, »Sie sind der Hegemon hier«, in: *Spiegel* 28/2013, 08.07.2013.

205 Klaus Wiegrefe, »Sie sind der Hegemon hier«, in: *Spiegel* 28/2013, 08.07.2013.

206 Artikel-10-Gesetz (G-10-Gesetz), Neufassung vom 26. Juni 2001 (BGBl. I S. 1254, 2298), das zuletzt durch Artikel 6 des Gesetzes vom 17. November 2015 (BGBl. I S. 1938) geändert worden ist.

207 Josef Foschepoth, Verfassung und Wirklichkeit, a.a.O., S. 28, 30.

208 Claus Arndt (SPD) in einem *Spiegel*-Interview; Klaus Wiegrefe, »Sie sind der Hegemon hier«, in: *Spiegel* 28/2013, 08.07.2013.

209 Josef Foschepoth, Verfassung und Wirklichkeit, a.a.O., S. 31.

210 Hubertus Volmer, »Das System des Kalten Kriegs besteht weiter«, in: *n-tv*, 03.07.2013.

211 Deutscher Bundestag – 5. Wahlperiode, Drucksache V/2942, Note aus dem Auswärtigen Amt, 27.05.1968.

212 Charta der Vereinten Nationen, Art. 51.

213 SR-Resolution 1368 (2001) vom 12.09.2001: »Recognizing the inherent right of individual or collective self-defence in accordance with the Charter«; SR-Resolution 1373 (2001) vom 28.09.2001: »Reaffirming the inherent right of individual or collective self-defence as recognized by the Charter of the United Nations as reiterated in resolution 1368 (2001).«

214 Der Nordatlantikvertrag, Washington DC, 04.12.1949; Ständige Vertretung der Bundesrepublik Deutschland bei der Nordatlantikvertrags-Organisation, am 15.08.2016.

215 »Der Bündnisfall nach Art. 5 des NATO-Vertrags«, Erklärung des Nordatlantikrats vom 12. September 2001 (Wortlaut), Blätter für deutsche und internationale Politik, aus: »Blätter« 10/2001, Seite 1263-1217.

216 SR-Resolution 1368 (2001) vom 12.09.2001: »Recognizing the inherent right of individual or collective self-defence in accordance with the Charter«.

217 Deutscher Bundestag, 17. Wahlperiode, Drucksache 17/11466 vom 14.11.2012.

218 Foschepoth, Überwachtes Deutschland (wie Anm. 1), Quellen-Dokumentation, Dokument Nr. 18b, S. 298. zitiert nach: Josef Foschepoth, Verfassung und Wirklichkeit. Die Überwachung des Post- und Fernmeldeverkehrs in der Geschichte der Bundesrepublik Deutschland, in: Neuhaus, Helmut (Hg.), Datenschutz – aktuelle Fragen und Antworten, Atzelsberger Gespräche 2014, Erlangen 2015, S. 34.

219 Deutscher Bundestag – 18. Wahlperiode, Drucksache 18/349, 27.01.2014; Deutscher Bundestag, Plenarprotokoll 18/6, Stenografischer Bericht, 6. Sitzung, Berlin, 19.12.2013; S. 319D – 326A; Deutscher Bundestag, Plenarprotokoll 18/23, Stenografischer Bericht, 23. Sitzung, Berlin, 20.03.2014; S. 1872D – 1877D, sowie Deutscher Bundestag, 18. Wahlperiode, Drucksache 18/202 vom 17.12.2013.

220 Claus Arndt (SPD) in einem *Spiegel*-Interview; Klaus Wiegrefe, »Sie sind der Hegemon hier«, in: *Spiegel* 28/2013, 08.07.2013.

221 Josef Foschepoth, Verfassung und Wirklichkeit, a.a.O. S. 34.

222 Ebenda.

223 BGBl. 1990 II, S. 1390, Notenwechsel zum Aufenthaltsvertrag. zitiert nach: Josef Foschepoth, Verfassung und Wirklichkeit, a.a.O., S. 41.

224 BGBl. 1990 II, S. 1246, Ausweitung Aufenthaltsvertrag auf Berlin. zitiert nach: ebenda, S. 42.

225 BGBl. 1990 II, S. 1386, Alliiertes Besatzungsrecht gilt als deutsches Recht weiter. zitiert nach: ebenda.

226 BGBl. 1990 II, S.1250. NATO-Truppenstatut bleibt in Kraft. zitiert nach: ebenda.

227 BGBl. 1994 II, S. 2594 Zusatzabkommen zum NATO-Truppenstatut, revidierte Fassung von 1994. zitiert nach: ebenda.

228 Josef Foschepoth, Verfassung und Wirklichkeit, a.a.O., S. 43.

229 BGBl. 1994 II, S. 2594, Zusatzabkommen zum NATO-Truppenstatut, 1994, Art. 53,1. zitiert nach: Josef Foschepoth, Verfassung und Wirklichkeit, a.a.O., S. 43.

230 BGBl. 1961 II, S. 1221, Zusatzabkommen zum NATO-Truppenstatut, Art. 3, Abs. 2. zitiert nach: ebenda.

231 BGBl. 1961 II, S. 1221, Zusatzabkommen zum NATO-Truppenstatut, Art. 38, Abs. 1. zitiert nach: Josef Foschepoth, Verfassung und Wirklichkeit, a.a.O., S. 43.

232 »NSA: Amerikas großes Ohr«, in: *Spiegel* 8/1989, 20.02.1989.

233 »Das Strategische Konzept des Bündnisses«, NATO Gipfeltreffen in Washington, 29.04.1999.

234 »Strategisches Konzept für die Verteidigung und Sicherheit der Mitglieder der Nordatlantikvertrags-Organisation; Aktives Engagement, moderne Verteidigung«, NATO Gipfeltreffen in Lissabon, 20.11.2010.

235 Florian Schaurer, »Alte Neue Kriege – Anmerkungen zur hybriden Kriegsführung«, Bundesministerium der Verteidigung, August 2015.

236 NATO, Maritime Command, Operation Active Endeavour, abgerufen am 27.11.2016.

237 »Combating terrorism at sea«, NATO, Operation Active Endeavour, 2008.

238 Johannes Varwick, Martin Schmid, »Das neue Strategische Konzept der NATO-Allianz«, Bundesministerium der Verteidigung, Stand 03.12.2013.

239 Kleine Anfrage des Abgeordneten Andrej Hunko vom 20. Oktober 2016, an den Präsident des Deutschen Bundestages, BT-Drucksache 1819923.

240 The Chicago Council on Global Affairs, https://www.youtube.com/watch?v=gcj8xN2UD-Kc

241 Petra Lambeck, »NSA: permission to spy in Germany«, in: *Netzpolitik*, 29.07.2013, http://www.dw.com/en/nsa-permission-to-spy-in-germany/a-16981062.

242 »Günther Lachmann, »CIA-BND-Verhältnis: ›9/11 haben sie uns angelastet‹«, in: Welt – N24, 23.07.2014.

243 Ebenda.

244 Bodo Hechelhammer, »Offener Umgang mit geheimer Geschichte«, APUZ 18-19/2014, Bundeszentrale für Politische Bildung, 25.04.2014, http://www.bpb.de/apuz/183092/offener-umgang-mit-geheimer-geschichte?p=all.

245 »WIKI: Nachrichtendienstgeschichte im frühen Kalten Krieg: Reinhard Gehlen«, Ruhr-Universität Bochum, Projekt WIKI, Stand: 09.05.2016.

246 Mary Ellen Reese, *Organisation Gehlen: Der Kalte Krieg und der Aufbau des deutschen Geheimdienstes*, Berlin 1992, S. 169.

247 Bodo Hechelhammer, »Offener Umgang mit geheimer Geschichte«, APUZ 18-19/2014, Bundeszentrale für Politische Bildung, 25.04.2014, http://www.bpb.de/apuz/183092/offener-umgang-mit-geheimer-geschichte?p=all.

248 Christoph Gusy, »Architektur und Rolle der Nachrichtendienste in Deutschland«, APUZ 18-19/2014, Bundeszentrale für Politische Bildung, 25.04.2014, http://www.bpb.de/apuz/183086/architektur-und-rolle-der-nachrichtendienste-in-deutschland?p=all.

249 »WIKI: Nachrichtendienstgeschichte im frühen Kalten Krieg: Bundesamt für Verfassungsschutz (BfV)«, Ruhr-Universität Bochum, Projekt WIKI, Stand: 28.04.2016.

250 Christoph Gusy, »Architektur und Rolle der Nachrichtendienste in Deutschland«, APUZ 18-19/2014, Bundeszentrale für Politische Bildung, 25.04.2014, http://www.bpb.de/apuz/183086/architektur-und-rolle-der-nachrichtendienste-in-deutschland?p=all.

251 »NSA soll sieben Anschläge verhindert haben«, in: *Welt – N24*, 18.07.2013.

252 Markus Reuter, »BKA veröffentlicht Liste mit elf vereitelten Terroranschlägen«, in: *Netzpolitik*, 29.03.2016, https://netzpolitik.org/2016/bka-veroeffentlicht-liste-mit-elf-vereitelten-terroranschlaegen/.

253 »BND-Chef Schindler: Wir sind abhängig von der NSA, nicht umgekehrt«, in: *Handelsblatt*, 21.05.2015.

254 »WIKI: Nachrichtendienstgeschichte im frühen Kalten Krieg: Militärischer Abschirmdienst (MAD)«, Ruhr-Universität Bochum, Projekt WIKI, Stand: 19.07.2016, http://www.ruhr-uni-bochum.de/agnse/wiki-MAD.

255 Office of Special Operations: Outline of Stay-Behind-Operation vom 10.11.1950, Veröffentlicht unter dem Nazi War Crime Disclosure Act von der CIA 2005.

256 »WIKI: Nachrichtendienstgeschichte im frühen Kalten Krieg: Stay-Behind-Organisation (SBO)«, Ruhr-Universität Bochum, Projekt WIKI, Stand: 30.08.2016, http://www.ruhr-uni-bochum.de/agnse/wiki-SBO.html.

257 Deutscher Bundestag, 12. Wahlperiode: Drucksache 12/890, Antwort der Bundesregierung auf die Kleine Anfrage der Abgeordneten Ulla Jelpke und der Gruppe der PDS/Linke Liste, Drucksache 12/750: Enthüllungen über »Gladio« vom 01.07.1991.

258 Markus Kompa, »Partisanen der NATO«, in: *Heise Online*, 25.10.2015, https://www.heise.de/tp/features/Partisanen-der-NATO-3376143.html.

259 Katrin Holenstein, »CIA finanzierte staatlich organisierten Terror«, Interview mit Dr. Daniele Ganser, in: *Basler Zeitung*, 16.12.2004.

260 Ebenda.

261 »Das blutige Schwert der CIA«, in: *Spiegel* 47/1990, 19.11.1990.

262 Gunther Latsch, »Die dunkle Seite des Westens«, in: *Spiegel* 15/2005, 11.04.2005.

263 Deutscher Bundestag, 12. Wahlperiode: Drucksache 12/890, Antwort der Bundesregierung auf die Kleine Anfrage der Abgeordneten Ulla Jelpke und der Gruppe der PDS/ Linke Liste, Drucksache 12/750: Enthüllungen über »Gladio« vom 01.07.1991. S. 2.

264 Deutscher Bundestag, 12. Wahlperiode: Drucksache 12/890, Antwort der Bundesregierung auf die Kleine Anfrage der Abgeordneten Ulla Jelpke und der Gruppe der PDS/ Linke Liste, Drucksache 12/750: Enthüllungen über »Gladio« vom 01.07.1991.

265 »Infolge der weltpolitischen Veränderungen wurde im Herbst 1990 die Auflösung der Stay-Behind-Organisation des BND beschlossen. In Abstimmung mit den alliierten Partnern wurde die Organisation bis zum Ende des dritten Quartals 1991 vollständig aufgelöst.« aus: Deutscher Bundestag, 17. Wahlperiode: Drucksache 17/13615, Antwort der Bundesregierung auf die Kleine Anfrage der Abgeordneten Ulla Jelpke, Sevim Dagdelen, Annette Groth, weiterer Abgeordneter und der Fraktion DIE LINKE, Drucksache 17/13214: Mögliche Beteiligung des Bundesnachrichtendienstes an Bombenanschlägen im Rahmen der »Stay-behind«-Organisation der NATO vom 22.05.2013.

266 Ganser, Daniele: »NATO's Secret Armies«, Routledge, London, 2004.
Deutscher Bundestag, 12. Wahlperiode, Drucksache 12/560, 17.05.1991.
Deutscher Bundestag, 12. Wahlperiode, Drucksache 12/890, 1.7.1991.
»Enquête parlementaire sur l'existence en Belgique d'un réseau de renseignements clandestin international«, offizieller Untersuchungsbericht des Belgischen Senats zu Stay-Behind-Organisationen, 01.10.1991.

267 Jonas Grutzpalk, Tanja Zischke, »Nachrichtendienste in Deutschland«, Bundeszentrale für Politische Bildung, 14.06.2012, http://www.bpb.de/politik/innenpolitik/innere-sicherheit/135216/nachrichtendienste?p=all.

268 »Zusammenarbeit der Sicherheitsbehörden«, Bundesministerium des Inneren, Artikel zu Sicherheit und Terrorismusbekämpfung, abgerufen am 27.11.2016.

269 nach: Jonas Grutzpalk, Tanja Zischke, »Nachrichtendienste in Deutschland«, a.a.O.

270 Eines der prominenten Beispiele ist Infiltration der NDP durch den Verfassungsschutz. »Hunderte V-Leute sollen in der NDP aktiv sein«, *Welt – N 24*, vom 16.11.2011.

271 Christoph Gusy, »Geheimdienstliche Aufklärung und Grundrechtsschutz«, Bundeszentrale für Politische Bildung, 26.10.2004, http://www.bpb.de/apuz/28018/geheimdienstliche-aufklaerung-und-grundrechtsschutz?p=all.

272 »Neuausrichtung des Verfassungsschutzes«, Verfassungsschutz in Hessen, Bericht 2013, abgerufen am 28.11.2016.

273 Andre Meister, »Geheimer Prüfbericht: Der BND bricht dutzendfach Gesetz und Verfassung – allein in Bad Aibling (Updates)«, in: *Netzpolitik*, 01.09.2016, https://netzpolitik. org/2016/geheimer-pruefbericht-der-bnd-bricht-dutzendfach-gesetz-und-verfassung-allein-in-bad-aibling/.

274 Kai Biermann, »BND speichert 220 Millionen Telefondaten – jeden Tag«, in: *Zeit Online*, 30.01.2015, http://www.zeit.de/digital/datenschutz/2015-01/bnd-nsa-metadaten-ueber-wachung.

275 Andre Meister, »Geheimer Prüfbericht: Der BND bricht dutzendfach Gesetz und Verfassung – allein in Bad Aibling (Updates)«, in: *Netzpolitik*, 01.09.2016, https://netzpolitik.org/2016/geheimer-pruefbericht-der-bnd-bricht-dutzendfach-gesetz-und-verfassung-allein-in-bad-aibling/.

276 »Digitale Aufrüstung: BND will soziale Netzwerke in Echtzeit ausforschen«, in: *Spiegel Online*, 30.05.2014.

John Goetz, Hans Leyendecker, Frederik Obermaier, »Auslandsgeheimdienst: BND will soziale Netzwerke live ausforschen«, in: *Süddeutsche Zeitung*, 31.05.2014.

277 Kai Biermann, »BND liefert NSA 1,3 Milliarden Metadaten – jeden Monat«, in: *Zeit Online*, 12.05.2015, http://www.zeit.de/politik/deutschland/2015-05/bnd-nsa-milliarden-metadaten/komplettansicht.

278 Andre Meister, »Geheimer Prüfbericht, ...«, a.a.O.

279 Stefan Krempl, »Geheimbericht der Bundesdatenschutzbeauftragten bringt BND in große Bedrängnis«, in: *Heise Online*, 02.09.2016, https://www.heise.de/newsticker/meldung/Geheimbericht-der-Bundesdatenschutzbeauftragten-bringt-BND-in-grosse-Bedraengnis-3312229.html.

280 Andre Meister, »Live-Blog aus dem Geheimdienst-Untersuchungsausschuss: ›Das Abhören von Satelliten in Bad Aibling ist im Ausland‹«, in: *Netzpolitik*, 17.06.2015, https://netzpolitik.org/2015/live-blog-aus-dem-geheimdienst-untersuchungsausschuss-bnd-praesident-gerhard-schindler-und-w-o/.

281 »Beweisbeschluss BND-48«, Deutscher Bundestag, 1. Untersuchungsausschuss der 18. Wahlperiode, 12.11.2015.
Andre Meister, »Geheimer Prüfbericht: ...«, a.a.O.

282 Andre Meister, »Geheimer Prüfbericht: ...«, a.a.O.

283 »Former NSA & CIA director: ›We kill people based on metadata‹«, debate at Johns Hopkins University about National Security Agency's bulk surveillance programs, Aussage Michael Hayden, Videoaufzeichnung, 12.05.2014.

284 Marco Kauffmann Bossart, Inga Rogg, »Türkischer Außenminister zur EU: ›Leg dich nicht mit einer Schlange ins Bett‹«, in: *Neue Zürcher Zeitung*, 03.11.2016.

285 »27.000 ausländische Kämpfer in Syrien und im Irak«, in: *Handelsblatt*, 08.12.2015.

286 Petra Pez, »Trump will mit Syrien und Russland ›Terroristen‹ bekämpfen und dortige CIA-Einsätze beenden«, in: Radio Utopie, 13.11.2016.

287 Moritz Baumstieger, »Putin und Erdoğan nutzen Machtvakuum im Westen für Syrien-Deal«, in: *Süddeutsche Zeitung*, 28.12.2016.

288 Marco Kauffmann Bossart, Inga Rogg, »Türkischer Außenminister zur EU: ›Leg dich nicht mit einer Schlange ins Bett‹«, in: *Neue Zürcher Zeitung*, 03.11.2016.

289 »Deutschland bietet verfolgten Türken Asyl an«, in: *Zeit Online*, 08.11.2016, http://www.zeit.de/politik/deutschland/2016-11/auswaertiges-amt-tuerkei-asyl-angebot.

290 »Erdogan-Kritiker: Bundesregierung weist verfolgte Türken auf Asylrecht hin«, in: *Spiegel Online*, 08.11.2016, http://www.spiegel.de/politik/deutschland/tuerkei-bundesregierung-weist-erdogan-kritiker-auf-asylrecht-hin-a-1120205.html.

291 Nikolaus Brauns, »Fethullah Gülen: Puppenspieler oder Putschist?«, in: *Zeit Online*, 16.07.2016, http://www.zeit.de/politik/ausland/2016-07/fethullah-guelen-tuerkei-recep-tayyip-erdogan-akp-militaer-putsch.

292 Deniz Yücel, »Für Erdogan ist der Putsch ein Geschenk Allahs«, in: *Welt – N24*, 17.07.2016.

293 Mike Szymanski, »Warum Erdoğans außenpolitischer Kurswechsel beunruhigend ist«, in: *Süddeutsche Zeitung*, 20.10.2016.

294 Till Schwarze, »Nordirak: Die Türkei kämpft um Einfluss im Irak«, in: *Zeit Online*, 09.12.2015, http://www.zeit.de/politik/ausland/2015-12/irak-tuekei-kampf-um-machtposition.

295 »Einsätze gegen Kurden: Irak warnt Türken vor drohendem Krieg«, in: *Welt – N24*, 05.10.2016.

296 »Türkische Truppen: Irak beschwert sich bei UN-Sicherheitsrat«, in: *Zeit Online*, 12.12.2015, http://www.zeit.de/politik/ausland/2015-12/tuerkische-truppen-irak-un-sicherheitsrat.

297 Till Schwarze, »Nordirak: Die Türkei kämpft um Einfluss im Irak«, a.a.O.

298 Mike Szymanski, »Warum Erdoğans außenpolitischer Kurswechsel beunruhigend ist«, in: *Süddeutsche Zeitung*, 20.10.2016.

299 »Türkei greift in den Kampf um Mossul ein – gegen den Willen des Irak«, in: *Süddeutsche Zeitung*, 24.10.2016.

300 »Einsätze gegen Kurden: Irak warnt Türken vor drohendem Krieg«, in: *Welt – N24*, 05.10.2016.

301 »Türkei greift in den Kampf um Mossul ein – gegen den Willen des Irak«, a.a.O..

302 Wolfgang Pusztai, »Jihadism on the Rise«, in: *Ocnus.Net*, 10.08.2016, http://www.ocnus.net/artman2/publish/Africa_8/Jihadism-on-the-Rise.shtml

303 Marcel Leubecher, »200.000 Flüchtlinge aus Afrika? ›Die Zahl ist zu niedrig‹«, in: *Welt – N24*, 08.04.2016.

304 Irene Thierjung, »Die EU erwartet heuer bis zu 300.000 Flüchtlinge aus Afrika«, in: *Kurier*, 01.09.2016.

305 Adrian Edwards, »Global forced displacement hits record high«, UNHCR – The UN Refugee Agency, News and Stories, 20.06.2016.

306 »1,2 Mio. Asylwerber in der EU- Österreich auf Platz 4«, in: *Salzburger Nachrichten*, 04.03.2016.

307 »Asyl in den EU-Mitgliedstaaten: Rekordzahl von über 1,2 Millionen registrierten erstmaligen Asylbewerbern im Jahr 2015: Syrer, Afghanen und Iraker an erster Stelle«, Eurostat Pressemitteilung 44/2016, 04.03.2016.

308 Andrea Bachstein, »UNHCR-Bericht: 65 Millionen Menschen auf der Flucht«, in: *Süddeutsche Zeitung*, 20.06.2016.

309 »Asyl in den EU-Mitgliedstaaten: ...«, a.a.O.

310 Eine Zusammenfassung der Studie findet sich in: Vanessa Steinmetz, »Studie zu Flüchtlingen und Migranten: Die Willkommenskultur verabschiedet sich«, in: *Spiegel Online*, 07.07.2016, http://www.spiegel.de/politik/deutschland/fluechtlinge-deutsche-ruecken-von-willkommenskultur-ab-a-1101494.html.

311 Gert R. Polli, »Ex-Verfassungsschützer: Sicherheitslage in Deutschland ist außer Kontrolle«, in: *Deutsche Wirtschafts Nachrichten*, 11.01.2016.

312 »Polizeigewerkschaft zur Asyl-Gewalt: Die Öffentlichkeit erfährt nur einen Bruchteil«, in: *Deutsche Wirtschafts Nachrichten*, 01.10.2015.

313 »Innenminister im Gespräch: ›Es darf keine Schweigespirale geben‹«, in: *Frankfurter Allgemeine*, 08.01.2016.

314 Kai Biermann, Philip Faigle, Astrid Geisler, Daniel Müller, Yassin Musharbash, Karsten Polke-Majewski, Sascha Venohr, »Weihnachtsmarkt: Was wir über den Anschlag in Berlin wissen«, in: *Zeit Online*, vom 19.12.2016, aktualisiert am 29.12.2016, http://www.zeit.de/gesellschaft/zeitgeschehen/2016-12/berlin-breitscheidplatz-gedaechtniskirche-weihnachtsmarkt.

315 »Übersicht ausgewählter islamistisch-terroristischer Anschläge«, Bundesamt für Verfassungsschutz, Stand 28.07.2016, abgerufen am 12.11.2016.

316 Verfassungsschutzbericht 2015, Bundesamt für Verfassungsschutz, Bundesministerium des Inneren, 28.06.2016. S.166.

317 »Übersicht ausgewählter islamistisch-terroristischer Anschläge«, Bundesamt für Verfassungsschutz, Stand 28.07.2016, abgerufen am 12.11.2016.

318 Verfassungsschutzbericht 2015, Bundesamt für Verfassungsschutz, Bundesministerium des Inneren, 28.06.2016. S.165.

319 Ebenda.

320 Ebenda.

321 »Übersicht ausgewählter islamistisch-terroristischer Anschläge«, Bundesamt für Verfassungsschutz, Stand 28.07.2016, abgerufen am 12.11.2016.

322 Verfassungsschutzbericht 2015, Bundesamt für Verfassungsschutz, Bundesministerium des Inneren, 28.06.2016. S.152.

323 Markus Reuter, »BKA veröffentlicht Liste mit elf vereitelten Terroranschlägen«, in: *Netzpolitik*, 29.03.2016, https://netzpolitik.org/2016/bka-veroeffentlicht-liste-mit-elf-vereitelten-terroranschlaegen/.

324 Jürgen Friedrich, »Die 2. und 3. Migranten-Generation verstehen«, *Orient Dienst*, 01.07.2011, https://www.orientdienst.de/muslime/analyse/die-2-und-3-migranten-generation-verstehen/.

325 Verfassungsschutzbericht 2015, Bundesamt für Verfassungsschutz, Bundesministerium des Inneren, 28.06.2016.

326 Ulrich Kraetzer, »Die salafistische Szene in Deutschland«, Bundeszentrale für Politische Bildung, 03.09.2015.

327 »Salafistische Bestrebungen: Inhalte und Ziele salafistischer Ideologie«, Bundesamt für Verfassungsschutz, Arbeitsfeld Islamismus und islamistischer Terrorismus, Stand Juni 2015, abgerufen am 17.11.2016.

328 Lisa Caspari, »Verfassungsschutz: Deutsche Islamisten radikalisieren sich in Syrien«, in: *Zeit Online*, 11.06.2013, http://www.zeit.de/politik/deutschland/2013-06/syrien-islamismus-salafismus-verfassungsschutz.

329 Ebenda.

330 Verfassungsschutzbericht 2015, Bundesamt für Verfassungsschutz, Bundesministerium des Inneren, 28.06.2016.

331 »Salafistische Bestrebungen: Inhalte und Ziele salafistischer Ideologie«, Bundesamt für Verfassungsschutz, Arbeitsfeld Islamismus und islamistischer Terrorismus, Stand Juni 2015, abgerufen am 17.11.2016.

332 »Deutsche Islamisten: Jung, männlich, kriminell«, in: *Zeit Online*, 11.09.2014, http://www.zeit.de/politik/deutschland/2014-09/deutsche-islamisten-syrien-verfassungsschutz.

333 Ebenda.

334 »Elf Terroranschläge in Deutschland vereitelt«, in: *Handelsblatt*, 29.03.2016.

335 »NSA soll sieben Anschläge verhindert haben«, in: *Welt – N24*, 18.07.2013.

336 »Urteil gegen Unterstützer der ›Islamischen Jihad Union‹ (IJU)«, Oberlandesgericht Frankfurt am Main, Aktenzeichen 5-2 StE 2/09 -5- 3/09, abgerufen am 17.11.2016.

337 »Deutsch-amerikanische Zusammenarbeit: Operation Alberich deckte Terror-Plot auf«, in: *Spiegel Online*, 08.09.2007, http://www.spiegel.de/politik/deutschland/deutsch-amerikanische-zusammenarbeit-operation-alberich-deckte-terror-plot-auf-a-504628.html.

338 »Rädelsführer der Sauerland-Gruppe vorzeitig aus Haft entlassen«, in: *Spiegel Online*, 17.08.2016, http://www.spiegel.de/politik/deutschland/sauerland-gruppe-fritz-gelowicz-vorzeitig-aus-haft-entlassen-a-1108030.html.

339 Kai Biermann, »NSA-Untersuchungsausschuss: BND-Chef Schindler will nichts gewusst haben«, in: *Zeit Online*, 21.05.2015, http://www.zeit.de/politik/deutschland/2015-05/schindler-bnd-nsa-untersuchungsausschuss.

340 Eckhart Lohse, »Terrorgefahr in Deutschland: Eine stete Bedrohung«, in: *Frankfurter Allgemeine*, 07.01.2015.

341 Chandrika Narayan, »French PM: Terror threat is ›maximal‹«, in: *CNN*, 12.09.2016.

342 Ebenda.

343 Andreas Wetz, »Staatsschutz warnt vor Terror-Export«, in: *Die Presse*, 11.11.2016 sowie »287 Personen als mögliche Dschihadisten eingestuft«, in: *ORF.at*, 14.11.2016.

344 Ebenda.

345 »287 Personen als mögliche Dschihadisten eingestuft«, in: *ORF.at*, 14.11.2016; sowie https://www.parlament.gv.at/PAKT/VHG/XXV/AB/AB_09764/imfname_570959.pdf

346 »Kurz: ›Hohe Zahl an radikalisierten Personen in Österreich‹«, in: *Die Presse*, 20.07.2016.

347 »270 mutmaßliche Jihadisten werden in Österreich beobachtet«, in: *Der Standard*, 15.06.2016.

348 Andreas Wetz, »Staatsschutz warnt vor Terror-Export«, in: *Die Presse*, 11.11.2016.

349 »Deutschland im Gefährdungsspektrum von Extremismus und Terrorismus«, Bundesamt für Verfassungsschutz, Rede von BfV-Präsident Dr. Hans-Georg Maaßen bei der sicherheitspolitischen Diskussionsreihe »Recht auf Sicherheit – Balance zwischen Terrorismusabwehr und Wahrung bürgerlicher Grundfreiheiten« am 23. Juni 2016 in München, 23.06.2016.

350 »Wie Islamisten in Deutschland Flüchtlinge umwerben«, in: *Handelsblatt*, 14.08.2016.

351 Wolfgang Dick, »Alptraum islamistischer Einzeltäter«, in: *Deutsche Welle*, 15.07.2016.

352 »Deutschland im Gefährdungsspektrum von Extremismus und Terrorismus«, Bundesamt für Verfassungsschutz, Rede von BfV-Präsident Dr. Hans-Georg Maaßen bei der sicherheitspolitischen Diskussionsreihe »Recht auf Sicherheit – Balance zwischen Terrorismusabwehr und Wahrung bürgerlicher Grundfreiheiten« am 23. Juni 2016 in München, 23.06.2016.

353 »Verfassungsschutzchef warnt vor islamistischen Anwerbern«, in: *Zeit Online*, 14.08.2016, http://www.zeit.de/politik/deutschland/2016-08/fluechtlinge-islamismus-anwerber-verfassungsschutz-warnung.

354 »Verfassungsschutz erhält regelmäßig Hinweise auf Anschlagspläne«, in: *Zeit Online*, 02.05.2016, http://www.zeit.de/gesellschaft/2016-05/islamismus-verfassungsschutz-90-moscheen-beobachtung-extremisten-hans-georg-maassen.

355 Gert-René Polli, »Sicherheits-Behörden haben Überblick über Terroristen in Europa verloren«, in: *Deutschen Wirtschafts Nachrichten*, 23.09.2015.

356 »Flüchtlinge: Maaßen sieht keine Hinweise auf islamistische Attentäter«, in: *Zeit Online*, 26.09.2015 http://www.zeit.de/politik/deutschland/2015-09/fluechtlinge-bundesverfassungsschutz-gefahr-maassen-sicherheit.
»›Als Islamisten bekannte Personen‹ unter Flüchtlingshelfern«, in: *Die Presse*, 26.09.2015.

357 »Sonderberichterstattung und Analyse der derzeitigen Migrationslage«, Republik Österreich, Bundesministerium für Inneres, Generaldirektion für die öffentliche Sicherheit, September 2015.

358 O. Papacek, R. Loy, E. Stockner, »Flüchtlinge: Geheimer Asylbericht sorgt für Wirbel«, in: *Kronen Zeitung*, 24.09.2015.
»Interne Sicherheit in Gefahr: Geheimbericht sorgt für Wirbel«, in: *Kleine Zeitung*, 24.09.2015.
Linda Hinz, »Er wurde an die bayerische Polizei geschickt: Öffentliche Ordnung bedroht?

Interner Asylbericht aus Österreich sorgt für Aufregung«, in: Focus Online, 26.09.2015, http://www.focus.de/politik/ausland/er-wurde-an-die-bayerische-polizei-geschickt-oeffentliche-ordnung-bedroht-interner-asylbericht-aus-oesterreich-sorgt-fuer-aufregung_id_4974666.html.

359 Tobias Schmidt, »BKA ermittelt in 59 Fällen wegen Terrorverdacht«, in: *NWZ Online*, 27.07.2016, http://www.nwzonline.de/hintergrund/bka-ermittelt-in-59-faellen-wegen-terrorverdacht_a_31,0,2990565384.html.

360 »Wechselwirkungen von Extremismen: Die aktuelle Sicherheitslage in Deutschland«, Rede von BfV-Präsident Dr. Hans-Georg Maaßen beim Mönchengladbacher Bündnis »Aufstehen! Für Menschenwürde – Gegen Rechtsextremismus« am 23.05.2016.

361 »Anti-Terror-Razzien: Festgenommene Syrer hatten Verbindungen zu Paris-Attentätern«, in: *Zeit Online*, 13.09.2016, http://www.zeit.de/politik/deutschland/2016-09/anti-terror-razzien-schleswig-holstein-niedersachsen-bka-festnahmen.

362 »Razzien: Anti-Terror-Einsätze in fünf Bundesländern«, in: *Spiegel Online*, 25.10.2016, http://www.spiegel.de/politik/deutschland/thueringen-polizei-fuehrt-anti-terror-razzien-durch-a-1118144.html.

363 Matthias Drobinski, »Salafisten: Razzia hinter frommen Fassaden«, in: *Süddeutsche Zeitung*, 15.11.2016.

364 Manuel Bewarder, Eva Marie Kogel, »Frontex-Chef: ›Grenzschutz bedeutet nicht Flüchtlingsabwehr‹«, in: *Die Welt*, 12.03.2015.

365 »Niederlande: IS-Kämpfer nutzten Flüchtlingsrouten«, in: *Zeit online*, 11.07.2016, http://www.zeit.de/news/2016-07/11/terrorismus-niederlande-is-kaempfer-nutzten-fluechtlingsrouten-11145810.

366 »Islamic State militants ›smuggled to Europe‹«, in: *BBC News*, 17.05.2015.

367 Ron Redmond, »Refugee sea arrivals in Greece this year approach 400,000«, UNHCR, The UN Refugee Agency, News and Stories, 02.10.2015.

368 »Deserteure im Kampf gegen Jihadisten fliehen nach Europa«, in: *Die Presse*, 20.09.2015.

369 Dr. Gert-René Polli, »Das Erbe der US-Invasion: Der Irak versinkt in der Korruption«, in: *Deutsche Wirtschafts Nachrichten*, 20.09.2015.

370 »Flüchtlingskrise: ›Mehr als beunruhigend‹: Seehofer warnt vor verschärfter Sicherheitslage«, in: Focus Online, 11.10.2015, http://www.focus.de/politik/videos/alle-massnahmen-des-rechtsstaats-anwenden-mehr-als-beunruhigend-seehofer-warnt-vor-verschaerfter-sicherheitslage_id_5005738.html.

371 »De Maizière: Flüchtlinge sind weder Heilige noch Sünder«, in: *Zeit Online*, 25.07.2016, http://www.zeit.de/news/2016-07/25/kriminalitaet-de-maizire-fluechtlinge-sind-weder-heilige-noch-suender-25194605.

372 »Das ist Merkels Neun-Punkte-Plan zur Terrorbekämpfung«, in: *Welt – N24*, 29.07.2016.

373 »Merkel erwägt Nationalgarde für Innere Sicherheit«, in: *Deutsche Wirtschafts Nachrichten*, 26.07.2016.

374 »Das außenpolitische Konzept von Donald Trump – übersetzt auf Deutsch«, in: *Ein Parteibuch Blog*, 29.04.2016, https://nocheinparteibuch.wordpress.com/2016/04/29/das-aussenpolitische-konzept-von-donald-trump-uebersetzt-auf-deutsch/.

375 »Juncker plädiert für europäische Armee«, in: *Die Presse*, 09.11.2016.

376 Ebenda.

377 Guido Tiefenthaler, »Viele Knöpfe gedrückt«, in: *ORF.at*, 07.11.2016.

378 Stefan Kornelius, »Trumps Sieg – eine Zäsur für die USA und die Welt«, in: *Süddeutsche Zeitung*, 09.11.2016.

379 Matthias Kolb, Johannes Kuhn, Leila Al-Serori, Thierry Backes, Thorsten Denkler, Dominik Fürst, Barbara Galaktionow, Paul Munzinger, »Merkel bietet Trump enge Zusammenarbeit an – auf Basis gemeinsamer Werte«, in: *Süddeutsche Zeitung – Liveblog*, Stand 09.11.2016, 12:30.

380 Norman H. Blevins, »Die außen- und sicherheitspolitischen Vorstellungen von Donald Trump«, Hans-Seidl-Stiftung, Berichte aus dem Ausland, Nr. 10/2016, 30.05.2016.

381 Ebenda.

382 »Le Pen vergleicht Brexit mit Mauerfall«, in: *N-TV*, 26.06.2016.

383 Severin Weiland, »Interview mit Steinmeier zum Brexit: ›Wir erwarten von London einen Fahrplan – und zwar zügig‹«, in: *Spiegel Online*, 01.07.2016, http://www.spiegel.de/politik/deutschland/frank-walter-steinmeier-zum-brexit-erwarten-fahrplan-und-zwar-zuegig-a-1100821.html.

384 Claus Hecking, Claas Tatje, »Die nackte Wahrheit über Europa«, in: *Zeit Online*, 19.06.2016, http://www.zeit.de/2016/26/eu-kritik-politiker-bruessel-brexit/komplettansicht.

385 Adriano Bosoni, »How a Brexit Would Undermine Europe's Balance of Power«, in: *Stratfor Geopolitical Weekly*, 21.06.2016.

386 »Ein Europa à la carte kann es nicht geben«, in: *Zeit Online*, 01.07.2016, http://www.zeit.de/politik/ausland/2016-07/eu-slowakei-rat-der-europaeischen-union-vorsitz.

387 Claus Hecking, Claas Tatje, »Die nackte Wahrheit über Europa«, a.a.O.

388 Jim Yardley, Alison Smale, Jane Perlez, Ben Hubbard, »Britain Rattles Postwar Order and Its Place as Pillar of Stability«, in: *The New York Times*, 25.06.2016.

389 »Brexit Abstimmung: Das Ergebnis könnte das Empire auseinandersprengen«, in: *Focus Online*, 24.06.2016, http://www.focus.de/politik/ausland/schottland-wales-nordirland-brexit-koennte-unabhaengigkeitsbewegung-im-empire-neuen-auftrieb-geben_id_5664246.html.

390 Adriano Bosoni, »How a Brexit Would Undermine Europe's Balance of Power«, in: *Stratfor, Geopolitical Weekly*, 21.06.2016.

391 Ian Morris, »Die Geopolitik des Brexit: Europa im Kreuzfeuer von ›Free Market‹ und American Empire«, in: *Russia Today*, 21.06.2016.

392 Ursula von der Leyen, Jean-Yves Le Drian, »Erneuerung der GSVP: Hin zu einer umfassenden, realistischen und glaubwürdigen Verteidigung in der EU«, Deutsch-Französische

Verteidigungsinitiative, Bundesministerium der Verteidigung, 12.09.2016, http://www. bruessel-eu.diplo.de/Vertretung/bruessel__eu/de/00-startseite/Aktuelles/GSVP.html.

393 QUELLENANGABE FEHLT.

394 Jean-Marc Ayrault, Frank-Walter Steinmeier, »Ein starkes Europa in einer unsicheren Welt«, Auswärtiges Amt, 27.06.2016.

395 Prof. Dr. Burkhard Schwenker, »Enorme Herausforderungen für alle klassischen Instrumente der Sicherheitspolitik: Ein Gespräch zum Weißbuch 2016«, Bundesministerium der Verteidigung, 10.05.2016.

396 »Weißbuch Sicherheitspolitik: Jetzt gibt es den neuen Kurs Deutschlands schwarz auf weiß«, in: *Focus Online*, 13.07.2016, http://www.focus.de/politik/deutschland/weiss-buch-sicherheitspolitik-jetzt-gibt-es-den-neuen-kurs-deutschlands-schwarz-auf-weiss_id_5724734.html.

397 Frank-Walter Steinmeier, »Germany's New Global Role«, in: *Foreign Affairs*, Issue Juli/August 2016.

398 »Warsaw Summit Communiqué«, NATO, 09.07.2016.

399 »Zehn sicherheitspolitische Ziele aus dem neuen Weißbuch«, in: *Süddeutsche Zeitung*, 13.07.2016.

400 »Regierung will aktivere Rolle Deutschlands in der Welt«, in: *Zeit Online*, 13.07.2016.

401 »Weissbuch 2016: Zur Sicherheitspolitik und zur Zukunft der Bundeswehr«, Bundesministerium der Verteidigung, 13.07.2016, S. 17.

402 »Die Herausforderung durch Russland ist real und ernst«, in: *Zeit Online*, 31.05.2016, http://www.zeit.de/politik/ausland/2016-05/nato-russland-erklaerung.

403 »Weißbuch 2016: Zur Sicherheitspolitik und zur Zukunft der Bundeswehr«, Bundesministerium der Verteidigung, 13.07.2016.

404 »Warsaw Summit Communiqué«, NATO, 09.07.2016. Pkt.22.

405 »EU strategic communications with a view to counteracting propaganda«, European Parliament, Directorate General for External Policies, Policy Department, Mai 2016.

406 Benjamin Bidder, »Populisten-Netzwerk in Europa: Russlands rechte Freunde«, in: *Spiegel Online*, 04.02.2016, http://www.spiegel.de/politik/ausland/russland-wladimir-pu-tins-rechtsextreme-freunde-in-europa-a-1075461.html.

407 Daniel Wechlin, »Russland knebelt die Bürgergesellschaft weiter«, in: *Neue Zürcher Zeitung*, 09.07.2015.

408 »Steinmeier kritisiert Nato-Manöver: ›Säbelrasseln und Kriegsgeheul‹«, in: *Spiegel Online*, 18.06.2016, http://www.spiegel.de/politik/ausland/frank-walter-steinmeier-kritisiert-na-to-manoever-in-osteuropa-a-1098360.html.

409 »Russlandpolitik: Bis hin zum Krieg«, in: *Zeit Online*, 23.06.2016, http://www.zeit.de/politik/deutschland/2016-06/russland-politik-gernot-erler-eskalation-steinmeier.

410 »Kritik an der Nato: Ischinger warnt vor Kriegsgefahr mit Russland«, in: *Spiegel Online*, 23.06.2016, http://www.spiegel.de/politik/deutschland/nato-und-russland-wolfgang-ischinger-warnt-vor-kriegsgefahr-a-1099341.html.

411 Alex Barker, Stefan Wagstyl, »Germany to push for progress towards European army«, in: *CNBC*, 02.05.2016.

412 »Bundeswehr: ›Die Truppe ist es leid‹«, in: *Zeit Online*, 26.01.2016, http://www.zeit.de/politik/deutschland/2016-01/bundeswehr-zustand-jahresbericht-2015-wehrbeauftrag-ter-hans-peter-bartels.

413 Ralph Bollmann, »Bundeswehr: Bedingt einsatzbereit«, in: *Frankfurter Allgemeine Zeitung*, 06.12.2015.

414 »Weißhelme beschuldigen Russland 1207-fachen Mordes«, in: *Welt – N24*, 16.12.2016.

415 »Merkel wirft Russland und Iran Verbrechen in Aleppo vor«, in: *Wiener Zeitung*, 16.12.2016.

416 »Obama kündigt Vergeltung für russische Hackerangriffe an«, in: *Zeit Online*, 16.12.2016, http://www.zeit.de/politik/ausland/2016-12/barack-obama-usa-hacker-russland

Die Plünderung der Welt

Michael Maier

Unbemerkt von der Öffentlichkeit treibt eine internationale Clique aus Politikern, Lobbyisten, Bankern und Managern die Plünderung der Welt voran. Unterstützt von mächtigen und verschwiegenen Organisationen wie der Weltbank, dem IWF, der Bank für Internationalen Zahlungsausgleich und den Zentralbanken plündern die Regierungen die privaten Vermögen und kündigen den wirklich Bedürftigen die Solidarität auf. Ozeane von Falschgeld überfluten die ganze Welt, während sich globale Finanzströme der demokratischen Kontrolle entziehen. Recht wird nach Belieben gebrochen. Willkür ist die neue Ideologie. Anstand ist ein Fremdwort geworden.

288 Seiten | Hardcover mit Schutzumschlag | 19,99 € (D) | 978-3-89879-853-2

Das Ende der Behaglichkeit

Michael Maier

Deutschland spürt das Ende der Behaglichkeit. Hunderttausende Flüchtlinge suchen Schutz in Europa. Die EU scheint zu zerfallen. Die Ikone Volkswagen wankt. Ein Kalter Krieg gegen Russland ist plötzlich denkbar. Das Unbehagen der Bürger steigt: Woher kommt all das Chaos? Die Flüchtlinge sind die ersten sichtbaren Zeugen für die globale Dimension des Umbruchs. Nach Jahrzehnten des Friedens werden auch wir von den modernen Kriegen eingeholt, die rund um uns toben. Diese modernen Kriege nützen die Möglichkeiten der technologisch-industriellen Revolution und sind daher besonders effizient. Waffen werden nicht mehr von Soldaten bedient, sondern von Computerspezialisten. Söldner kämpfen anstelle regulärer Armeen. Finanzkrieger und Spekulanten machen Jagd auf die Sparguthaben und den Sozialstaat. Das Merkmal der modernen Kriege: Wir wissen nicht mehr, wer ist Feind, wer Freund.

288 Seiten | Hardcover mit Schutzumschlag | 19,99 € (D) | 978-3-89879-941-6